中国铁路改革
研 究 丛 书

铁路投融资体制研究

左大杰 ▲ 著

中国发展出版社
CHINA DEVELOPMENT PRESS

图书在版编目（CIP）数据

铁路投融资体制研究 / 左大杰著. —北京：中国发展出版社，2017.8
ISBN 978-7-5177-0746-2

Ⅰ.①铁… Ⅱ.①左… Ⅲ.铁路运输—投资—经济体制改革—研究—中国
②铁路运输—融资—经济体制改革—研究—中国 Ⅳ.①F532

中国版本图书馆CIP数据核字（2017）第199878号

书　　　名：铁路投融资体制研究
著作责任者：左大杰
出 版 发 行：中国发展出版社
　　　　　　（北京市西城区百万庄大街16号8层　100037）
标 准 书 号：ISBN 978-7-5177-0746-2
经 　销 　者：各地新华书店
印 　刷 　者：三河市东方印刷有限公司
开　　　本：710mm×1000mm　1/16
印　　　张：19
字　　　数：260千字
版　　　次：2017年8月第1版
印　　　次：2017年8月第1次印刷
定　　　价：56.00元

联 系 电 话：（010）68990630　68990692
购 书 热 线：（010）68990682　68990686
网 络 订 购：http://zgfzcbs. tmall. com//
网 购 电 话：（010）88333349　68990639
本 社 网 址：http://www.develpress. com. cn
电 子 邮 件：bianjibu16@vip. sohu. com

我国铁路改革始于20世纪70年代末。在过去的近40年里，铁路的数次改革均因铁路自身发展不足或改革的复杂性而搁置，铁路改革已大大滞后于国家的整体改革和其他行业改革，因而常被称为"计划经济最后的堡垒"。2013年3月，国家铁路局和中国铁路总公司（以下简称铁总）分别成立，我国铁路实现了政企分开，铁路管理体制改革再一次成为行业研究的热点。

以党的十八届三中全会为标志，全面深化铁路改革已经站在新的历史起点上。在新的时代背景下全面深化铁路改革，必须充分考虑当前我国的国情、路情与铁路行业发展中出现的新的关键问题，并探索解决这些关键问题的方法。经过较长时间的调研与思考，作者认为当前深化铁路改革必须解决如下十二个关键问题。

第一，铁路的国家所有权问题。国家所有权政策是指有关国家出资和资本运作的公共政策，是国家作为国有资产所有者要实现的总体目标，以及国有企业为实现这些总体目标而制定的实施战略。目前，如何处理国家与铁路之间的关系，如何明确国有经济在铁路行业的功能定位与布局，以及国有经济如何在铁路领域发挥作用，是全面深化铁路改革在政策层面的首要关键问题。

第二，铁路网运关系问题。铁路网运合一、高度融合的经营管理体制，是阻碍社会资本投资铁路的"玻璃门"，也是铁路混合所有制难以推进、公益性补偿机制难以形成制度性安排的根源，因而是深化铁路改革难以逾越的体制性障碍。如何优化铁路网运关系，是全面深化铁路改革在技术层面的首要关键问题。

第三，铁路现代企业制度问题。党的十八届三中全会明确提出，必须适应市场化、国际化的新形势，进一步深化国有企业改革，推动国有企业完善现代企业制度。我国铁路除了工程、装备企业之外，铁总及所属十八个铁路局、三个专业运输公司绝大多数均不具有现代企业制度的特点，公司制、股份制在运输主业企业中还不够普遍。

第四，铁路混合所有制问题。发展铁路混合所有制不仅可以提高铁路国有企业的控制力和影响力，还能够提升铁路企业的竞争力。当前我国铁路运输主业仅有三家企业（分别依托三个上市公司作为平台）具有混合所有制的特点，铁总及其所属企业国有资本均保持较高比例甚至达到100%，铁路国有资本总体影响力与控制力极弱。

第五，铁路投融资体制问题。"铁路投资再靠国家单打独斗和行政方式推进走不动了，非改不可。投融资体制改革是铁路改革的关键，要依法探索如何吸引社会资本参与[①]。"虽然目前从国家、各部委到地方都出台了一系列鼓励社会资本投资铁路的政策，但是效果远不及预期，铁路基建资金来源仍然比较单一，阻碍社会资本进入铁路领域的"玻璃门"依然存在。

第六，铁路债务处置问题。铁总在政企分开后承接了原铁道部资产与债务，这些巨额债务长期阻碍着铁路的改革与发展。铁总2016年负债已达4.72万亿元（较上年增长15%），当年还本付息就达到6203亿（较上年增长83%）；随着《中长期铁路网规划（2016-2030）》（发改基础[2016]1536

---

① 2014年8月22日，国务院总理李克强到中国铁路总公司考察时做出上述表示。

号）的不断推进，如果铁路投融资体制改革不能取得实质性突破，铁路债务总体规模将加速扩大，铁路债务风险将逐步累积。

第七，铁路运输定价机制问题。目前，铁路运输定价、调价机制还比较僵化，适应市场的能力还比较欠缺，诸多问题导致铁路具有明显技术优势的中长途以及大宗货物运输需求逐渐向公路运输转移。建立科学合理、随着市场动态调整的铁路运价机制，对于促进交通运输供给侧结构性改革、促进各种运输方式合理分工，具有重要意义。

第八，铁路公益性补偿问题。我国修建了一定数量的公益性铁路，国家铁路企业承担着大量的公益性运输。当前铁路公益性补偿机制存在制度设计缺失、补偿对象不明确、补偿方式不完善、补偿效果不明显、监督机制缺乏等诸多问题。公益性补偿机制设计应从公益性补偿原理、补偿主体和对象、补偿标准、保障机制等方面，形成一个系统的制度性安排。

第九，铁路企业运行机制问题。目前，国家铁路企业运行机制仍受制于铁总、铁路局两级法人管理体制，在前述问题没有有效解决之前，铁路企业运行的有效性和市场化不足。而且，铁总和各铁路局目前均为全民所有制企业，实行总经理（局长）负责制，缺乏现代企业制度下分工明确、有效制衡的企业治理结构，决策与执行的科学性有待进一步提高。

第十，铁路改革目标路径问题。十八届三中全会以来，电力、通信、油气等关键领域改革已取得重大突破，但关于铁路改革的顶层设计尚未形成或公布。个别非官方的改革方案对我国国情与铁路的实际情况缺乏全面考虑，并对铁路广大干部职工造成了较大困扰。"十三五"是全面深化铁路改革的关键时期，当前亟须结合我国铁路实际研讨并确定铁路改革的目标与路径。

第十一，铁路改革保障机制问题。全面深化铁路改革涉及经济社会各方面的利益，仅依靠行政命令等形式推进并不可取。只有在领导组织、法律法规、技术支撑、人力资源以及社会舆论等保障层面形成合力，完善铁路改革工作保障机制，才能推进各阶段工作的有序进行。目前铁路改革的组织领导保障、法律法规保障、技术支撑保障、人力资源保障、社会舆论环境等方面没有形成合力，个别方面还十分薄弱。

第十二，铁路监管体制问题。铁路行业已于2013年3月实现了政企分开，但目前在市场准入、运输安全、服务质量、出资人制度、国有资产保值增值等方面的监管还比较薄弱，存在监管能力不足、监管职能分散等问题，适应政企分开新形势的铁路监管体制尚未形成。

基于上述对铁路改革发展12个关键问题的认识，作者经过广泛调研并根据党和国家有关政策，初步形成了一系列研究成果，定名为"中国铁路改革研究丛书"，主要包括12本专题和3本总论。

①《铁路的国家所有权政策研究》：铁路的国家所有权政策问题是全面深化铁路改革在政策层面的首要关键问题。本书归纳了国外典型行业的国家所有权政策的实践经验及启示，论述了我国深化国有企业改革过程中在国家所有权政策方面的探索，首先阐述了铁路国家所有权政策的基本概念、主要特征和内容，然后阐述了铁路的国家所有权总体政策，并分别阐述了铁路工程、装备、路网、运营、资本等领域的国家所有权具体政策。

②《铁路网运关系调整研究》：铁路网运关系调整是全面深化铁路改革在技术层面的首要关键问题。本书全面回顾了国内外网络型自然垄断企业改革的成功经验（特别是与铁路系统相似度极高的通信、电力等行业的改革经验），提出了"路网宜统、运营宜分、统分结合、网运分离"的网运关系调整方案，并建议网运关系调整应坚持"顶层设计+自下而上"的路径进行。

③《铁路现代企业制度研究》：在现代企业制度基本理论的基础之上，结合国外铁路现代企业制度建设的相关经验以及国内相关行业的各项实践及

其启示，立足于我国铁路建立现代企业制度的现状，通过理论研究与实践分析相结合的方法，提出我国铁路现代企业制度建设的总体思路和实施路径，包括铁总改制阶段、网运关系调整阶段的现代企业制度建设以及现代企业制度的进一步完善等实施路径。

④《铁路混合所有制研究》：本书认为，我国国家铁路企业所有制形式较为单一，亟需通过混合所有制改革扩大国有资本控制力，扩大社会资本投资铁路的比重，但是网运合一、高度融合的体制是阻碍铁路混合所有制改革的"玻璃门"，前期的铁路网运关系的调整与现代企业制度的建立为铁路混合所有制改革创造了有利条件。本书在归纳分析混合所有制政策演进以及企业实践的基础上，阐述了我国铁路混合所有制改革的总体思路、实施路径、配套措施与保障机制。

⑤《铁路投融资体制研究》：以铁路投融资体制及其改革为研究对象，探讨全面深化铁路投融资体制改革的对策措施。本书在分析我国铁路投融资体制改革背景与目标的基础上，借鉴其他行业投融资改革实践经验，认为铁路产业特点与网运合一体制是阻碍社会资本投资铁路的主要原因。本书研究了投资决策过程、投资责任承担和资金筹集方式等一系列铁路投融资制度，并从投融资体制改革的系统性原则、基于统分结合的网运分离、铁路现代企业制度的建立、铁路混合所有制的建立等方面提出了深化铁路投融资体制改革的对策措施。

⑥《铁路债务处置研究》：在分析国内外相关企业债务处置方式的基础上，根据十八大以来党和国家国有企业改革的有关政策，提出应兼顾国家、企业利益，采用"债务免除"、"债转资本金"、"债转股"、"产权（股权）流转"等措施合理处置铁路巨额债务，并结合我国国情、路情以及相关政策，通过理论研究和实践分析，提出了我国铁路债务处置的思路

与实施条件。

⑦《铁路运输定价机制研究》：在铁路运价原理的基础上阐述价值规律、市场、政府在铁路运价形成过程中的作用，阐述了成本定价、竞争定价、需求定价三种方式及其适用范围，研究提出了采用成本定价法并考虑合理的公共需求合理确定顶棚运价（政府指导价）、采用成本定价法合理确定列车运行线价格、采用市场与需求定价方法合理确定市场执行运价等方法，并建议对公益性运输实行"明补"。

⑧《铁路公益性补偿机制研究》：分析了当前我国铁路公益性面临补贴对象不明确、补贴标准不透明、制度性安排欠缺等问题，认为公益性补偿机制设计应从公益性补偿原理、补偿主体和对象、补偿标准、保障机制等方面，形成一个系统的制度性安排，并从上述多个层面探讨了我国铁路公益性补偿机制建立的思路和措施。

⑨《铁路企业运行机制研究》：本书认为，国家铁路企业运行机制仍受制于铁总、铁路局两级法人管理体制，企业内部缺乏分工明确、有效制衡的企业治理结构。本书在归纳分析国外铁路企业与我国典型网络型自然垄断企业运行机制的基础上，提出了以下建议：通过网运关系调整使铁总"瘦身"成为路网公司；通过运营业务公司化，充分发挥运输市场竞争主体、网运关系调整推动力量和资本市场融资平台三大职能；通过进一步规范公司治理和加大改革力度做强做优铁路工程与装备行业；从日益壮大的国有资本与国有经济中获得资金或资本，建立铁路国有资本投资运营公司，以铁路国资改革促进铁路国企改革。

⑩《铁路改革目标与路径研究》：本书回顾了国外铁路以及我国国有企业改革目标与路径的实践及其启示，根据党和国家关于国企改革的一系列政策，首先提出了铁路改革的基本原则（根本性原则、系统性原则、差异性原

则、渐进性原则、持续性原则），然后提出了我国铁路改革的目标和"六步走"的全面深化铁路改革路径，并对"区域分割"、"网运分离"、"综合改革"三个方案进行了比选，最后从顶层设计、法律保障、人才支撑等方面论述了铁路改革目标路径的保障机制。

⑪《铁路改革保障机制研究》：在分析我国铁路改革的背景及目标的基础上，从铁路改革的组织保障、法律保障、政策保障、人才保障和其他保障等方面，分别阐述其现状及存在的问题，并借鉴其他行业改革保障机制的实践经验，结合国外铁路改革保障机制的实践与启示，通过理论研究和分析，提出了完善我国铁路改革保障机制的建议，以保证我国铁路改革相关工作有序推进和持续进行。

⑫《铁路监管体制研究》：通过分析我国铁路监管体制现状及存在的问题，结合政府监管基础理论及国内外相关行业监管体制演变历程及经验，提出我国铁路行业监管体制改革的总体目标、原则及基本思路，并根据监管体制设置的一般模式，对我国铁路监管机构设置、职能配置及保障机制等关键问题进行了深入分析，以期为我国铁路改革提供一定的参考。

在12个专题的基础上，考虑到部分读者时间和精力有限，作者将全面深化铁路改革的主要观点和建议进行了归纳和提炼，撰写了3本总论性质的读本：①《全面深化铁路改革：总论》、②《全面深化铁路改革：N问N答》、③《全面深化铁路改革：总体构想与实施路线》。特别是《全面深化铁路改革：N问N答》一书采用一问一答的形式，对铁路改革中的一些典型问题进行了阐述和分析，便于时间和精力有限的读者阅读。

本丛书的主要观点和建议，均为作者根据党和国家有关政策并结合铁路实际展开独立研究而形成的个人观点，不代表任何机构或任何单位的意见。

感谢西南交通大学交通运输与物流学院为丛书研究提供的良好学术环

境。丛书的研究成果获得西南交通大学中央高校基本科研业务费科技创新项目（26816WCX01）的资助，部分研究成果由西南交通大学中国高铁发展战略研究中心资助出版。感谢中国发展出版社编辑宋小凤女士在本书出版过程中所给予的大力支持，以及在出版工作中付出的辛勤劳动。

本丛书以铁路运输领域理论工作者、政策研究人员、政府部门和铁路运输企业相关人士为主要读者对象，旨在为我国全面深化铁路改革提供参考，同时也可供其他感兴趣的广大读者参阅。

总体来说，本丛书涉及面广，政策性极强，实践价值高，写作难度很大。但是，考虑到当前铁路改革发展形势，迫切需要出版全面深化铁路改革系列丛书以表达作者的思考与建议。限于作者知识结构，以及我国铁路改革本身的极其复杂性，本丛书难免有尚待探讨与诸多不足之处，恳请各位同行专家、学者批评指正（意见或建议请通过微信\QQ：54267550发送给作者），以便再版时修正。

西南交通大学　左大杰

2017年7月

前　言 🚆

在我国改革开放近四十年间，国民经济发展与交通运输业相互促进、紧密关联，而铁路作为交通运输方式的骨架构成和最重要的国家交通基础设施之一，不仅在全国综合运输网络中起着担纲作用，更与国民经济的发展和人民大众的出行息息相关，加速我国铁路发展的重要意义不言而喻。

但是，我国铁路建设资金结构不合理、投融资渠道单一的现象长期存在，直接导致铁路中长期负债规模不断增大，铁路债务风险持续累积，"融资贵、融资难"是社会资本投资铁路面临的最大难题，铁路中长期负债规模不断增大，铁路债务风险持续累积。在我国铁路"政企分开"之后，为了有效引导适合的社会资本融入铁路投融资领域，国务院、相关部委以及铁路职能部门等以前所未有的高频率颁布了一系列全面深化铁路改革的政策文件，尤其在勉励和扩大社会资本投资建设铁路等层面上做出了重要指导意见。铁路投融资政策已向社会开放，社会资本与铁路之间的"有形门"得以完全拆除，但社会资本投资铁路的积极性仍然不高，充分说明阻碍社会资本投资铁路的"玻璃门"仍然存在。随着《中长期铁路网规划（2016-2030）》的公布实施，上述问题必将更加突出。

因此，全面深化铁路投融资体制改革已成为当前铁路发展与改革的重要议题。本书在分析我国铁路投融资体制改革背景与目标的基础上，认为铁路产业特点与网运合一体制是阻碍社会资本投资铁路的主要原因。考虑铁路线路建设和改造的投资量在铁路行业的投融资活动中占有绝对的比重，结合铁路自然垄断性、日益凸显的公益性以及政府关系等因素，本书研究了投资决策过程、投资责任承担和资金筹集方式等一系列铁路投融资制度，并从投融资体制改革的系统性原则、基于统分结合的网运分离、铁路现代企业制度的建立、铁路混合所有制的建立等方面提出了深化铁路投融资体制改革的对策措施，以供决策部门参考。

本书共有8章，各章节主要内容如下：

第1章阐述本书研究的背景及研究意义以及国内外铁路投融资体制现状，并制定了本书的研究内容和技术路线。

第2章主要介绍铁路投融资的基本理论，并结合铁路行业背景及实际情况，阐述铁路投融资活动的性质、特点和实际要求，讨论了铁路投融资体制及其改革的相关内容，研究我国铁路投融资体制改革的历史沿革，突出铁路投融资体制改革的重要意义。

第3章介绍了国内外典型相关行业投融资改革的发展历程，从主要国家的铁路改革沿革历程和我国铁路行业之外的一些主要行业投融资改革入手，结合我国国情路情和现有的改革环境，借鉴和研讨相关的宏观改革思路和中微观改革措施。

第4章结合我国铁路投融资体制改革的探索历程以及几种新型项目投融资方式的研究，针对铁路投融资"民营化"、阻碍民营资本的"玻璃门"以及铁路投融资体制改革面临的一系列挑战进行探讨，认为其关键在于扩大铁路投融资直接融资的比重。

第5章研究我国铁路投融资改革的主要依据、主要原则，讨论制定我国铁路投融资改革的改革目标与改革任务，分析我国铁路投融资体制改革应具备的基本条件。

第6章深入研讨铁路投融资体制改革的实施路径，立足铁路综合改革的战略高度，通过全面深化铁路改革若干子问题的有机衔接，巩固和发展铁路投融资改革的工作成果（感谢硕士研究生徐莉对于本章的主要贡献）。

第7章研究了我国铁路投融资体制改革的保障措施，提出应建立健全铁路投融资体制相关立法，落实铁路投融资体制改革措施，完善和协调铁路投融资体制配套改革机制以及体制改革相关工作（感谢硕士研究生李斌对于本章的主要贡献）。

第8章则总结性地阐述了本书的研究结论以及对未来研究的展望。

本书在写作过程中参考了相关文献，由于参阅的文献较多，难免出现挂一漏万的情况，对所有作者表示衷心的感谢。

本书由西南交通大学中国高铁发展战略研究中心研究专项经费资助出版。

由于我国全面深化铁路改革理论与实践仍在快速发展中，以及编著者水平和能力所限，本书中难免会存在不足，欢迎读者批评指正。

作者

2017年6月于成都

目　录

第一章
绪　论

1.1 研究背景与研究意义

1.1.1 研究背景

1. 全面深化改革背景

改革开放三十多年来，我国发展取得了举世瞩目的辉煌成就，但与此同时，在经济、政治、文化、社会、生态等领域也积累了一系列深层次问题和矛盾，改革的迫切性、复杂性和艰巨性丝毫不亚于改革开放前。

十八届三中全会《中共中央关于全面深化改革若干重大问题的决定》指出，我们党"立足于我国长期处于社会主义初级阶段这个最大实际，坚持发展仍是解决我国所有问题的关键这个重大战略判断，以经济建设为中心，发挥经济体制改革牵引作用，推动生产关系同生产力、上层建筑同经济基础相适应，推动经济社会持续健康发展"。这一论述精辟地阐述了从十一届三中全会启动改革到十八届三中全会提出全面深化改革这一历史进程发展变化的根本原因。解决当前我国发展面临的一系列重大问题，继续保持经济社会持续健康发展势头，迫切要求全面深化改革。

2. 国有企业改革背景

新中国成立后，为了巩固社会主义国家政权，国家大力发展国有经济。国有企业规模迅速发展壮大，成为我国经济的中坚力量，并在我国经济中具有特殊地位。

国有企业改革一直都是我国经济改革的主体与重心。在改革开放的进程中，我国的国有企业改革经历了探索期、突破期和现代企业制度完善期三个阶段。党的十四届三中全会提出我国国有企业改革的目标是建立现代企业制度。三十多年的改革取得了很大的成就：国有企业的经济效益和整体素质明显提高，对整个国民经济的控制力、影响力和带动力不断增强；建立现代企业制度的成效已显现；企业的管理水平和技术水平明显提高；产业结构得到调整，布局有所改善。

但是改革的任务仍未全部完成，国有企业的发展还有很多问题有待解决，例如政企不分的国有资产管理体制；国有企业不是市场主体和利益主体，缺乏积极性；内部收入分配，缺乏竞争意识；国有企业的管理权高度集中于中央，企业无经营自主权等。

因此，必须进一步深化国有企业改革、完善现代企业制度，以产权明晰、权责明确、政企分开、管理科学为基本要求，以规范经营决策、资产保值增值、公平参与竞争、提高企业效率、增强企业活力、承担社会责任为重点，通过完善现代企业制度进一步提高国有企业发展质量，不断增强国有经济活力、控制力和影响力。

3. 铁路改革背景

铁路作为我国典型的大型网络型国有企业，具有自然垄断特性，在国有企业改革进程中举足轻重。

2013年3月17日，第十二届全国人民代表大会通过了《国务院机构改革和职能转变方案》（下称《方案》）。《方案》中提出：将铁道部拟定铁路发展规划和政策的行政职责划入交通运输部。交通运输部统筹规划铁路、公路、水路、民航发展，加快推进综合交通运输体系建设；组建国家铁路局，由交通运输部管理，承担铁道部的其他行政职责，负责拟订铁路技术标准，监督管理铁路安全生产、运输服务质量和铁路工程质量等；组建中国铁路总公司，承担铁道部的企业职责，负责铁路运输统一调度指挥，经营铁路客货运输任务，承担专运、特运任务，负责铁路建设，承担铁路安全生产主体责任等。

国家铁路局和中国铁路总公司的成立标志着我国自然垄断行业已全部在机构设置上实现政企分离，也标志着我国铁路行业最终结束了近70年的政企不分的状况。实行铁路政企分开的管理体制改革，是党中央、国务院在新时期作出的一项重大决策，是推动中国铁路建设和运营健康可持续发展的重要举措，它给中国铁路事业的创新发展注入了新的生机和活力。

党的十八届三中全会提出"推动国有企业完善现代企业制度"，"国有资本继续控股经营的自然垄断企业，实行以政企分开、政资分开、特许经营、政府监管为主的改革，根据不同行业特点实行网运分开、放开竞争性业务，推进公共资源配置市场化，进一步破除各种形式的行政垄断"。推进我国铁路基于现代企业制度的改革，要以上述要点为指导，对相关的改革目标、改革路径等进行设计，全面深化铁路改革事业。

4.铁路投融资体制改革背景

铁路作为一个国家和地区的最重要交通基础设施之一，是交通运输业的重要组成部分。铁路不仅是国民经济大动脉，更对科技创新的进程、社会经济的发展乃至人类文明的进步起到了推动作用。改革铁路投融资体制，加快推进铁路建设，对于加快工业化和城镇化进程、带动相关产业发展、拉动投资合理增长、优化交通运输结构、促进物流行业降本增效、方便人民群众安全出行，都具有不可替代的重要作用。

纵观世界铁路发展，许多国家工业化发展史中几乎都出现了大规模的铁路建设，而铁路建设与铁路投融资领域密切相关。实际上，在工业文明历程中，铁路交通运输业的发展与科技产业革命紧密相连，而绝大部分经济发达国家都曾经历密集投资、优先发展铁路的过程，并先后出现过倾斜式投资的"铁路建设时代"，对国家工业化发展具有重要意义。

回顾我国交通运输业和铁路运输业的发展与改革曲折历程，我们可以发现我国铁路在经济建设与改革的不同阶段具有鲜明的特征。从1876年我国出现第一条铁路淞沪铁路开始，中国铁路才开始了艰难的发展历程。由于历史和社会原因，解放前我国大部分铁路具有半封建半殖民的性质，并且数量极少、质量较差。新中国成立初期，我国铁路营业里程仅有2.18万公里，而同期的英国、德国、日本、美国等主要铁路国家已经进入铁路发展相对稳定期。解放后我国铁路建设时松时紧，基本没有出现铁路大发展高潮。新中国成立以后，国家对铁路的修建有了统筹规划，修建铁路的速度达到平均每年800余公里。到改革开放初期，我国铁路基建薄弱，总量严重不足，修建质量和运营水平也比较一般，彼时全国铁路复线里程7630公里，电气化里程只有1030公里，铁路机车拥有量10179台，其中蒸汽机车8039台，占机车比重近80%。随着改革开放的不断深入和国民经济的快速发展，交通运输尤其是铁路运输与社会经济发展的不适性日益突出，甚至由于铁路运力不足使得许多产品只能以运限产，全国近三分之一的加工能力处于闲置状态，严重影响了经济发展。旅客运输也处于全面紧张状态，"行路难"成为当时突出的社会问题，购买铁路客票极度困难，客运服务质量堪忧。

进入21世纪尤其是近十年来，我国铁路发展突飞猛进，狠抓铁路"质"与"量"的同步建设，在铁路运输生产、铁路建设、科技创新、节能减排等多方面有了长足突破，在旅客运输、货物运输、换算周转量、运输安全、路网规模、移动装备等方面全面发展。铁路承担了我国木材、原油、煤炭、钢铁等大量长途大宗货物运输和部分陆上国际班列货运。此外，我国区域间、城市间的人员流动基数大、出行距离长、交通费用支出比例高，铁路承担的旅客周转量和中长距离客运任务大幅度增加。

将2011～2015年部分数据进行年度比较，可以看出我国铁路在近5年间的基础建设速度、客货运指标、综合发展进度均保持在比较高的水平[①]。

---

① 国家铁路局："2015年铁道统计公报"，国家铁路局，（2016-03-03）[2016-12-07]，http：//www.nra.gov.cn/xwzx/zlzx/hytj/201603/t20160303_21466.shtml。

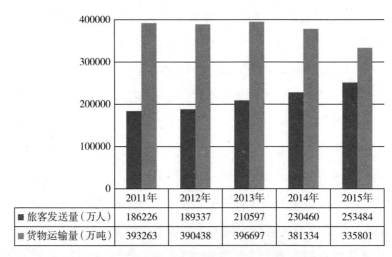

	2011年	2012年	2013年	2014年	2015年
■ 旅客发送量（万人）	186226	189337	210597	230460	253484
■ 货物运输量（万吨）	393263	390438	396697	381334	335801

图1-1　2011年～2015年全国铁路客货运量

资料来源：根据国家铁路局2015年铁道统计公报资料整理。

（亿人公里）

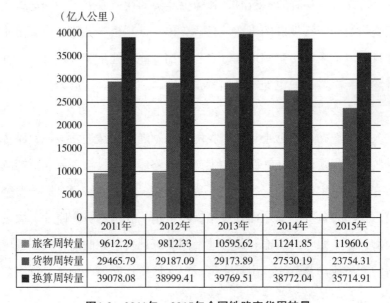

	2011年	2012年	2013年	2014年	2015年
■ 旅客周转量	9612.29	9812.33	10595.62	11241.85	11960.6
■ 货物周转量	29465.79	29187.09	29173.89	27530.19	23754.31
■ 换算周转量	39078.08	38999.41	39769.51	38772.04	35714.91

图1-2　2011年～2015年全国铁路客货周转量

资料来源：根据国家铁路局2015年铁道统计公报资料整理。

我国铁路发展进程与铁路投融资关系密切，但是我国铁路投融资发展历来阻碍重重。从20世纪50年代的铁路恢复建设时期开始到80年代中期

"六五"结束，铁路基本建设的投资比重很低，增长幅度和投资绝对数量一直徘徊不前。20世纪90年代到新世纪，国家预算内投资在整个投资规模中的相对份额剧减，铁路投资占总基本建设投资比例徘徊在6%左右，铁路基建投资严重受损。新世纪开启之后，我国铁路投融资领域逐渐回温，然而铁路投融资发展远远赶不上铁路建设规模扩大和客货运缺口需求增长的幅度。

2016年，全国铁路行业固定资产投资完成8015亿元，投产新线3281公里，开工项目46个，增加投资规模5500亿元。到2016年底，全国铁路营业里程达12.4万公里，其中高速铁路2.2万公里以上。随着新线投产，2016年国家铁路完成旅客发送量27.7亿人次，同比增长11.2%，其中动车组发送14.43亿人，占比超过52%；单日发送旅客最高达1442.7万人，创历史新高；铁路货运止跌回稳，国家铁路发送货物26.5亿吨，集装箱、商品汽车、散货快运量同比分别增长40%、53%和25%，均创历史新高。

随着国民经济和区域经济的平稳较快发展，必然带动全社会人员、物资加速流动，客货运输需求潜力巨大、质量要求日益提高。加快建设以高速铁路为特色的铁路旅客运输系统，提高铁路运输服务能力和水平，对促进经济社会快速发展，满足日益增长的旅客运输需求具有重要作用。随着城镇化水平提高以及城市群发展，人口和产业集聚的中心城市之间、城市群内部的客运需求强劲，对交通基础设施承载能力提出更高要求。加快发展高速铁路，形成高速铁路、区际干线、城际铁路等有机结合的快速铁路网络，满足大流量、高密度、快速便捷的客运需求，为拓展区域发展空间、促进产业合理布局和城市群健康发展提供基础保障，同时也为广大居民提供大众化、全天候、便捷舒适的基本公共服务。

但需要注意的是，铁路这种大规模路网型项目必须有雄厚项目资金的支持，融资素来是铁路建设中最重要和最紧迫的关键问题之一。近年来，我国铁路发展取得了显著成就，但与经济社会发展需要、其他交通方式和国外先进水平相比，铁路仍然是综合交通运输体系的薄弱环节，发展相对滞后。

当前，铁路管理体制进行了重大改革，实现了政企分开，为深化铁路投融资体制改革，更好地发挥政府和市场的作用，促进铁路持续发展创造了良好条件。以十八届三中全会胜利召开为标志，全面深化铁路改革站在了新的历史起点上，迎来了新的改革发展契机。在此背景下，全面深化铁路投融资改革需要立足于我国铁路投融资实情，客观剖析当前铁路投融资体制改革环境。本书结合已有的相关研究①，梳理我国铁路投融资既有理论与实践，认为其存在的问题主要体现在以下几个方面。

（1）铁路运能与运量矛盾仍然存在

改革开放以来，我国交通运输业实现了多种运输方式的跨越式发展，以公路、铁路、航空、水运等为主的综合运输网络初步形成，运输结构正朝着适应市场需求的方向调整。交通运输量和港口吞吐量大幅增长，交通运输设施和装备水平显著提高，现代管理和信息化应用水平明显提升。交通运输业无论从运输里程、运输量，还是从技术装备水平等各个方面都实现了跨越式发展，步入了纵横交错、多种运输方式共同发展的新阶段。

同时，铁路建设步伐也在逐步加快，取得了比较全面快速的发展成果，但是铁路运能分配和运输结构仍需进一步优化，铁路运输服务的供需矛盾（尤其是铁路货运以及节假日客运等方面）仍然存在，运营营销面临的综合性问题更为复杂。

第一，铁路运输市场能力有限，表现为基础设施规模不足、运输线网密度低、配套设施难以满足需要等，使得运输市场能力始终难以跟上国民经济的迅猛发展速度，矛盾难以平衡。中国铁路一直在用世界6%的营业里程完成25%的运量②，近几年运能欠缺仍是大问题。在国民经济各部门中，尤其是在交通运输部门中，铁路运输的发展呈现滞后状态，与"铁路是国家的

---

① 王书会："中国铁路投融资体制改革研究"，西南交通大学，2007年；肖翔：《铁路投融资理论与实践》，中国铁道出版社2003年版。

② 新华网、铁道部："我用世界铁路6%的营业里程完成25%工作量"，新华网，（2009-05-20）[2016-12-07]，http：//news.xinhuanet.com/fortune/2009-05-20/content_11409055.htm。

重要基础设施，是国民经济的重要基础产业部门，是综合交通运输体系的骨干"地位不相适应。

第二，铁路发展速度虽然逐渐提升，但是仍存在运能不足和运输结构不合理的情况，铁路客货运需求仍然以较高的速度扩大，铁路运输能力仍难以与锐增的运输缺口相平衡，有些地区的线路甚至无法支撑运输需求的巨大压力，铁路运输发展滞后对经济发展的制约作用明显存在。

第三，铁路运能与社会运输需求的矛盾最终直接或间接影响了铁路网运关系调整、铁路投融资能力与水平、中长期债务处置、混合所有制改革、综合改革方案的实施等一系列关键问题。

（2）铁路建设资金严重短缺

目前，中国铁路建设资金主要依靠政府投入。而随着积极财政政策的淡出，国家财政投入在铁路建设方面也会受到一定影响。因此，铁路建设必须开辟新的资金渠道，研究投融资体制的改革就显得尤为必要和紧迫。

第一，铁路是大规模特性的网络型产业，其建设资金也必须具有规模性的特点。铁路建设资金需要契合铁路的网络性、整体性和关联性等特性，而现实情况是我国的铁路建设资金主要依靠政府投入，其来源主要包括铁路建设基金和国家开发银行的政策性贷款，仅有少量铁路系统自筹资金、企业债券和地方政府投入等，在资金来源和资金结构上存在不合理现象。

第二，铁路的重要地位不仅体现在运输服务上，铁路的超前发展战略对我国经济发展、民生稳定、战略部署等均具有强大的带动作用和不可替代的重要意义。铁路的自身特性和运营管理模式等因素在一定程度上限制了铁路投融资构成和运行，受到国家财政状况和宏观政策的极大影响，缺乏更广泛社会资本全面而优质的融资构成，缺少必要的市场运作和企业运营活力。为了巩固铁路对国家发展的重要作用，适应整体经济水平和经济发展节奏，推进铁路投融资体制改革势在必行、迫在眉睫。

（3）"玻璃门"形成了社会资本的融资壁垒

国家、各部委、中国铁路总公司已经出台一批铁路投融资体制改革的政策、文件，阻碍社会资本投资铁路的"有形门"已被彻底打破，然而社会资本仍然很难进入铁路投融资领域，需要进一步反思。在社会资本与铁路项目融资之间，还存在着诸多不适性和隐蔽阻碍，而"玻璃门"是阻碍社会资本融入铁路投融资领域壁障的实质所在。

第一，一系列推进全面深化铁路投融资体制改革的政策和文件破除了社会资本进入铁路的"有形门"，进一步需要考虑所出台的政策和文件的针对性和适用性分析、出台的时机与社会整体经济水平的契合度、对社会资本和各种自有资本的鼓励力度、社会资本等资本形式的退出制度等。这些政策和文件的出台，虽然对铁路投融资实践项目运作模式没有太多具体化指导，但是最重要的意义和作用在于扫清了政府管理者和社会各界的心理障碍，在认知层面上促使人们认识到引入社会资本的积极意义。再者，这些政策和文件明确了一种鼓励探索社会资本融入铁路领域的导向，让相关领域的实践者和专家学者在犹豫和争论中向前走了一步，使得研究如何在铁路领域引入社会资本成为落地性问题。

第二，"玻璃门"是阻碍社会资本融入铁路投融资领域壁障的实质所在，而"玻璃门"形成的根本原因与铁路产业特性密切相关。从铁路发展和铁路运输特性出发，可以分析诸多产业特性均与"玻璃门"形成有直接或间接关联。一是铁路建设成本高昂，中长期债务包袱沉重。截至2016年第一季度，铁总负债4.14万亿元，2015年全年还本付息3385亿元，这使得社会资本难以直接整体融资，按照常规融资方式很难适应。二是铁路建设周期比一般工企业项目的建设期要长得多，相应的投融资活动也受到建设项目周期的影响，使得投资资金回报难度大、周期长。三是铁路行业垄断性强，在铁路运输集中调度、统一指挥的管理模式下，势必会限制投资方话语权，一定程度上会导致民营资本成分匮缺、零散的社会资本难以适应。四是铁路公益性强，运营利润率低，难以吸引灵活多元的社会资本。

第三，各种形式的社会资本难以融资铁路领域，形成了阻碍社会资本融入铁路投融资领域的"玻璃门"，与铁路管理体制密切相关。一是铁路运营权利主要掌握于中国铁路总公司，过度集中的管理固然会保证铁路运营的统一性和协调性，但是同时损伤了民营经济和民营企业的铁路运营自主权和应有的参与力度，民营化水平偏低使得铁路这一大型网络型国有企业缺乏市场运作活力，是投融资体制囿于沉疴、中长期债务持续堆积的主要原因之一。二是铁路运营制度严格，整体遵从集中指挥，管理系统由上而下，但是在管理体系中仍然缺乏行之有效的现代企业管理体制，铁路行业的生产管理和安全管理等仍有待引入成熟的企业管理理念和比较有效的企业管理经验。三是铁路公益性补偿机制欠缺。目前，我国铁路公益性主要是由铁路系统内部采取交叉补贴的方式进行，使得铁路产业的利润收益受到严重影响。

（4）铁路项目风险管理与社会资本投资信心

铁路建设周期比一般工业企业项目的建设期要长得多，势必导致建设期风险也比较多。一般来说，铁路建设期项目风险主要包括铁路项目融资的生产风险、市场风险和金融风险[①]，与社会资本进入铁路领域的投资信心直接关联，更与铁路项目的顺利进行有关。立足于铁路自身角度、社会资本投资者角度以及社会资本运作管理角度，需要为社会资本投资者融资铁路领域重塑信心。

第一，从铁路的角度出发，需要从铁路建设项目的建设生产、市场运作和金融管理等方面入手，全面分析和严格控制铁路建设项目风险。为了减少建设期的风险，尤其是铁路建设项目完工风险，一些铁路建设项目可以分段建设，分段投入使用，分段取得收益，如果项目的某段工程出现延期或由于某种原因无法建设，虽然对整个工程的投资收益会造成相当影响，但不会颗粒无收。如果对铁路进行电气化改造就可以分段建设、分段使用，建成后的技术标准比较容易达到项目融资完工风险的"商业标准"[②]。铁路企业需要借鉴比较成熟的项目风险控制管理模式，结合项目融资追踪、资金使用优

---

①② 冯芬玲、陈治亚："我国铁路项目融资风险分析"，《技术经济》，2004（08）：44-45。

化、融资产业管理等方式，着重探索铁路场站枢纽和站段沿线的经济开发等有效途径。

第二，从社会资本投资者的角度出发，需要加强资金流追踪管理和投资收益全面保障，进一步发展和保证混合所有制改革进程。十八届三中全会以来，深化国有企业改革的指导意见相继出台，都将进一步发展混合所有制作为深化国有企业的重要措施。从社会资本投资者和管理者的角度出发，发展混合所有制不能"一哄而上""一混了之""一混就灵"，要更加注重市场化原则，注重企业转换机制，注重国资管理体制改革，注重完善规则防止资产流失①。在混合所有制中，一方面要注意从源头上加紧解决"政企不分"、"政资不分"的突出问题，加强国有资本管理；另一方面要落实各种社会资本投资铁路的"投资—收益"风险分析，做好投资方的损失和损失承受能力评估等工作。

第三，社会资本进入铁路将进一步优化资本投资取向和提高收益率，然而，社会资本投资者投资铁路领域的信心需要进一步重塑。铁路建设是国家的大政方针，是利国利民的民心工程。对于国民经济而言，铁路建设仍是今后很长一段时期的经济增长点和发力点，在当前稳健投资渠道和方式较少的情况下，社会资本投资铁路不失为先见之举、明智之举、远见之举，如今是物流行业迅速发展的时期，在国家"一带一路"建设的大背景下，抢占铁路市场，投资铁路建设与运营，将进一步增加社会资本的实力与收益。

（5）铁路投融资正外部性与国内外投融资浪潮

经过三十多年的高速发展，我国经济迎来新常态发展阶段，经济体制改革和体制改革不断深化。多以BOT为实施模式的中国式PPP等轨道行业投融资在不断探索和实践之中，使得铁路等轨道交通方式的正外部性得以明显体现，激发了相关领域的投融资热潮。同时，轨道交通领域的新型投融资运作模式，既促进了"公交导向型"轨道项目的进一步成熟，同时也产生了"客

---

① 马骏、张文魁：《国有资本管理体制改革研究》，中国发展出版社2015年版。

流追随型"的区域性经济带动效应。

铁路行业的属性决定了铁路具有正的外部性，这就决定了铁路多元经营是铁路发展的战略性选择。为了推进我国铁路多元经营和企业制度深度改革，不仅要在明晰产权关系的基础上推进企业重组，还要在理顺资产管理体制的前提下积极引入民间资本，吸引各种社会资本进入铁路领域，多方筹集铁路建设资金，以改革促进铁路发展。

第一，与其他企业不同，铁路具有很强的正外部性，铁路外部性理论也是铁路企业多元化经营的根本理论。铁路的效益不仅体现在客票收入方面，还有很大一部分是来自铁路开通所带来的社会效益，如在产业结构调整、节约旅客出行时间、促进沿线地市经济发展、节约能源、减少环境污染等方面，已得到了人们更广层面的共识。而这部分效益几乎完全被社会其他部门所获得。根据外部性理论，如果外部性得不到有效补偿，就会导致资源配置的失效，因此，应该把外部效益内部化，真正体现企业的价值，或者是国家给予企业相应的补贴来进行弥补。对于铁路运输业而言，外部效益内部化的最简单的办法就是提高运输票价，但是作为公益性部门，我国铁路的运价受到严格管制，不能弥补成本。在此情况下，政府应该以多种形式大力支持铁路行业开展多元化经营，从而实现铁路行业的外部效益内部化，支持铁路行业可持续发展。

第二，近年来，国内外投融资浪潮温度逐升，政府引导基金的数量和规模都呈现爆发式增长。根据CV Source统计显示，截至2014年底，国内共成立241支政府引导基金，目标设立规模达1498.72亿元，平均单支基金规模为6.22亿元。2016年国内各省陆续出台政策，组建超大规模政府引导基金，百亿量级的引导基金纷纷设立。与此同时，国内美元基金看到政府背后的巨大资源和支持优势，纷纷设立平行基金或人民币基金，积极争取与政府合作。超大基金的设立对政府决策、子基金的质量及尽调要求都提出了较大挑战。在"大众创业、万众创新"的浪潮下，融资需求暴增，创投市场（VC）也在批量化的诞生。2015年投融资总体募资氛围向好，全年开始募集和募集完成的基金数量和规模均创历史新高，VC披露的总投资金额为369.52亿美元，同比增长137.8%；私募股权市场（PE）披露的总投资金额为483.53亿美元，同比增长30.6%①。在"双创"热潮的推动下，未来引导基金将发挥更重要的作用，投融资领域各项活动也得到比较好的发展。

铁路多元化经营为民间资本投资铁路提供了契机。由于多经业资产盘子轻，依托主业优势明显，发展铁路多元经营前途广阔。民间资本进入铁路多经业可以为其带来先进的管理理念，并通过注入资金实现投资主体多元化，共担风险、共享收益。当然，应保证民营企业的合理盈利，政府方面可以通过给多经公司相应的政策扶持作为补偿，如税收优惠、贷款担保等，或者给予铁路沿线资源的优先开发权，提高多经公司的投资回报，从而加大对社会资本的吸引力②。

我国铁路建设资金结构不合理、投融资渠道单一的现象一直长期存在，直接导致铁路中长期负债规模不断增大，铁路债务风险持续累积。尽管国家、各部委、中国铁路总公司已经出台一批铁路投融资体制改革的政策、文件，阻碍社会资本投资铁路的"有形门"已被彻底打破，但社会资本投资铁路的积极性仍然不高，充分说明阻碍社会资本投资铁路的"玻璃门"仍然存在。要按照统筹规划、多元投资、市场运作、政策配套的基本思路，推进铁路投融资体制改革，这是继铁路机构改革、实现政企分开后的又一重大改革举措。通过改革，全面开放铁路建设市场，优先建设中西部和贫困地区的铁路及相关设施。这将有力地推动扶贫攻坚，促进区域协调发展和积极稳妥推进城镇化，更好地实现群众改善生产生活条件、增加收入的迫切期盼③。为此，一要多方式多渠道筹集建设资金，以中央财政性资金为引导，吸引社会资本投入，设立铁路发展基金。创新铁路债券发行品种和方式。二要向地方和社会资本

---

① 杭州投融界2016："2016年中国投融资市场发展趋势预测"，（2016-11-09）[2016-12-11]，http://bbs.voc.com.cn/topic-7528266-1-1.html。

② 肖翔："铁路企业多元化经营的理论与对策研究"//第十五届中国科协年会第11分会场：综合交通与物流发展研讨会论文集，2013：1-5。

③ "国务院部署铁路投融资体制改革"，凤凰网，2013年7月25日。

开放城际铁路、市域（郊）铁路、资源开发性铁路等的所有权和经营权。三要加大力度盘活铁路用地资源，搞好综合开发利用，以开发收益支持铁路发展。四要加快前期工作，使我国总体发展规划和中长期铁路网规划（2016-2030）确定的重点项目及时开工，按合理工期推进，确保工程质量。因此，全面深化铁路投融资体制改革已成为当前铁路发展与改革的重要议题。

1.1.2 研究意义

目前，国家营业里程中复线和电气化线路的比例得到很大提升，高速铁路建设突飞猛进。铁路客货周转量、重载货运、客运提速、铁路信息化和安全保障系统的建设都有了比较快速的发展。但是对于我国国情和路情来说，铁路仍然不能满足高速发展的国民经济发展需求，铁路的发展"瓶颈"表现在运输网密度过稀、布局不尽合理、技术装备水平低、运输产品质量不足、设施设备失修失养严重等多个方面，铁路投融资缺口也愈来愈大，相应的保障机制也十分欠缺。尤其是对于新兴城市和中西部城市群而言，铁路建设的需求依然很大，亟待持续推动铁路投融资体制等一系列深化改革。

另一方面，我国经济运行处于合理区间，要立足当前、着眼长远，发挥调结构、促改革对稳增长的积极作用，不断增强发展后劲和内生动力。要在营造公平开放便利的市场环境上多下工夫，在激发市场主体活力上多想办法，在加强薄弱环节建设上加大力度，深化国有企业改革，充分发挥市场机制作用，释放改革红利，为经济持续健康发展注入不竭动力①。在中央政治局2017年4月25日第四十次集体学习中，习近平总书记强调要深化金融改革，为实体经济发展创造良好金融环境，疏通金融进入实体经济的渠道，积极规范发展多层次资本市场，扩大直接融资，加强信贷政策指引，鼓励金融机构加大对先进制造业等领域的资金支持，推进供给侧结构性改革。

---

① "国务院部署铁路投融资体制改革"，凤凰网，2013年7月25日。

面对不断增加的建设需求和日益累积的中长期债务问题，铁路建设资金面临着不小的缺口，铁路的建设和发展需要巨额资金，推动铁路投融资体制深化改革，合理解决铁路建设的投融资渠道，既是保证铁路自身健康发展的基础，也是保证国民经济正常运行、金融秩序健康有序的重要因素。社会资本进入铁路建设领域可以缓解资金压力，丰富铁路建设资金来源，是深化铁路投融资体制改革，加快我国铁路建设的重要举措，这也与我国全面深化国有企业改革重大方针政策相吻合。

铁路是交通运输方式的骨架构成，是最重要的国家交通基础设施之一，更是交通运输业的基础，铁路运输特点决定了它在全国综合运输网络中起着担纲作用。要继续深化铁路企业改革，按照建立现代企业制度的要求，推进体制机制创新，逐步建立完善的公司法人治理结构，不断提高管理水平和市场竞争力。铁路投融资领域的改革是一项综合工程，与铁路的运营特点与经济特点也有重要联系。

一方面，铁路运输的特点主要有：①运输能力大，这使它适合于大批量低值产品的长距离运输；②单车装载量大，加上有多种类型的车辆，使它几乎能承运任何商品，几乎可以不受重量和容积的限制；③运输速度较高，平均速度在五种基本运输方式中排在第二位，仅次于航空运输；④铁路运输受气候和自然条件影响较小，在运输的经常性方面占优势；⑤可以方便地实现驮背运输、集装箱运输及多式联运。铁路的运输特点决定了铁路在国家和地区的交通运输活动中的重要地位，也为国民经济和区域经济的发展提供了强大动力。

另一方面，铁路在企业生产经济上也有较为鲜明的特征：①铁路必须有完善的线路网络才能提供较为完整的运输产品，以完成产品的生产或销售过程，具有较强的可送达性和网络的规模经济特性；②铁路网络具有较强的互联互通特性，对不同的运输主体应当提供技术上互联互通的支持，满足运输主体跨区域运输的要求，实现网络的整体效应；③铁路网络具有较强的公益特性，具有提供普遍服务的意义，例如救灾、扶贫、军事等一些特殊运输使得铁路运输的公益性十分明显；④铁路网络建设的巨额投资需求，铁路建设投资大，回收期长，收益率不会太高；⑤资产的专用性和巨大的沉淀成本。铁路运输资产专用性强，投资将产生巨大的沉淀成本。与其他国民经济基础产业相比较，铁路的生产经济特征决定了铁路作为国家大规模路网型企业，势必会面对更为复杂的建设和运营的投融资环境。因此，如何消解铁路投融资壁垒，以推动国民经济和区域经济发展，成为全面深化铁路投融资改革的意义所在。

改革开放揭开了中国交通运输业发展历史的新篇章，使我国交通运输建设和发展发生了巨大的变化，实现了交通运输基础设施规模总量的快速增长，交通运输网络覆盖面持续扩大，通达度进一步提高，形成了具有相当规模的综合交通体系，综合运输能力明显增强，技术装备和水平显著提高，交通运输业取得了累累硕果。当前，我国铁路建设在"质"与"量"上得到了飞跃性发展。我国已形成了以北京为中心、各省以省会为中心伸展线路的铁路网骨架，以高速铁路和普速铁路网络型通道连接不同规模的铁路枢纽，构成我国铁路网骨架的主要干线。同时，我国铁路的旅客周转量、货物发送量、货运密度和换算周转量均为世界第一，高速铁路技术、重载货运技术、铁路信息系统技术等高尖端领域技术位居世界领先地位。

近年来，我国工业沿着经济增长周期的上升轨道稳健前行，钢、煤、水泥、电视机和棉布的产量继续保持世界第一，发电量继续位居世界第二，糖产量居世界第三，原油产量居世界第五，货物运输需求缺口以较高的速度持续扩大，对货物运输体系信息化、功能化、多式化、一体化的全面完善提出了更高的要求。在旅客运输需求方面，日益繁盛的经济活动和更加便捷高效的客运系统的完善极大地刺激了客运需求，同时也促进了交通运输业客运体系及客运质量的进一步改进，推动了旅客运输体系规模化、网络化、快速化、多样化的综合发展。交通运输需求及其分析关乎我国经济和民生大计，对我国各行各业均有比较大的参照意义，尤其表现在运输"质"与"量"对多领域、多行业、多产业的广泛影响上，以我国客货运输数据为例进行简单说明：

第一，运输的"质"。2003年，全国大宗货物运输相当紧张，其中电煤运输感受到了从未有过的压力。当年冬天全国煤炭日均申请车皮达7万车左右，但受制于运力，每天只能满足4万车左右。运力不足，使得煤炭等生产资料价格飞涨，很多省份主力电厂的存煤量长期处在逼近或低于警戒线的状态。2004年3月底，全国的运输车皮需求量达每天28万辆，而受春运协调的影响，铁路能够满足的运力不足10万辆，缺口接近2/3，使得煤炭、粮食、化肥等农用物资难以送达，甚至影响了部分地区的春耕春种[①]。

第二，运输的"量"。1985年各种运输方式共完成客运量56.7亿人次，比1984年增长7%，比1980年增长65.9%；完成旅客周转量4280亿人公里，比1984年增长18.2%，比1980年增长87.6%。在客运量中平均运程在1000公里以上的长途客运量，1984年约为1.1亿人次，1132亿人公里。相比于30年前，我国交通运输行业旅客运输量和旅客运输质量都有了极大的提高。2015年，全国交通运输业旅客运输总体增长速度有所波动。客运量方面，2015年，全社会各种运输方式累计完成客运量221.5亿人，同比增长0.38%；旅客周转量方面，全社会各种运输方式累计完成旅客周转量31515.20亿人公里，同比增长0.05%。

我们深切体会到，交通运输业是重要的基础性行业，与国民经济的运行息息相关，同时不断兴盛的经济活动又极大地刺激了交通运输行业的进步与发展。交通运输对地区经济的发展具有很强的基础性、先导性作用，是经济发展和经济起飞必须投入的社会先行资本。交通运输直接参与社会经济的生产过程，通过提供运输产品和服务创造价值，直接促进经济增长。交通运输的发展必须要与其他产业的发展紧密结合在一起，才能够共同完成其提供的产品和服务的供给活动。同时，交通运输行业改革不断深入。通过调整体制、理顺关系、转换企业经营机制、优化组织结构、培育建立运输市场、转

① 华夏经纬网，http://www.huaxia.com/tslj/lasq/2004/11/51376.html，2004年11月1日。

换政府职能等措施，推动和促进交通运输业的不断发展。

我国东西跨度5400公里，南北相距5200公里，资源分布、经济发展不均衡，资源分布及工业布局不平衡，土地、能源、环境问题比较突出，这些问题已经成为经济社会发展的制约因素。在这种情况下，铁路运输在各种运输方式中的比较优势突出，在经济社会发展中具有特殊的地位和作用。铁路是缩小地区差距促进社会可持续发展的有效途径，加快欠发达地区的铁路发展可以从根本上改善这些地区的对外交通条件，缩短与中心城市和全国市场的距离，增强对外部资金和技术进入的吸引力。同时，降低当地产品的运输成本，提高市场竞争力，为地区经济发展创造更为公平的发展机会，提高欠发达地区人们的福利水平，实现全面建设小康社会的目标。

然而面对不断增加的建设需求和日益累积的中长期债务问题，铁路建设资金面临着不小的缺口，铁路的建设和发展需要巨额资金，合理解决铁路建设的投融资渠道，既是保证铁路自身健康发展的基础，也是保证国民经济正常运行、金融秩序健康有序的重要因素。社会资本进入铁路建设领域可以缓解资金压力，丰富铁路建设资金来源，是深化铁路投融资体制改革，加快我国铁路建设的重要举措，这也与我国全面深化国有企业改革重大方针政策相吻合。为此，铁路运输已经实现了主辅业分离，成立了专业运输公司，并进行股份制和以减少管理层次为目标的撤销铁路分局等多项改革。如今，铁路内部和外部环境已经为推进全面深化铁路投融资改革提供了良好基础。

虽然我国在全行业深度改革中尤其是国有企业改革进程中，以前所未有的高频率颁布推动铁路投融资改革的系列政策文件，尤其是针对更为广泛、更为分散、更为灵活的社会资本，设计了投融资体制改革的框架性政策、"引资入铁"的建设性意见和建议。但是，阻碍社会资本进入铁路领域的隐形障碍仍然存在，其深层次原因和实施路径设计值得进一步探讨与完善。

本书在分析我国铁路投融资体制改革背景与目标的基础上，借鉴国外铁路投融资改革以及其他行业投融资改革的实践经验，认为铁路产业特点与网运合一体制是阻碍社会资本投资铁路的主要原因。考虑铁路线路建设和改造的投资量在铁路行业的投融资活动中占有绝对的比重，结合铁路自然垄断性、日益凸显的公益性以及政府关系等因素，本书研究了投资决策过程、投资责任承担和资金筹集方式等一系列铁路投融资制度，针对阻碍社会资本投资铁路"玻璃门"的成因及对策进行剖析。

1.2 国内外现状

一个国家的投资政策是否有效、社会资源配置是否最优，与该国的投融资体制状况有着密切的关系。与市场经济和生产力发展水平相适应的投融资体制，可以促进投资活动的进行，并为取得投资效益提供有力保证。

1.2.1 国内外投融资体制综述

投融资体制是组织、管理投融资活动的基本制度和方式，是固定资产投资活动运行机制和管理制度的总称。其主要内容包括投融资的主体的确定及其行为的规范，投融资的决策程序，投资资金的筹措方式，投资项目的管理方式等。由于投融资活动是社会再生产最主要、最基本的实现形式，因此，它的总量、结构和运行质量对于经济发展有着极为现实和直接的影响。

国外学者针对企业资本结构做了深入研究，结合企业融资偏好进行了有关理论的研究，对为经济新常态下企业的投融资决策提供相应的启示和借鉴。虽然就企业的资本结构及融资偏好理论而言，西方学者积累了相对丰富的研究成果，但是在未来还有许多的研究空间，例如：关注异质性企业（不同角度的划分）资本结构的动态调整，并从中归纳总结一般性的规律；关注企业管理层的行为对异质性企业资本结构决策过程的影响及其与外部环境之间的互动关系；将现有资本结构理论中包含的有关利益分析进一步的全面化、系统化的延伸；考虑企业融资与投资决策在众多层面上的相互影响与相互配合；加入主观的外生变量对现有的经典模型进行扩展和延伸等①。

第一，对于股权融资来说，Ou和Haynes（2006）认为在两种情况下企业需要通过股权融资满足融资需求：一种情况是面临财务困境且缺少融资渠道；二是正常渠道的资金流流入小于资金流流出。由于外部资金提供者认为初创期中小企业未来的成长充满了不确定性，并将此类企业归为高风险企业，所以只有这两种情况采用股权融资②。而Schäfer，Werwatz 和Zimmermann（2004）的研究结论并不一致，他们发现风险企业更容易获得股权融资③。

在股权融资中，风险投资和天使投资是两种重要的外部股权来源。而与风险投资不同，天使投资是企业的直接融资手段。天使投资是许多中小企业重要的资金来源之一，尤其是初创期的企业。根据Morrissette（2007）的估计，天使投资的投资额约为风险投资的11倍④。Shane（2010）的调研数据表明，2001～2003年，每年约有14万到26万个天使投资人向50000～57000个中小企业投资了127亿～360亿美元⑤。而据Stedler和Peters

① 郭丽婷："国外企业资本结构及融资偏好理论综述"，《商业经济研究》，2016（6）：179-181。

② OU C, HAYNES G W. Acquisition of Additional Equity Capital by Small FirmsFindings from theNational Survey of Small Business Finances[J]. Small Business Economics, 2006, 27(2)：157-168.

③ SCHÄFER, WERWATZ, ZIMMERMANN. The Determinants of Debt and Private Equity Financing：The Case of Young, Innovative SMEs from Germany[J]. Industry and Innovation, 2004, 11(3)：225-248.

④ MORRISSETTE S G. A Profile of Angel Investors[J]. The Journal of Private Equity, 2007, 10(3)：52-66.

⑤ HANE S. The Importance of Angel Investing in Financing the Growth of Entrepreneurial Ventures[J]. The Quarterly Journal of Finance, 2010, 2(2)：页码范围缺失.

（2003）的研究表明，德国天使投资总资产约为250万～500万欧元，分布在1～5个企业中，全部都是初创期企业。

第二，对于债务融资来说，中小企业与大型企业存在三个显著差异。首先，大型企业一般拥有广泛的债务融资来源，但中小企业往往只能从商业银行融资。其次，由于中小企业信息不对称问题比较严重，企业与银行的长期借贷关系，能够帮助中小企业融资过程中出现的代理问题。最后，对于企业主集权的中小企业，目前的研究还不能证明债务融资可以降低信息不对称带来的代理成本[①]。同时，选择短期债务还是长期债务，对中小企业的资本结构有重要的影响。Jun和Jen（2003）认为，短期债务带来的收益主要有：①短期债务利率基本为零；②与长期债务相比，短期债务的名义利率较低；③短期债务的灵活性较高，可以根据企业的融资需求及时做出调整；④短期债务的筹资成本较低。此外，企业必须在较短时期偿还债务和相关费用，因此从出借者的角度来看，短期债务可以有效解决信息不对称问题[②]。

第三，对于银行融资来说，Keasey和McGuinness（1990）认为，与其他融资渠道相比，银行融资价格相对较高，但会产生较高的回报率，而且银行的监管能够促进中小企业实现更好地发展。从银行的角度来看，中小企业领域具有重要的战略意义。Dela Torre等（2009）认为银行与中小企业之间密不可分，银行不仅为企业提供必要的资金支持，还为企业提供一系列的服务和金融产品。Beck等（2008）研究了影响银行为中小企业提供资金支持的因素，其中最重要的是企业的发展前景和巨大的盈利能力，另一个目的是拓展中小企业客户。此外，银行支持中小企业发展也能刺激竞争，推动产业发展。

第四，对于政府援助来说，Riding，Madill和Haines（2007）认为，只有

[①] 韩军伟："中小企业融资模式研究：国外研究综述"，《现代管理科学》，2016（9）：103–105。

[②] JUN S, JEN F C. Trade–off Model of Debt Maturity Structure[J]. Review of Quantitative Finance and Accounting, 2003, 20(1): 5–34.

在特定条件下，政府援助计划才能有效地拓宽中小企业资金来源。此外，由于规模较小、信息不对称等问题，中小企业面临的信贷约束较大，Zecchini 和 Ventura（2009）建议政府援助计划应致力于降低中小企业受到的信贷歧视，降低信贷成本。对于不同类型、不同生命周期的中小企业，政府的援助计划也应提高针对性和差异化水平。例如，加拿大的《中小企业融资方案》、1981年英国颁布的《小企业贷款担保计划》、2000年克罗地亚政府联合八家本地商业银行实施的《国家中小企业贷款计划》、坦桑尼亚《乞力马扎罗合作银行计划》等均是工业化国家政府援助计划的典型案例。

随着中小企业的经济贡献度不断上升，就要求我们必须不断地研究中小企业融资行为。由于大型企业的运作模式明显有别于中小企业，因此大型企业的融资模式不能完全应用于中小企业[①]。

观之国内投融资改革实情，投融资改革之所以成为经济体制改革中最为滞后的一部分，不仅仅是因为受到国资国企延误改革的拖累，而且还因为它既秉承了传统计划经济最核心的内容（即政府配置资源），又在渐进改革过程中衍生出许多与市场经济不相容的"特色"[②]。

改革开放之后，我国投融资体制沿革主要经历了以下几个阶段[③]。第一阶段（1979～1983年）是投融资体制的改革处于"拨改贷"的局部调整尝试阶段，基本打破单一的财政性资金占统治地位的局面，形成投资来源多样化的格局。第二阶段（1984～1989年）是我国投资体制改革全面开展的时期，基本形成投融资资金来源多元化格局，是以投资主体改革为特征的扩大改

---

① 韩军伟："中小企业融资模式研究：国外研究综述"，《现代管理科学》，2016（9）：103–105。

② 郭励弘："中国投融资体制改革的回顾与前瞻"，《经济社会体制比较》，2003（5）：7–19，128。

③ 韩孟浩："浅述我国投融资体制改革发展历程及改革思路"，《湖南科技学院学报》，2005，20（6）：67–68；中国网："改革开放以来的投资体制改革"，中国网，（2008–11–13）[2016–12–13]，http://www.china.com.cn/economic/txt/2008–11/13/content_16760627.htm；中国网财经、发改委："深化投融资体制改革意见发布意义重大"，中国财经，（2016–07–25）[2016–12–13]，http://finance.china.com.cn/news/20160725/3827285.shtml。

革阶段。从1987年5月开始，国家交通重点建设基金的征集范围进一步扩大到城乡集体所有制企业和个体工商户，按所得税后利润的7%征收，利润不足5000元者不缴。第三阶段（1989～1992年）我国投资体制改革出现停滞，只有局部的改革仍然进行。第四阶段（1992～1996年）我国投融资体制改革进入了一个新时期，国家把经济体制改革的重点转向城市，着力推进市场化改革，为抑制通货膨胀实施了适度从紧的货币政策等宏观经济调控，进行银行政策性业务和商业性业务分离，开始形成商业性金融体制信贷扩张约束机制。第五阶段（1996～2003年）我国投融资体制改革进入深化改革阶段，经济增长方式要从粗放型向集约型转变，在投资领域着力实现市场对资源配置的基础性作用。从开征"固定资产投资方向调节税"开始，不断进行投资结构的调控，国家计委也开始不断研究和制定能够适应经济社会发展的投资体制改革方案，并进行若干国有大中型项目的试点改革。国务院、国家计委、审计署、财政部等部委职能部门也在基础设施建设资金、固定资产投资项目、促进和指导民间投资等投融资相关领域不断推进有关研讨和试点工作，取得了重大进展。第六阶段（2004年至今）我国投融资体制改革进入继续深化改革和全面深化改革阶段。2004年7月经国务院批准的投资体制改革方案以《国务院关于投资体制改革的决定》名义颁布，是适应我国社会主义市场经济发展而制定的重要法规，也是改革开放以来投资领域最全面、系统的改革方案，为我国投资领域今后一个时期的改革和发展指明了方向，使我国的投资体制向适应社会主义市场经济体制的方向迈出了一大步，并在之后的10年左右时间内继续扩大投融资改革领域，规范了我国投融资领域各方面发展。2016年7月中共中央国务院《关于深化投融资体制改革的意见》正式公布实施，这是改革开放30多年来以中共中央文件名义发布的第一个投融资体制改革方面的文件，意义非常重大。同时，这次投融资体制改革的文件是继2004年国务院发布的投资体制改革文件之后的，事隔十几年的又一重要文件，不仅包含了投资活动的内容，也包含了融资方面的一些内容，是当前和今后一个时期投融资领域推进供给侧结构性改革的纲领性文件。

　　什么是适应社会主义经济发展要求的投融资体制，什么是投融资体制的内容及作用，这是人们在进行改革前必须认清的首要问题。从国家与各投资主体的关系出发，有的学者认为，投融资体制的实质就是政府各级投资管理部门与各投资主体之间权利划分的总和。它包括两个方面：一是国家投资管理制度，二是投资企业内部的管理制度。

　　从投融资体制对经济的作用出发，有的学者认为，投融资体制就是以产业政策为导向，综合运用经济的、法律的和必要的行政手段对投资总量和投资结构进行灵活有效调控的体系。即投融资体制就是用于解决投资中怎么投、投向哪、投资效益如何等问题的体制。

　　从投融资体制的具体内容上认识，有的学者认为，投融资体制的核心内容就是通过一定的制度安排，形成规范的出资机制、经营机制、市场化的投资环境和宏观调控机制。其体制的内核就是规范的制度安排使经营者积极的经营这两方面的内容。专家们比较一致的看法归于一点，就是投融资体制是以有利于充分发挥市场对资源起基础性配置作用为根本目的建立起来的体制，用来解决投资的方向、规模以及效益问题[①]。

　　长久以来，尤其是改革开放之后，我国许多专家学者对中国投融资改革进行了大量的研究与考证。中国的投融资改革严重滞后，其原因不仅因为受到国资国企延误改革的拖累，而且还因为它既秉承了传统计划经济最核心的内容（即政府配置资源），又在渐进改革过程中衍生出了许多与市场经济不相容的"特色"。投融资体制改革迫在眉睫。其根本措施是完善出资人制度，将投融资管理的重点从项目管理转向资本市场管理，从"投"转向"融"。中国投融资改革的总体目标应该是：建立起针对出资人的资信评价体系，以资信等级为依据，实施对出资人融资能力的宏观调控。放弃项目的行政审批，形成投资决策、资本决策、信贷决策三权鼎立，相互制约各负其责的投融资格局。严格金融监管、放松金融准入，严格市场清除、放松资本

---

　　① 刘元蕊："近两年我国投融资体制改革研究观点综述"，《甘肃金融》，2000（1）：48-49，47。

管制，培育财务投资者与战略投资者之间良性互动的资金供求机制。厘清企业制度，改善中小企业融资环境[①]。

针对中小企业投融资问题，我国学者做了很多研究，一种比较主流的观点是：中小企业融资难，这不仅仅是由于投资体制的原因，也不仅仅是由于金融体制的原因，而是一个涉及多方面制度的综合性问题。鉴于中小企业对经济社会发展的重要意义，亟须通过政策集成，推进制度建设，在较短时期内切实改善中小企业的融资环境[②]。为此，学者提出要针对我国国情淡化所有制强化所有权，理顺企业的资本组织形式，建立中小企业认定标准和各项统计，促进债务资金融通，促进权益资本融通。

1.2.2　国内外铁路投融资体制综述

投融资活动作为一种交易行为，其有效性如何，取决于相关个各方的合意性。这种合意性受到很多因素的影响，其中，产业的性质、特征以及其内在的运作规律对融资能够产生巨大影响。因此，在研究铁路投融资问题时，应当对铁路的属性和产业特征有清晰的理解和认识。

铁路是国民经济的基础产业，是社会经济正常运行的基本载体之一。铁路产业是具有多重属性的产业，既有公益性，也有商业性。作为国民经济的基础产业，铁路的建设通常使资本所有者无法独自占有投资收益，即该产业因为有较强的正的社会外部性，由其产生的社会效益部分无法通过市场得到补偿或回收。这一点决定了政府在铁路发展方面应当承担重要的责任。因此，基于公益性，铁路的发展需要政府的支持和资助，经济发达国家的铁路发展也证明了这一点。

---

① 郭励弘："中国投融资体制改革的回顾与前瞻"，《经济社会体制比较》，2003（5）：7-19，128。

② 郭励弘："中国投融资体制改革的回顾与前瞻"，《经济社会体制比较》，2003（5）：7-19，128。

　　例如，历史上美国铁路在发展过程中得到了政府部门（联邦政府和州政府）的大力支持，最突出的是政府低价甚至免费为一些铁路建设提供了土地。基于商业性，铁路建设也应当积极发挥市场机制的作用，吸引各方面社会资本参与铁路建设，建立多元化、开放式、市场化的融资体制。西方经济发达国家的铁路发展几乎都充分利用资本市场，如股票市场、债券市场等广泛融集社会资本，美国股票市场就曾经有较长一段铁路股票主导的时代。一般来说，在国家工业化发展中后期和现代化时期，交通运输投资一般随着经济社会的发展而保持稳定的数量状态，并在一定铁路建设投资阶段内稳中有降[①]，在日本、美国等国家的铁路发展过程中就有所体现。

　　改革开放以前，铁路实行的是上缴利税、国家再进行财政拨款的财政预算投资制度，国家财政预算几乎是唯一的资金来源渠道。改革开放后，随着经济体制改革和铁路管理体制改革的不断深化，铁路融资制度方面也进行了一些改革和探索，出现了合资铁路、地方铁路，铁路除通过提高自身的内源融资能力外，近年来还通过在资本市场发行股票、发行债券、利用外资等方式筹集资金，对铁路多元化融资渠道和融资方式进行了探索。这种"财政主导型"的铁路发展模式必须改变。

　　铁路多元经营前途广阔。民间资本进入铁路多经业可以为其带来先进的管理理念，并通过注入资金实现投资主体多元化，共担风险、共享收益。当然，应保证民营企业的合理盈利，政府方面可以通过给多经公司相应的政策扶持作为补偿，如税收优惠、贷款担保等，或者给予铁路沿线资源的优先开发权，提高多经公司的投资回报，从而加大对社会资本的吸引力[②]。

　　近年来，我国铁路建设虽然取得显著成就，但铁路仍然是综合交通运输体系的薄弱环节。路网能力紧张，瓶颈制约仍没有得到根本缓解，市场份额逐年下降，西部铁路建设还比较滞后，铁路仍然不能满足经济社会快速发展

---

①②　肖翔：《铁路投融资理论与实践》，中国铁道出版社2003年版。

的需要，加快铁路建设还面临十分繁重的任务。由于我国铁路承担了许多公益性运输，同时铁路运价偏低，铁路经营利润微乎其微，甚至亏损。长期以来，我国铁路产业的简单再生产和扩大再生产主要是在政府主导下，依赖于两条铁轨的运输经营收入以及简单的货物延伸服务收入来支撑，其本质上是"以路养路、以路建路"的铁路产业自我发展和自我平衡机制。近年来，随着铁路基本建设投资持续在高位运行，我国铁路形成了负债为主的建设融资模式。尽管这些负债得到了中央政府的支持，如中国铁路建设债券被明确列为政府支持债券，债券利息收入减半征收所得税，但铁路仍然需要承担还本付息责任[①]。

要吸引社会资本进入铁路需要有一定的投资回报率，从长期看这就需要放松铁路运价规制和加强铁路经营管理齐抓共进；而近期破除制度性障碍、创设有效投资融资体制机制，是吸引社会资本进入铁路的当务之急。

1.3　研究内容与技术路线

铁路是国民经济的基础产业，也是支撑和影响经济和社会发展的重要因素。近些年，我国铁路发展十分迅速，引起了国内外广泛和高度重视。发展铁路是社会经济发展的客观要求，是满足人员、货物流动的重要条件。目前，我国铁路还无法满足不断增加的旅客和货物运输需求，因此在今后相当长的一段时间内，发展应当是中国铁路的重要任务。

我国铁路社会资本投资总量偏小、投资结构不合理、融资渠道单一、"融资难融资贵"和体制机制制约明显等现象长期存在，直接导致铁路中

---

① 孟祥春："铁路投融资体制改革的重大创新"，《中国经济时报》，2014-04-14（006）。

长期负债规模不断增大，铁路债务风险持续累积，阻扰着铁路的进一步发展。目前，国家、各部委、中国铁路总公司等已经出台一批铁路投融资体制改革的政策、文件，阻碍社会资本投资铁路的"有形门"已被彻底打破，但社会资本投资铁路的积极性仍然不高，充分说明阻碍社会资本投资铁路的"玻璃门"仍然存在。与日俱增的投融资资金压力和迅猛的铁路建设进度需求构成了铁路投融资领域的主要矛盾，上述问题必将更加突出。因此，全面深化铁路投融资体制改革已成为当前铁路发展与改革的重要议题。

我国投融资体制改革近年来取得了许多重要进展，特别是2016年7月《中共中央、国务院关于深化投融资体制改革的意见》（中发〔2016〕18号）[①]公布实施，这是第一次以党中央、国务院名义出台专门针对投融资体制改革的文件，对于深化铁路投融资体制改革具有重要指导意义。

本书将对全面深化铁路投融资体制改革这一论题展开研究与探讨。立足于全面深化国有企业改革的宏观高度，分析我国铁路投融资体制改革背景与目标；充分借鉴和参考已有的理论研究成果，充分分析和运用其他行业的投融资改革实践经验，采用系统观点和类比的方法进行研究；立足我国铁路系统和投融资体系两个维度，剖析阻碍社会资本投资铁路"玻璃门"的成因，结合《中共中央、国务院关于深化投融资体制改革的意见》提出破除"玻璃门"的相应对策，以供决策部门参考。

本书研究的技术路线图如图1-3所示。

---

① "中共中央、国务院关于深化投融资体制改革的意见"，新华社，（2016-07-18）[2016-11-29]，http：//news.xinhuanet.com/politics/2016-07/18/c_1119238057.htm。

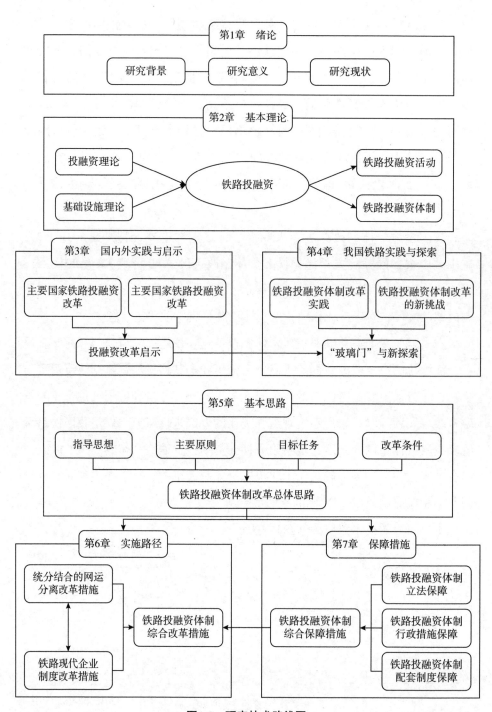

图1-3 研究技术路线图

第二章

铁路投融资体制：基本理论

本章介绍了铁路投融资的基本理论，包括资产与资本、投融资行业、投融资主体以及投融资体制等。结合铁路行业背景，从基础设施和基础项目的角度讨论了铁路行业的主要作用和实际意义。结合铁路行业实际情况，本章阐述了铁路投融资活动的性质、特点和实际要求，并讨论了铁路投融资体制及其改革的相关内容，研究了我国铁路投融资体制改革的历史沿革，讨论了铁路投融资体制改革的重要意义。

2.1 投融资基本理论

投融资活动是社会经济活动的最活跃内容，对促进社会经济发展具有举足轻重的重要作用。投融资活动总是客观地依赖于一定的体制和制度，各方必须共同承认、遵循和维护投融资体制制度，这种投融资体制就是投融资活动的组织形式、基本制度、管理方法和协调手段的总称，涵盖投融资主体的确定、投融资过程的规范、投融资资金的筹措与运作、投融资的收益分配与风险承担、投融资的监管体系以及政府的宏观调控等内容。

投融资活动与投融资体制内涵深远广泛，几乎涵盖经济活动的所有主要专业范畴。以投融资活动激发经济发展活力，促进产业经济发展，推动产业结构调整，已经是现代产业经济发展的成熟模式和企业发展的重要途径。对投融资活动和投融资体制进行研究之前，有必要对投融资基本理论进行明确。

2.1.1　资产与资本

劳动力、资本、物资被公认为生产的三要素，三者之间的有机结合才能使一个生产过程完整并持续。在发展经济学和经济增长理论中，资本形成被认为是经济发展或增长的重要因素，它是扩大再生产和提高劳动效率的手段。

资产指的是集体或个人所拥有的任何具有商业价值或交换价值的资源，这些资源会给拥有者带来预期的经济利益。资产是一个比较广泛的定义，同时具有一定的经济特征。其一，企业资产具有经济收益价值，会为拥有者带来预期经济利益。对于企业来说，企业资产是企业日常活动或非日常活动的活动要素，经济利益的体现形式为增加货币或等价物的流入，或是减少货币或等价物的流出。其二，对于企业来说，资产是企业拥有或者控制的资源。企业资产的所有权是对应的拥有企业，所有权或相应的控制权是企业资产的首要因素，也决定了企业资产的经济利益特征。其三，企业资产是有企业前行交易或事项产生的，产生过程与企业交易和事项相关。其四，企业资产可以以货币等形式进行计量。

资产与资本概念具有相关性。资本指具有经济价值的物质财富或生产的社会关系，是一切能带来收益的东西，泛指一切投入再生产过程的物质资本、人力资本、自然资源和技术知识等。按照马克思主义政治经济学观点，资本是一种由剩余劳动堆叠形成的社会权力，它在资本主义生产关系中是一个特定的政治经济范畴，它体现了资本家对工人的剥削关系。在西方经济学理论中，资本是投入（生产资料）的一部分。例如美国经济学家I.费雪对资本的定义是"构成未来收入流的资产"，就是说当资产被作为争取收入的手段时，该资产就转化为了资本。

2.1.2 投融资

1. 投资

马克思认为"投资，即货币转化为生产资本"。投资是一项综合性的经济活动，属于金融学和经济学范畴的概念，指的是作为经济行为主体的法人或自然人以获得未来收益为目的，利用现期收入经营某项事业的行为，是一种资本的形成和扩张的过程。我国经济学家庄俊鸿在《投资学》中将投资定义为"投资主体以获得未来预期效益为目的，而将货币资金或资本、物资、土地、劳动、技术及其他生产要素投入社会再生产过程，进而形成资产，以生产、经营各种营利性和非营利性事业的经济活动或交易行为[①]。"在金融学领域，投资比投机的时段更为长久，表现为在未来一定时段内获得某种比较持续稳定的经济收益，是一种未来收益的累积。在经济学范畴，投资是当期投入一定资本购买资本货物，以期望获得未来回报的技术手段。

经济学上对"投资"的定义大致有两类认识[②]：一是从投资行为和过程的角度加以解释。如《经济大辞典》（金融卷）认为，投资是经济主体以获得未来收益为目的，预先垫付一定量的货币或实物，以经营某项事业的行为；《帕格雷夫经济辞典》认为，投资是一种资本积累，是为取得用于生产的资源、物力而进行的购买及创造过程。二是从价值与资本的角度进行分析。如《经济大辞典》（工业卷）中认为：投资是指经营盈利性事业预先垫付的一定量的资本或其他实物。萨缪尔森[③]在《经济学》（第十六版）中认为：投资的意义总是实际的资本形成—增加存货的生产，或新工厂、房屋和工具的生产……只有当物质资本形成生产时，才有投资。以上定义都强调一定数量的货币、资本以及实物的投入，带来新的实际生产要素的扩大和外来收益的增

---

① 庄俊鸿：《投资学》，中国财政经济出版社1997年版。
② 林晓言：《投融资管理教程》，经济管理出版社2001年版。
③ 萨缪尔森：《经济学》，华夏出版社1999年版。

加。所以，本文认为：投资是指经济主体为了实现盈利或避免风险，通过各种途径，投放货币、资本以及实物，并形成新的实际生产能力的活动。

2. 筹资与融资

对一个经济主体而言，在对一个项目进行投资之前通过各种途径筹措项目所必须的足够资金（包括一定量的货币、资本以及实物等），这个过程在经济学上称为筹资。筹资与投资是投资主体的资本运动不可分割的两个环节。筹资是投资的先行性活动，没有筹资就不能形成投资过程；投资则是筹资的目的，没有投资活动，筹资也失去了意义。因此，在进行项目投资时，既要重视投资规模与结构以及投资过程的若干环节，又要重视筹资活动的相关步骤。从某种意义上讲，筹资活动的成败直接关系到投资效果的好坏。

融资源于储蓄，储蓄是资金供给的源泉。融资是资金的调剂融通行为，它是融资主体通过某种方式运用金融工具，从潜在投资者（即资金盈余部门）手中获得所需资金的过程，其主要目的是调剂资金的余缺。而筹资则不仅包括利用金融工具筹集资金，还包括通过自身积累实现聚集资金的含义。由此可见，融资只是筹资活动中的一个重要组成部分①。

在金融辞书《中华金融词库》中，融资的定义是"货币的借贷与资金的有偿筹集活动。具体表现为银行贷款、金融信托、融资租赁、有价证券的发行和转让等②"。从微观经济角度看，《新帕尔格雷福经济学大词典》指出融资发生在货币资金的持有者和需求者之间，为支付超过现金的购货款而采取的货币交易手段，或为取得资产而集资所采取的货币手段③。从宏观经济角度看，美国经济学家莫里斯·科普兰等人指出整个经济部门中的盈余部门往往是储蓄者，亏绌部门往往是融资者。从广义上讲，融资产生于货币资

---

① 李伶俐、王定祥："投融资体制与经济发展的理论关系研究"，《重庆社会科学》，2005（3）：8-11。
② 戴相龙：《中华金融词库》，中国金融出版社1998年版。
③ 约翰·伊特维尔：《新帕尔格雷夫经济学大词典（翻译版）第2卷》，经济科学出版社1992年版。

金持有者之间的资金流动，以资金双向互动的过程，是以余补缺的一种经济行为。从狭义上讲，融资是企业资金筹集的行为与过程，根据自身生产经营状况、资金运转能力、未来经营发展的需要，向投资者和债权人进行资金筹集，以进行资金供应的组织。

在投资主体自我资本积累不足时，投资主体就转为以融资主体的身份向资金盈余部门展开融资行为，通过依靠融资这种筹资手段，为投资项目筹措到足够的资金。项目投资的资金来源不外乎有两类：一是依靠投资主体自筹，形成内源性投入资本；二是依靠投资主体向外部融资，包括向银行等金融机构借款形成的间接融资和向金融市场发行股票、债券等形成的直接融资[①]。

3. 投融资

投资和融资的关系非常密切。一方面，投资决定了融资。没有投资活动就不会产生融资需求，而投资主体的经济背景、财务状况，投资项目的预期经济收益和风险水平等条件又决定了融资的能力、结构和方式等。另一方面，融资又制约着投资。投资者的融资能力、融资结构和融资方式等又反过来制约着投资活动。总之，项目的投资和融资是一个整体的过程，因此习惯上将投资和融资合称为投融资。

一般来说，项目的投资与融资是一个整体的过程。从投融资主体看，资金流出方与资金流入方是统一资金流程的两端，担任投资主体、融资主体，并进行相互匹配的投资行为与融资行为。从投融资目的与效果看，投资的概念包含着融资，融资是投资过程的起点。对同一资金循环来说，融资主体在项目营运前后具有双重身份，取决于在融通资金的投融资活动中担任的角色。投资与融资是资金运动过程中不可分割的两个方面，既是两个不同主体间的相对经济活动，也是同一主体之间在同一经济活动过程中不同阶段的表

---

① 李伶俐、王定祥："投融资体制与经济发展的理论关系研究"，《重庆社会科学》，2005（3）：8-11。

现。投融资活动体现了一个企业同其他企业之间的资金流动规模、规律、途径与方式，贯穿了项目营运的整个过程，也表现了企业资金有不平衡向平衡运动的过程。

2.1.3　投融资主体

1. 企业与投融资

（1）投融资对企业的影响与意义

企业投融资是指企业经营运作的两种不同的形式，目的都是通过投资融资活动，壮大企业实力，获取企业更大效益的方式。资金是企业体内的血液，是企业进行生产经营活动的必要条件，没有足够的资金，企业的生存和发展就没有保障。企业的生产经营，就是企业资产的运用和资产形态的转换过程。不论是新建一个企业，还是建造一条生产流水线，都是一种投资行为，而企业投资与企业融资相继相承。同时，企业通过投资形成了生产经营能力，企业得以开展具体的经营活动，获取经营利润。

企业投融资是企业的资金筹措与资产流动，这种企业自发的经济活动直接影响着企业自身的生存与发展，也带来一定的企业资产风险。投融资作为企业风险控制的重要手段，可以将资金投向企业生产经营的薄弱环节，使企业的生产经营能力配套、平衡、协调。通过投资，可以实现多元化经营，将资金投放于与经营相关程度较低的不同产品或不同行业，分散风险，稳定收益来源，降低资产的流动性风险、变现风险，增强资产的安全性。

因此，企业在投融资决策时需要进行系统的项目评估，合理分析项目可行性和风险性等关键问题，着重考量投融资项目对企业发展转型的综合影响。

（2）企业融资

企业融资是指企业向外部有关单位和个人以及从企业内部筹措生产经营所需资金的财务活动。以企业为主体融通资金，使企业及其内部各环节之间资金供求由不平衡到平衡的运动过程。当资金短缺时，以最小的代价筹措到适当期限，适当额度的资金；当资金盈余时，以最低的风险、适当的期限投放出去，以取得最大的收益，从而实现资金供求的平衡。

企业的资金来源主要包括内源融资和外源融资两个渠道。内源融资主要是指企业的自有资金和在生产经营过程中的资金积累部分，对企业的资本形成具有原始性、自主性、低成本和抗风险的特点，是企业生存与发展不可或缺的重要组成部分。事实上，在发达的市场经济国家，内源融资是企业首选的融资方式，是企业资金的重要来源。

外源融资分方式包括：银行贷款、发行股票、企业债券以及企业之间的商业信用、融资租赁等。外源融资是吸收其他经济主体的储蓄，以转化为自己投资的过程。企业的外部资金来源即协助企业融资部分，主要包括直接融资和间接协助企业融资两类方式。直接协助企业融资是指企业进行的首次上市募集资金（IPO）、配股和增发等股权协助企业融资活动，所以也称为股权融资；间接融资是指企业资金来自于银行、非银行金融机构的贷款等债权融资活动，所以也称为债务融资。随着技术的进步和生产规模的扩大，单纯依靠内部协助企业融资已经很难满足企业的资金需求。外部协助企业融资成为企业获取资金的重要方式。外部协助企业融资又可分为债务协助企业融资和股权协助企业融资。企业的发展主要取决于能否获得稳定的资金来源，企业融资主要是指企业在金融市场上的筹资行为。

（3）企业投资

企业投资是指企业以自有的资产投入，承担相应的风险，以期合法地取得更多的资产或权益的一种经济活动。企业需要通过投资配置资产，才能形成生产能力，取得未来的经济利益。通过投资，确立企业的经营方向，配置企业的各类资产，并将它们有机地结合起来，形成企业的综合生产经营能力。投资决策的正确与否，直接关系到企业的兴衰成败。因此，企业投资是企业生存与发展的基本前提，是获取利润的基本途径，也是企业风险控制的重要手段。

专栏2-1　　　　　国有文化企业融资改革案例

《中共中央关于深化文化体制改革、推动社会主义文化大发展大繁荣若干重大问题的决定》指出，要"创新投融资体制，支持国有文化企业面向资本市场融资，支持其吸引社会资本进行股份制改造"，给国有文化企业的改革提供了发展的战略和方向，提供了动力和支持。近几年，我国涌现出了一大批在改革方面进行探索实践的国有文化企业。他们在股份制改造方面作出了巨大的努力，加快了企业改制上市的步伐。2010年，安徽新华传媒股份有限公司、中南出版传媒股份有限公司等七家文化企业相继在主板和创业板上市，募集资金额超过了一百亿元。这些企业通过上市融资，迅速扩大了企业规模，综合实力显著提升。其中中南出版传媒集团股份有限公司市募集资金达到42.42亿元，超募130%，其总市值也达到了248亿元，成为传媒类企业在A股市场筹资最多的企业。企业上市后的净资产与改制前相比，相当于两个上市前的公司。以上列举的是大型的国有文化集团上市融资并且超募资金，而现实中大部分的国有文化企业利用资本市场融资仍不充分。

资料来源：李羽："国有文化企业融资及其案例研究"，西南交通大学，2012年。

2. 政府与投融资

（1）政府在投融资领域中的作用与能力

公共选择理论认为，在市场经济条件下，资源配置以实现社会福利的最大化为目标。但是公共产品具有非竞争性和非排他性，在消费的过程中，人们存在"搭便车"的问题，公共产品不能靠市场配置来提高效率。而政府的存在会减少人数众多时获取个人关于公共物品和外部性的偏好的信息所需的交易成本和谈判成本。因此，公共选择理论对基础设施投融资的观点主要有：

其一，政府应成为基础设施投融资的决策主体。基础设施具有初始投资巨大、自然垄断，而且消费上存在着不同程度的非竞争性和非排他性及对社会福利有重要影响等特点。根据公共选择理论对集体选择（政府选择）的理由分析，政府是提供基础设施及其服务的最有效的实体。

其二，政府在决策时又存在偏离增进社会福利目标的倾向。公共选择理论认为，政府及其机构也是经济人，追求自身利益最大化，如追求预算支出最大化、高薪、办公条件、特权、权力、恩惠，等等。如果基础设施领域采用"政府垄断经营"、"政企合一"等经营体制，将会影响公共产品与服务的供给及其效率。因此，需对政府在基础设施投资中的作用进行合理界定，而且在基础设施领域应尽可能采取市场化经营。

（2）政府融资

企业发展需要资金，政府上马大型项目拉动当地经济发展、进行城市基础设施建设、推进新型城镇化进展同样存在资金需求。政府融资的传统方式主要为国内外银行及银团贷款，近三十年实践中应用较为广泛的还包括土地资源融资、通过控股企业发行股票或增资扩股进行融资以及通过信托计划融资等。以上方式较为大众熟悉，但大部分方式都需要特定的抵质押条件、政策条件或社会经济背景条件，不能完全解决现今政府及相关部门对资金的需求。

对于政府投资，近几年的新形势值得关注。

第一，自2014年开始，民间资本得到解放。李克强总理要稳步推进由民间资本发起设立中小型银行，为民间资本提供大显身手的舞台，放宽市场准入，允许民营经济进入医疗、养老、金融等主流垄断体系。同时，为民间资本列出涉及交通基础设施、油气管网设施等领域共80个项目的"投资菜单"，鼓励民间资本以参股方式进入基础电信运营市场。值得关注的是，李克强总理考察中国铁路总公司并主持召开座谈会，要求拿出市场前景好的项目吸引民间资本。

第二，近几年，混合所有制改革风生水起，诸多企业将国有资本、集体资本、非公有资本等交叉持股、相互融合应用到企业的发展与生产之中，现阶段的改革方向是国有资本投资项目允许非国有资本参股。2016年，国资改革方案出炉，首批六家央企将进行四项改革试点工作，包括国投、中粮、中国医药、中国建材、新兴际华、中国节能环保公司。9月，首只参与国企混合所有制改革的公募基金"嘉实元和封闭式混合型发起式基金"获证监会核准。该基金最终募集181.72亿，超过募集上限100亿元，启动比例配售，认购比为55.27%。中石化混改引资名单敲定，25家投资者斥资千亿入股占35.8%。

第三，区域化发展有声有色，京津冀一体化规划、综合立体交通走廊建设打造长江经济带、一带（丝绸之路经济带）一路（21世纪海上丝绸之路）战略构想等区域战略规划的确定与实施推进了地区发展，催生了地方政府政策支持与民间资本结合的融资模式。

（3）政府投资

在任何社会中，社会总投资都是由政府投资和非政府投资两大部分构成的。政府投资是指政府为了实现其职能，满足社会公共需要，实现经济和社会发展战略，投入资金用以转化为实物资产的行为和过程。非政府投资是指由具有独立经济利益的微观经济主体（企业和个人）进行的投资。在一个社会中，政府投资和非政府投资所占比重究竟多大，主要取决于以下两个因素：一是社会经济制度的不同。一般而言，实行市场经济的国家，政府投资所占的比重相对较小，非政府投资所占的比重相对较大；实行计划经济的国家，政府投资所占的比重相对较大，非政府投资所占的比重相对较小。二是经济发展阶段的不同。在经济发达国家，政府投资占社会总投资的比重较小，非政府投资所占比重较大，在欠发达和中等发达国家，政府投资占社会总投资的比重较大，非政府投资所占比重较小。

政府投资是国家宏观经济调控的必要手段，在社会投资和资源配置中起重要宏观导向作用。政府投资可以弥补市场失灵，协调全社会的重大投资比例关系，进而推动经济发展和结构优化。政府投资职能一般表现在以下几个方面：

第一，均衡社会投资政府发挥宏观调控作用。在市场经济条件下，尽管政府投资量不占据主要地位，但对社会投资总量的均衡能起到调节作用。当社会投资量呈扩张势头、通货膨胀趋势严重时，政府投资主体通过减少投资量，缓解投资膨胀。当经济不景气、社会投资低迷时，政府投资主体采取增加投资量的途径，扩大社会需求，推动经济发展。

第二，政府投资对调节投资结构、引导社会投资方向起着重要作用。国家在经济发展的不同时期需要制定不同的产业政策，确定产业发展次序，投资的基本方向是国家产业政策规定优先发展的产业，特别是国民经济薄弱环节，对社会效益大而经济效益并不显著的产业予以重点扶持，这有利于优化投资结构，协调投资比例关系。在市场经济条件下，政府已不是唯一的投资主体，即使是国家需要重点扶持的基础设施及其他重要产业也需要鼓励社会投资的介入，但政府投资起到了一种先导和示范作用，它通过运用直接投资和间接投资手段（如投资补贴、投资抵免、投资贷款贴息等），引导全社会投资更多地投入国家鼓励发展的产业和领域。

第三，为社会民间投资创造良好的投资环境。投资环境的好坏，很重要的一个方面是公用设施和社会基础设施完善与否。公用设施和社会基础设施及软环境建设，有相当部分是无法实现商品化经营或商品化程度很低，即不能实现投资经济活动投入产出的良性循环，因此这方面的投资是政府投资主体的义务和责任，是政府投资的一个重点。

第四，支持地区内国家重点项目的建设。政府投资从资金、移民搬迁、劳动力供给等方面为重点项目的建设提供保障，承担区域内公益性项目投资，集中力量投资于基础项目和支柱产业的项目，同时通过各项政策和经济手段，推动资产的重组，进行存量调整。推进现代企业制度建设，使企业成为投资的基本主体。

（4）政府处理投融资问题的方式

在市场经济条件下，政府投资选择必须遵循以下几个原则：第一是弥补市场失效的原则，第二是维护市场配置功能的原则，第三是调节国民经济运行的原则。

因此，政府投资要严格限制在公共领域，包括公益性项目和基础设施项目，并允许企业集团、实力较强的私营企业对有盈利能力的公益性和基础性项目进行投资。政府投资要进一步划分为公共事业投资和产业投资，并实行不同的投资管理模式。政府投资项目要实行项目法人责任制，严格按现代企业制度要求进行经营管理，确保投资者的利益和风险约束机制得到落实。同时，改革预算外资金管理体制，变分散管理为必要的集中管理，弱化部门利益，堵塞管理漏洞，壮大政府投资实力。建立政府投资的项目评估审议制度和错案追究制度，促进投资决策民主化、科学化。广泛引入竞争机制，大力推进规范的招标承包制度。

创建公共财政支出框架，调整支出结构，确定支出范围。保证国家机器的正常运转，加大对社会公益事业的支持，扶持农牧业生产和扶贫，搞好非经营性基础设施建设。实现职能回归，压缩生产性基本建设投资和企业挖潜改造资金，财政资金坚决退出生产性和竞争性领域。理顺财政职能与企业发展的关系，财政对企业扶持仅限于安排下岗职工基本生活保障和再就业补助、剥离企业中的社会事业机构等。在完成事业单位机构改革的基础上，按照"公益"标准确定事业单位类别，区别情况安排资金。

政府投资对经营性基础设施项目，要积极推动产业化经营，改变目前基础设施项目主要由政府"一家抬"局面，减轻财政负担。对有收益的基础设施项目，如轨道交通、收费公路、自来水厂、燃气、热力以及污水、垃圾处理设施等政府要采取招标方式选择投资企业，政府赋予投资企业项目的特许经营权。对中标的投资者采取BOT（建设—经营—转让）、BOOT（建设—拥有—经营—转让）、BOO（建设—拥有—经营）和BTO（建设—转让—经营）等多种建设方式。

要合理安排投资布局，调整区域产业结构。投资布局即政府投资在各地区的分配比例关系，是政府投资政策的重要组成部分。我国地域辽阔，地区经济极不平衡，合理安排布局意义重大，它不仅有利于调节生产力布局和区域产业结构，而且也是调节地区差距、促进地区协调发展的必要手段。

3. 金融机构与投融资

（1）商业银行

从银行支持的政府投融资平台运作情况看，虽然目前该类贷款资产质量较好，不良率较低，但银行政府投融资平台贷款的快速增长，在实际运作中确实存在风险隐患，必须引起足够的重视。

第一是地方财力不足的风险。据有关部门调查显示，目前政府融资平台贷款余额已经超过国债余额，地方政府融资平台贷款与财政收入比例平均为1∶0.9，最多的达到3倍。另一方面，全国财政收入已经出现同比增幅减慢的态势，地方政府未来的偿债能力堪忧。如果地方政府超出自身还款能力，盲目建设或重复建设，搞形象工程，将会给银行带来很大有风险。同时，作为非经营性政府投融资平台，主要承建公益性和准公益性项目，项目本身不产生收益或自身收益不足以偿还全部贷款本息，由政府财政全额或兜底归还贷款本息，其还款来源主要依赖于地方财政实力。地方政府财力的下降，将直接加大非经营性政府投融资平台贷款的风险。

第二是风险管控难度大。由于各级地方政府融资平台信息不对称，很多政府投融资平台存在多家银行开户、多家银行融资及超能力融资的问题。同时，政府投融资平台在落实第二还款来源方面难度较大。由于项目融资额度大，很难寻找到合适的保证人；承建项目以基础设施为主，较难实施项目资产抵押工作，造成项目不具备担保条件或抵押资产变现难度大。这些因素影响银行进行资金监管和贷后管理，加大了风险管控难度。

第三是政府层级越下移风险越大。省级（含直辖市、计划单列市）、省会城市、上年度GDP在1000亿元以上的城市，本级政府依法成立的投融资平台，债务结构相对单一，风险基本可控。而随着政府层级的下移，债务结构逐渐复杂，债务风险逐渐增大，政府投融资平台，尤其是县乡级和GDP较低城市政府投融资平台的潜在风险不容忽视。

在当前和今后一个时期，各级政府仍然是主导我国经济金融资源配置最重要、最强大的力量。政府融资平台作为政府在经济领域的重要抓手和工具，掌握着大量的优质经济金融资源，是政府财政资源的主要调控者。作为银行，要以长远和战略的观点看待政府投融资平台业务。既要看到其积极作用，又要防范潜在风险，区别对待，有保有压。

（2）证券公司

融资融券交易是海外证券市场普遍实施的一项成熟的交易制度，融资融券的推出对中国证券市场的发展具有划时代的意义。

然而，融资融券交易与普通证券交易相比，在许多方面有较大的区别，归纳起来主要有以下几点：

第一，保证金要求不同。投资者从事普通证券交易须提交100%的保证金，安徽融资即买入证券须事先存入足额的资金，卖出证券须事先持有足额的证券。而从事融资融券交易则不同，投资者只需交纳一定的保证金，即可进行保证金一定倍数的买卖，在预测证券价格将要上涨而手头没有足够的资金时，可以向证券公司借入资金买入证券，并在高位卖出证券后归还借款；预测证券价格将要下跌而手头没有证券时，则可以向证券公司借入证券卖出，并在低位买入证券归还。

第二，法律关系不同。投资者从事普通证券交易时，其与证券公司之间只存在委托买卖的关系；而从事安徽融资融券交易时，其与证券公司之间不仅存在委托买卖的关系，还存在资金或证券的借贷关系，因此还要事先以现金或证券的形式向证券公司交付一定比例的保证金，并将融资买入的证券和融券卖出所得资金交付证券公司一并作为担保物。投资者在偿还借贷的资金、证券及利息、费用，并扣除自己的保证金后有剩余的，即为投资收益。

第三，风险承担和交易权利不同。投资者从事普通证券交易时，风险完全由其自行承担，所以几乎可以买卖所有在证券交易所上市交易的证券品种；而从事融资融券交易时，如不能按时、足额偿还资金或证券，还会给证券公司带来风险，所以投资者只能在证券公司确定的融资融券标的证券范围内买卖证券，而证券公司确定的融资融券标的证券均在证券交易所规定的标的证券范围之内，这些证券一般流动性较大、波动性相对较小、不易被操纵。

在证券公司投融资模式中，融资融券为投资者提供了新的赢利模式。融资融券作为中国资本市场的一种创新交易方式，它的推出为安徽投资者提供了新的赢利模式。对于资金不足或长线持有蓝筹股的投资者而言，在股票上升趋势明朗的情况下，可以手头上的证券作为抵押，通过融资交易来借钱购买证券，只要证券上涨的幅度足以抵消投资者需要支付的融资利息，投资者就可以获得收益。

融资融券的杠杆效应带来了放大的收益与亏损。投资者在进行普通证券交易时必须支付全额资金或证券，但参与融资融券交易只需交纳一定的保证金，也就是说投资者通过向证券公司融资融券，可以扩大交易筹码，即利用较少资本来获取较大的利润，这就是融资融券交易的杠杆效应。但是，融资融券的这种杠杆效应也是一把"双刃剑"，在放大了收益的同时，必然也放大了风险。投资者如交易方向判断失误或操作不当，则投资者的亏损可能相当严重。因此，证券平台推广融资融券的同时，融资融券有助于证券内在价格的发现，维护证券市场的稳定。

（3）保险公司

保险投融资对于保险企业经营至关重要，同时由于保险行业的特殊性，保险投融资与地方建设合作的领域日益增多。诸如地方城市风险管理、地方城市融资体制建设以及地方经济体制改革和公益活动等问题，是保险公司投融资管理的关键问题。

保险投融资是解决保险企业偿付能力问题的关键。在我国保险业高速发展的同时，却面临着严重的偿付能力不足的危机，解决我国保险业偿付能力问题的关键是从保险投资和融资两方面入手，"双管齐下"，拓宽投资和充实保险资本，提升保险企业核心竞争力。正因为如此，保险企业投融资在保障国民经济的稳定发展、促进保险企业的健康成长和保障被保险人的利益以及完善资本市场方面有着非常重大的意义①。

保险投融资对国民经济发展的作用主要体现在两个方面：一是提高储蓄转化为投资的规模；二是提高储蓄转化为投资的效率，即通过促进金融深化促进国民经济的健康稳定发展②。第一，加强保险投融资有利于国民经济的稳定发展。保险在经济补偿方面发挥着巨大作用，对国民经济的发展起到"稳定器"和"减震器"的作用。而保险这一职能的发挥，是以保险企业具有足够的偿付能力为前提条件的，而要保证保险企业的偿付能力，必须要增加其投资收入和资本金收入等收入来源。第二，加强保险投融资有利于促进保险企业的健康成长。美国摩根士丹利公司的著名投资专家保罗（Paul M.Theil）对保险投资这样评价："投资是保险行业的核心业务，没有投资等于是没有保险业。所以，没有保险投资整个保险行业的经营是不能维持下去的"。在开放的社会中，保险投资活动对保险企业的核心竞争力的形成非常关键，特别是当前承保利润日益下降，而保险投资成为保险业利润主要来源的情况下，保险投资愈发重要。第三，加强保险投融资有利于完善资本市场。保险企业投融资活动能够扩大资本市场规模、改善资本市场结构、提高资本市场效率、促进资本市场的有效运行③。

（4）信托公司

信托即委托人将资金委托给信托公司，信托公司再投向于具体的项目，目前信托公司具有全牌照，有些证券公司、基金公司子公司也在开展类似的业务。

政府基础设施信托融资实务，信托计划的投向是政府的基础设施建设，目前在信托公司与政府部门进行这方面业务合作时，政府都会出具承诺股权回购款支付的承诺书，并且将回购款项纳入政府的财政预算。在处理这方面业务时，主要注意的有合作对手的信用级别和财政水平、产品信用增级的方

---

① 周爱玲："谈保险企业投融资的意义"，《企业家天地》，2009（3）：36–37。
② 雷蒙德·W.戈德史密斯：《金融结构与金融发展》（第1版），上海三联书店1994年版。
③ 周爱玲："谈保险企业投融资的意义"，《企业家天地》，2009（3）：36–37。

式、基础资产所产生现金流的分析。

政府基础设施项目大多采取的还是信托贷款，主要原因是政府的基础设施项目普遍都是期限长、收益率低，对风险偏好型或者风险规避型投资者都没有很大的吸引力。这些政府项目的金额较大，很难通过私募的方式成立项目公司。因此。信托公司投融资模式的主要交易方式有：

①"股权+回购"。信托公司和政府或其融资平台共同发起成立项目公司，或者政府已成立项目公司后由信托公司增资扩股，待信托计划到期后，由政府的平台公司溢价受让项目公司的股权，也实现信托计划的退出。

②信托贷款，直接是信托公司给政府或者政府融资平台发放信托贷款，到期后由政府或者政府融资平台偿还贷款本金及收益。

③信托计划直接受让政府平台公司对政府的债券，到期后由地方政府偿还债务并且支付利息。

④政府平台以其对政府的应收账款债券设立财产权信托，并委托信托公司对财产权信托进行分拆转让，以实现其流动性。由地方政府或者平台公司回购信托份额，实现融资退出。

⑤地方政府的平台公司和信托公司成立产业投资基金的方式进行融资，最终通过基金赎回、信托受益权转让、有限合伙份额转让、退货或者清算的方式进行融资退出。

⑥银信政方式。银行将其理财资金委托给信托公司，信托公司将信托计划投资于地方政府融资平台的股权、债券、信托受益权或者特定资产权益。也有的是银行处于主导地位，直接与政府联系，再由银行与信托共同敲定产品模式和收益分配，最终将募集的资金投向于政府的基础设施建设项目。

（5）基金管理公司

私募股权投资通常以基金方式作为资金募集的载体，由专业的基金管理公司运作。根据被投资企业发展阶段划分，私募股权投资主要可分为创业风险投资（Venture Capital）、成长资本（Development Capital）、并购资本（Buyout Capital）、夹层投资（Mezzanine Capital）、Pre-IPO投资（Pre-IPO Capital）以及上市后私募投资（Private Investment in Public Equity，PIPE）。

私募股权投资的运作是指私募股权投资机构对基金的成立和管理、项目选择、投资合作和项目退出的整体运作过程。每个投资机构都有其独特的运作模式和特点，其运作通常低调而且神秘，从某种程度上看，私募股权投资的不同运作模式直接影响了投资的回报水平，是属于不能外泄的独占机密。虽然我们可能无法知道各个投资机构在具体的投资运作中的许多细节，但通常私募股权投资具有一些共同的基本流程和基本方法。参与私募股权投资运作链条的市场主体主要包括被投资企业、基金和基金管理公司、基金的投资者以及中介服务机构。

私募股权投资基金经理或管理人为企业带来资本投资的同时，还提供管理技术、企业发展战略以及其他的增值服务，是一项带着战略投资初衷的长期投资，当然其运作流程也会是一个长期持久的过程。国内私募股权投资基金和海外的创业投资基金的运作方式基本一致，即基金经理通过非公开方式募集资金后，将资金投于非上市企业的股权，并且管理和控制所投资的公司使该公司最大限度地增值，待公司上市或被收购后撤出资金，收回本金及获取收益。其投资运作基本都是按照一系列的步骤完成的，从发现和确定项目开始，然后经历谈判和尽职调查，确定最终的合同条款、投资和完成交易，并通过后续的项目管理，直到投资退出获得收益。当然，不同私募股权投资基金的特点不同，在工作流程上会稍有差异，但基本大同小异。私募股权投资是一项长期投资，从发现项目、投资项目到最后实现盈利并退出项目需要经历一个长久的过程，在整个项目运作过程中存在很多风险，如价值评估风险、委托代理风险和退出机制风险等，投资机构需要对这些风险进行管理。

2.1.4 投融资体制

1. 投融资体制内涵

投融资体制是关于资金的融通、投入、运作与监管等活动的制度安排，是各种关联要素有机结合的系统结构[①]。它是投融资政策与制度组织化的体现。而投融资政策是指关于投资、融资、补偿等政策与法规的总称，它包括投资主体结构与分工安排、融资渠道的开辟与规定以及投资补偿与分摊等。这就是说，投融资政策是一个综合性概念，它可以分解成投资政策、融资政策与补偿政策。投融资体制与政策是两个关系极为密切的概念。投融资体制虽然重在投融资的主体结构安排与制度规范上，也包含了政策成分，二者在政策制度规范上是相重叠的。投融资政策则重在既定的投融资体制背景下，对投融资活动作出的具体规定。因此，投融资政策的具体落实离不开特定的投融资体制背景。

要深入研究投融资体制，就必须对相关的政策及其环境展开研究。投融资依赖的政策环境是指维持既定投融资体制的有效运转所需要的来自于政府调节经济和投融资活动的政策供给环境，具体包括政府供给的投融资政策与环境、税收政策、产业政策等。由此可见，投融资体制既属于经济的范畴，其运行构成了国民经济中的经济行为；又属于历史的范畴，现行的投融资体制是多年来生产力和生产关系相互促进与影响的产物，体现了一定的社会生产关系。

2. 投融资体制的构成框架

投融资体制是一个有机的系统结构，是由授信主体（资金的供应者）、融资与投资主体（受信主体，即资金的需求者）、投资项目以及政府管理部门及其规定的政策、制度、法规构成的有机运行的系统框架（如图2-1所示）。

---

① 裴平："南京市投融资体制的现状与改革"，《南方社会科学》，2002（S1）：304–312。

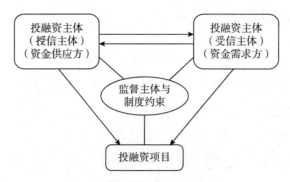

图2-1　投融资体制的构成框架

资料来源：李伶俐、王定祥："投融资体制与经济发展的理论关系研究"，《重庆社会科学》，2015年第3期，第8~11页。

　　授信主体就是资金盈余部门，是融资过程中的资金供应者。多数情况下，项目的融资者也就是项目的投资者，投融资主体实际上是指的相同的一个组织或个人，投资主体在自有资本缺乏的情况下，就会变成融资主体，形成对外资金的需求者，在金融市场上通过借贷或发行股票、债券等形式进行项目的资金融通，成为接受信用的主体（即受信主体）。市场经济体制下，资金供应者通常有居民、银行等金融机构、企业和政府，他们通过购买股票、债券或直接提供信贷对融资主体提供信用、融出资金。在项目预期利益的驱动下，融资主体就变成投资主体对项目进行投资，投资是投资主体单方面的经济行为，但授信主体（如银行）为了防范融出资金的风险，通常要对投资项目和投资结构进行充分的考察评估，只有在项目可行、有技术管理和收益保障后才会向融资主体融出资金。

　　无论是授信主体，抑或是投融资主体，还是投资项目，它们都离不开一定的管理和制度约束。为了规范市场投融资秩序，政府必须向投融资市场的投资与融资行为供给一定的政策与制度，并责成有关行政管理部门和市场自律部门进行规范地管理，以保证投融资行为有序进行和投资项目在国家产业政策指引下得到健康成长，并以此推进投融资体制的不断完善和社会经济的持续发展。由此可见，授信主体、投融资主体、投资项目、监管主体以及政策制度构成的运行关系总和便形成了投融资体制的基本骨架。

3. 投融资体制的运行机制

投融资体制总是在特定的政策制度和法律环境约束下运行的组织系统，构成该系统的各要素间相互关系、相互作用和影响就形成了投融资体制的运行机制（如图2-2所示）。

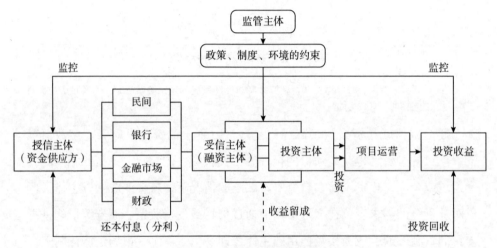

图2-2　投融资体制示意图

资料来源：李伶俐、王定祥："投融资体制与经济发展的理论关系研究"，《重庆社会科学》，2015年第3期，第8～11页。

当融资主体缺乏投资的资本时，可选择向各授信主体融资。一般地，一个经济社会的融资系统由四部分构成：一是民间的借贷融资；二是银行等金融中介机构的信贷融资；三是在金融市场上的融资（主要指发行股票和债券等）；四是请求向政府财政（或政策性）融资（含无偿拨款、财政持股、财政贷款等形式）。这些资金供应主体向融资者提供资金（信用）的方式不外乎有：一是股权信用；二是债权信用。要么购买融资主体发行的股票，要么购买融资主体发行的债券或直接借款给融资主体，前者称为股权融资，后者称为债权融资；如果融资主体在金融市场上通过发行股票、债券，或直接从私人部门融入资金，称为直接融资；而通过银行等中介机构的借贷融资称为间接融资。融资的过程，实际上是资金盈余部门授信给资金赤字部门（融资者）的过程，也是融资者接受信用的过程。融资过程的有序运行离不开法律制度、信用制度和财政信贷政策的引导，健全的信用法规、有效的财政金融政策是保障融资过程正常运行的关键。

融资者融入必要的资金后，按项目运行规律和投资规则进行投资、建设，形成资本品（包括固定资产和存货），并在一定的技术管理水平条件下，通过对项目的经营管理，从而获取投资收益。为了维系投融资者的信用活动，按信用契约规定，投资者必须将一部分投资收益分配给股权的提供者（股东）或还本付息于债权提供者；另一部分作为项目利润留成，以维持项目的简单或扩大再生产，进行投资补偿和追加投资，从而形成投资的良性循环。投资活动以及投资的回收、分配与补偿行为都受到国家的产业政策、收入分配政策、信用制度、投融资环境、税收政策等的影响和制约。因此，要使投融资活动有序化、健康化，就必须设计一套健全有效的制度和监管体系。当投融资体制各构成要素有机运行时，投融资体制才会促进社会信用和投资的发展。

4. 投融资体制的政策环境

投融资体制的运作总是离不开特定的政策环境。政策环境的好坏直接决定着投融资体制的效率，合理有效的政策环境有助于投融资体制高效地发挥融资、投资和资源配置功能，带动社会资源的流动与配置，促进经济增长和经济发展。一般地说，与投融资体制密切相关的政策环境包括：

①法律环境。法律环境是制约并规范投融资活动的基础，它是高于道德规范基础上的行为准则。法制健全的投融资体制是保障一国资源被充分和有效动员于经济发展过程的根本条件，决定着投融资活动的范围、程度和有序化。

②财政金融政策。其松紧程度对货币资源的融通有重要影响，紧缩政策会减少可供融通的资金资源，从而减少带动其他社会资源用于经济发展的机会，增加投融资成本。宽松的政策有利于扩大货币供应量，增加可供融通的资源，减少投融资成本，促进经济增长。

③产业政策。它系指一国指导国民经济产业发展的制度、政策和法规的总称。产业政策是投资项目的重要指向，决定着社会不同产业投融资的活跃程度。若是国家鼓励发展的产业，它会给予投融资和税收优惠政策，投融资成本就会降低，投资收益率会相应地提高，从而促进社会资源流向该产业领域。若是国家限制发展的产业，它就会在投融资和税收方面设置障碍，增加投融资成本，投融资者就会自动减少向该领域的投资。

④收入分配政策。合理的收入分配政策会平衡利益在国家、集体（企业）和个人之间的分配，激发经济主体的活力，充分调动经济主体融资、投资和经营管理的积极性，促进项目的运营和经济的发展。

⑤信用制度。信用制度是约束信用主体行为的一系列规范与准则及其产权结构的合约性安排。健全的信用制度，将直接降低信用风险，加快金融资源的融通与社会周转，有助于形成对投资项目运营的硬约束，从而推进金融资本的良性循环。

⑥投融资环境。它包括投融资硬件环境（如交通、通讯、信息等基础设施）和软件环境（如政府的行政效率、政府给定的政策优惠、政府与企业的关系等）。

良好的投融资环境将有助于提高投融资效率，降低投融资成本，增强投融资主体信心，从而激励经济主体的投融资活动，促进社会经济的可持续发展[1]。

2.2　基础设施与基础项目

基础设施是一个国家或地区经济发展的基本物质基础条件和主要体现，基础设施建设和营运对一个国家或地区的经济发展意义重大。一国基础设施

---

[1]　李伶俐、王定祥："投融资体制与经济发展的理论关系研究"，《重庆社会科学》，2005（3）：8–11。

对其经济的长期稳定增长起到非常重要的作用。基础设施在发展中国家尤为重要，据世界银行1994年测算表明，发展中国家基础设施存量增加一个百分点，人均GDP会增长一个百分点，因此世界银行1994年的发展报告认为基础设施对经济增长的作用是主要和实质性的，而且相对于其他投资来说，基础设施的这种作用越来越大[①]。一般来说，基础设施与基础项目相互对应，缺乏基础设施与基础项目的规划和建设，势必有碍于国家或地区的经济综合实力的整体提升。基于基础设施与基础项目的重要意义，各个国家和地区都十分重视基础设施与基础项目的规划与建设，而其投融资活动也逐渐成为国家或地区经济生活中最活跃的一部分。

我国是一个发展中的大国，基础设施投资对我国经济增长起着相当重要的作用，不同的实证研究得出基础设施投资对产出的影响程度不一样，但都表明我国基础设施投资对经济增长产生积极的推动作用。我国未来经济发展不可能持续在低成本的经济环境中运行，核心竞争点会由低成本转移到效益上来。莱斯特·C.梭罗的研究[②]得出一个普遍认可的结论，基础设施是将来成本和效益的一个主要组成部分。所以，基础设施与基础设施投融资是我国当前经济发展和提高效益的关键。

2.2.1　基础设施与基础项目的内涵

"基础设施"或"基础结构"源于北约组织对于战争动员的研究，后来经过内涵上的推陈出新，在经济学、政治学和社会学等领域得到进一步拓展。《经济百科全书》对"基础设施"的定义为：基础设施是指那些对产出水平或生产效率有直接或间接的提高作用的竞技项目，主要内容包括交通运输系统、发电设施、通讯设施、金融设施、教育和卫生设施，以及一个组织

---

① 世界银行：《1994年世界发展报告：为发展提供基础设施》，中国财政经济出版社1995年版。
② 莱斯特·C.梭罗："中国的基础设施建设问题"，《经济研究》，1997（1）：59-65。

有序的政府和政治体制①。1994年，世界银行为基础设施进行了较为全面的定义，指出"基础设施是永久性工程构筑、设备、设施和它们所提供的为居民所用和用于经济生产的服务"②。

基础项目与基础设施、基础设施建设有一定内涵联系。基础项目具有一定的自然垄断性，一般的基础项目建设周期长、投资大而收益低，通常属于需要政府扶持的基础设施项目和一部分基础工业项目。此外，基础项目一般是与国家经济规模密切相关的支柱产业项目。一般地，基础项目分作准竞争性项目和不具备市场竞争条件的基础性项目，其分类的依据是政府在该项目投融资活动中的主要作用和投融资比例。

2.2.2　基础设施的分类与特征

《世界发展报告》对基础设施进行了比较权威的分类，认为基础设施分为两大类：一类是经济型基础设施（生产性基础设施），另一类是社会性基础设施。前者包括公共设施、公共工程和交通部门等，涵盖能源、交通、邮电等生产性领域，也称为狭义的基础设施。后者包括科技、教育、文化、体育、卫生以及商业服务等设施，体现了广义基础设施内涵的社会性。目前我国基础设施投资呈现以下特点③：

第一，基础设施资金缺口依然巨大，缓解庞大的基础设施投资资金缺口成为我国基础设施投资的重点之一。据国家发展改革委投资研究所测算，作为经济基础设施主要组成部分的铁路运输，从2005～2020年需投入资金2万亿元左右，年均投资1300亿元左右，与目前的资金来源相比，每年的资金缺口在500亿元左右，其投资资金供需缺口巨大；城市基础设施投资在"十一五"将超过4.5万亿元，城市投资供不应求的局面将长期存在。

---

①　佚名：《经济百科全书》，[出版地不详]：McGraw-Hill Book Company1982年版。
②　世界银行：《1994年世界发展报告：为发展提供基础设施》，中国财政经济出版社1995年版。
③　彭清辉："我国基础设施投融资研究"，湖南大学，2011。

第二，由注重基础设施投资数量逐步转向强调基础设施投资的效率。目前，从总量来看，我国每年的GDP已经超过日本成为全球第二大经济体，但是生产效率并没有实现根本性改变，因此，国家及时提出要转变生产方式，强调效率。基础设施作为政府投资的重要领域，也不能沿用以前只强调投资规模，而忽视效率的粗放式投资，而应在扩大投资规模的同时，注重基础设施（特别是经济基础设施）投资效率的提高，以降低基础设施的使用成本，从而提高全社会的生产效率。因此，如何提高我国基础设施投资的效率也是我国基础设施投融资研究面临的重要问题之一。

第三，现代金融创新对我国基础设施投融资体制产生了深刻的影响。20世纪90年代以来，我国中央政府和地方政府在基础设施项目介入的变化，对基础设施建设的投入开始转入以地方政府投入为主的阶段。按我国《预算法》规定地方政府不能直接负债，地方政府为筹集庞大的基础设施资金，纷纷运用金融创新手段，如建立各级投融资平台，利用投融资平台在资本市场进行融资。

2.2.3　交通运输与铁路基础设施

改革开放以来，在党中央、国务院的正确领导下，各级政府和交通运输部门积极创新、锐意进取，以交通专项税费和"贷款修路、收费还贷""航电结合、以电促航、滚动发展"等政策为基础，逐步形成了"中央投资、地方筹资、社会融资、利用外资"的交通运输基础设施投融资模式，支撑了公路、水路交通运输基础设施建设的跨越式发展，改变了交通运输对国民经济的瓶颈制约，对我国经济社会健康稳定发展做出了重要贡献。

当前，随着国家各项改革的深入推进和交通运输的转型发展，交通运输发展面临的投融资环境发生了较大的变化，现行的投融资模式难以满足交通运输发展的需要，特别是不能适应国家深化财税体制改革的要求，主要表现在：政府投资主体作用不强、公共财政投入不足，各级政府交通事权不清晰、支出责任不明确，融资政策不完善、社会资本投入动力不足，政府举债不规范、债务负担较重等，因此迫切需要通过深化改革，建立新的交通运输基础设施投融资模式。根据中央经济工作会议的部署，交通运输基础设施建设依然是稳增长、惠民生的重要领域之一。为更好地发挥政府投资的引导作用，充分利用社会资本特别是民间资本参与交通基础设施建设，深化交通运输基础设施投融资改革，创新投融资模式，对促进交通运输业健康发展具有重要意义①。

交通运输是基础性、先导性产业，对于保障经济社会发展和人民群众生产生活具有十分重要的作用。近年来，我国交通运输发展迅速，交通运输基础设施得到明显改善，综合交通运输网络初步形成。其中，以铁路为代表的轨道交通运输基础设施体现了重要作用。铁路等轨道交通形式不仅是资源节约型、环境友好型交通系统的重要组成部分，更是国家重要的基础设施和民生工程。铁路领域的投融资活动是国家基础设施投融资的重要构成，对改善铁路建设与运营、优化交通结构、推进工业化和城镇化进程、带动相关产业综合发展以及便捷旅客安全出行等具有深刻影响。

2.3 铁路投融资活动

2.3.1 铁路投融资活动性质

铁路的建设和发展需要巨额资金，合理解决铁路建设的投融资渠道，既是保证铁路自身健康发展的基础，也是保证国民经济正常运行、金融秩序健康有序的重要因素。改革开放以前，铁路实行的是上缴利税、国家再进行财

---

① 交通运输部："交通运输部关于深化交通运输基础设施投融资改革的指导意见"，[2017–02–21]，http：//www.moc.gov.cn/zfxxgk/bnssj/cws/201511/t20151124_1933613.html。

政拨款的财政预算投资制度，国家财政预算几乎是唯一的资金来源渠道。改革开放后，随着经济体制改革和铁路管理体制改革的不断深化，铁路融资制度方面也进行了一些改革和探索，出现了合资铁路、地方铁路，铁路除通过提高自身的内源融资能力外，近年来还通过在资本市场发行股票、发行债券、利用外资等方式筹集资金，对铁路多元化融资渠道和融资方式进行了探索。

虽然铁路资金来源渠道比过去有所增多，但相对铁路建设的需求而言，市场化融资的比重还非常低。现在来看，铁路投融资主要经历了"财政主导型"和"财政与银行主导型"的两个不同阶段。在特定的历史条件和体制框架下，这或许是一个必然选择。然而，未来的铁路发展无疑应当打破原来在投融资方面的固有模式，探索和创新融资渠道与融资模式。作为一项公用事业，社会资本有可能、也有必要参与到铁路建设和经营中来，铁路应当向着多元化方向发展[1]。

2.3.2 铁路投融资活动特点

作为大规模路网型国家基础设施项目，铁路投融资具有其自身特点[2]。

1. 公共产品公益性

铁路既是国家基础设施项目，也是具有外部利益的公共产品[3]，具有效用不可分割、非排他性和非竞争性。其一，铁路的运输服务是整体效用，不可分割；其二，铁路的非排他性体现在铁路运输服务使用者无法把他人排斥在外，由此亦会导致"免费搭车"现象的发生；其三，铁路的非竞争性指增

---

① 欧国立："铁路投融资问题解决之道"，（2012–05–21）[2017–02–21]，http：//www.chinavalue.net/Finance/Article/2012–5–21/199452.html.

② 王书会："中国铁路投融资体制改革研究"，西南交通大学，2007年。

③ 公共产品，指的是不具有排他性和竞争性的商品。

加使用者几乎不会增加铁路基础设施的边际使用成本，由此可能会产生市场价格失灵等现象。铁路建设和经营的质量，直接关系到人民生活和大部分行业的正常运转，其公益性表现为对社会公众的积极作用。作为一种大型路网型基础项目，铁路的公益性决定了铁路投融资分析和项目阶段性评估均需要建立在经济性和社会性的基础之上。

2. 基础项目导向性

同其他国家基础项目类似，铁路的融资一般依赖于项目的现金流量和资产，而非项目的投资者或发起人的资信。一般来说，由于铁路等基础项目具有项目导向性，在其投融资活动中通常运用项目融资的方式对大规模资金进行安排。通过项目融资方式，铁路等基础项目的投融资活动具有一定特点：其一，基础项目融资规模、融资结构和融资成本等体现在项目现金流量和资产价值的期望值，可以通过项目经济强度吸引更高的贷款比例；其二，基础项目融资过程的性质决定了其投融资基础的稳定性，对一般投资者可以提供一定的保障条件；其三，基于项目导向融资的基础项目规模一般比较庞大，需要根据项目经济效益和运营周期等系统分析情况，合理安排融资贷款方式。因此，铁路等基础项目融资过程体现了项目导向性。

3. 债务追索有限性

基础项目风险的可控性和风险化解途径影响着项目的可靠性和收益性。一般来说，在基础项目的各个建设和运营阶段，基础项目会以不同程度和形式表现出投融资的项目风险。在基础项目建设期，投资方一般会要求融资方承担全部或大部分项目风险，以保障项目建设进度和质量的可控性。在基础项目进入营运阶段后，将基础项目融资追索局限于项目资产及现金流量上，其债务追索的局限性主要表现在追索时间、追索金额和追索对象等方面。因此，铁路等基础项目通常以有限追索和表外筹资等途径降低发起人的投资风险。

4. 融资环境复杂性

铁路等基础设施项目融资涉及范围广、融资成本高、融资风险大，所面临的融资环境更为复杂。其一，基础设施项目一般具有一定的边缘带动效应，在规划期间、建设期间和投入使用期间均会对一定的关联行业或领域带来一定影响。例如，城市轨道交通系统在规划期间对城市整体经济发展、区域结构演变、综合环境改善等方面都有比较重要的影响，而以TOD为框架的城市经济发展模式已经得到比较广泛的应用。其二，基础设施项目需要大量前期工作，对融资结构和融资进度提出了比较高的要求。同时，基于项目导向的融资手段势必造成一定的融资风险，相关的风险分析、税收结构、资产抵押等一系列技术工作要求更高，增加了融资组织和实施时间。其三，基础设施项目的有限追索特性与融资方追索要求相关，融资利息成本高于传统融资方式。复杂的融资环境，对铁路等基础设施项目融资提出了更为具体的要求。

2.3.3　铁路投融资活动要求

铁路是国民经济基础产业，是社会经济正常运行的基本载体之一。铁路产业是具有多重属性的产业，既有公益性，也有商业性。作为国民经济的基础产业，铁路的建设通常使资本所有者无法独自占有投资收益，即该产业因为有较强的正的社会外部性，由其产生的社会效益部分无法通过市场得到补偿或回收。这一点决定了政府在铁路发展方面应当承担重要的责任。因此，基于公益性，铁路的发展需要政府的支持和资助。同时，铁路的投融资活动作为一种交易行为，其有效性如何，取决于相关各方的合意性。这种合意性受到很多因素的影响，其中，产业的性质、特征以及其内在的运作规律对融资能够产生巨大影响。因此，在研究铁路投融资问题时，应当对铁路的属性和产业特征有清晰的理解和认识[①]。

---

① 欧国立："铁路投融资问题解决之道"，（2012-05-21）[2017-02-21]，http：//www.chinavalue.net/Finance/Article/2012-5-21/199452.html。

我国铁路投融资改革是一项宏大的综合工程，相对应的投融资活动有其规范与要求。根据国务院出台的国发〔2013〕33号印发《关于改革铁路投融资体制加快推进铁路建设的意见》，铁路投融资改革要注意以下几点：第一，推进铁路投融资体制改革，多方式多渠道筹集建设资金；第二，不断完善铁路运价机制，稳步理顺铁路价格关系；第三，建立铁路公益性、政策性运输补贴的制度安排，为社会资本进入铁路创造条件；第四，加大力度盘活铁路用地资源，鼓励土地综合开发利用；第五，强化企业经营管理，努力提高资产收益水平；第六，加快项目前期工作，形成铁路建设合力。以上几点对于我国铁路投融资改革具有重要指导意义。由此可知，我们在具体进行铁路项目投融资改革活动时，应注意坚持政府主导、确立合理的投融资改革目标、妥善处理铁路行业中政府与市场之间的关系，需要遵循以下几点基本原则。

第一，融资规模适当原则。铁路管理人员，尤其是财务人员需要认真分析运输生产经营状况，采用相应的方法，相对准确地预测需求资金的数量，合理确定融资规模。这样既能避免因融资不足而影响运输生产经营的正常进行又可以防止融资过多造成资金闲置。

第二，融资及时原则。铁路的管理者，特别是财务管理人员，在融集资金时必须对资金的使用时间进行合理的预期，以便根据铁路资金需求的具体情况，恰当地安排资金的融资时间，适时获得所需资金。

第三，融资来源合理原则。铁路的融资渠道是铁路融集资金的源泉，资本与货币市场是铁路融资的场所。铁路的管理人员必须认真研究资金的来源渠道和融资场所的有关情况，结合铁路运输生产经营状况，合理地选择资金来源。

第四，融资方式经济原则。在制定融资计划时，除了要确定融资数量、融资时间和资金渠道等因素外，还必须要认真研究各种融资方式的特点，比较在不同融资方式条件下的资金成本，选择经济可行的融资方式，降低融资成本，减少财务风险。

2.4 铁路投融资体制及其改革

2.4.1 铁路投融资体制

投融资体制是投融资活动的组织形式、基本制度、管理方法和协调手段的总称，涵盖投融资主体的确定、投融资过程的规范、投融资资金的筹措与运作、投融资的收益分配与风险承担、投融资的监管体系以及政府的宏观调控等内容，是投资方、融资方与相关职能部门共同承认、遵循和维护的体制制度。

铁路投融资体制，是铁路投融资活动中所采取的组织形式和管理制度的总称，由投资主体、投融资方式和政府用以扶持、引导、限制和管理的投融资调控体系三项要素组成。

投融资体制解决由谁投资、如何投资以及由谁决策、由谁承担风险和责任的问题，投融资体制改革是优化资源配置的重要手段，是促进铁路发展的直接动力。根据铁路投融资体制受制形式，可以将铁路投融资体制分作政府财政主导型、银行主导型、政策性、市场主导型等几种类型[①]。

第一，政府财政主导型投融资体制是政府作为铁路领域唯一的投融资主体，垄断铁路建设和管理运营的投融资体制。这种体系具有以下特点：①政府既是铁路的投资主体，又是投资活动的管理者；②政府财政控制着铁路建设资金供给渠道并主要依靠财政筹集资金；③政府对铁路实行传统计划调控和行政管理。

第二，银行主导型投融资体制以银行为基础设施领域投融资活动的主导者，主导大规模基础设施项目投融资活动。这种体系具有以下特点：①银行既是货币和货币资本经营主体，又是铁路投融资的主体；②银行控制着准经

---

① 王书会："中国铁路投融资体制改革研究"，西南交通大学，2007年。

营性铁路建设资金的供给渠道，并主要依靠企业贷款的形式转化为铁路领域的直接投资，政府财政资金主要集中于非经营性铁路和准经营性领域；③政府主要依靠银行系统，实行"相机控制"的宏观调控与管理模式。若企业付得起债务，控制权就掌握在企业手中，反之控制权就自动转移到银行手中，银行作为外部投资者，会对铁路企业实施干预，因此企业必须尽最大努力进行银行资本的经营。

第三，政策性投融资体制是政府采取各种直接或间接的诱导方式吸引社会各投资主体参与铁路建设和运营，缓解经济增长中的"瓶颈"制约，推进市场发达。这种体系具有以下特征：①投资主体是包括政府和民间投资在内的多层投资体系；②政府通过各种方式鼓励和调动民间资本积极参与铁路投资，各投资主体间采用各种有效而灵活的投资组合方式开展投资活动，投资资金既表现出政策性即不以盈利为主要目的，又体现出有偿性；③政府对整个社会铁路领域内的投融资活动实行以市场为主的宏观管理体系。世界上许多国家如日本、韩国在国家经济高速发展时期都曾利用这种方式发展铁路，实现了跨越式的发展。

第四，市场主导型投融资体制极大地受制于企业市场，这种投融资体制的特点包括：①企业和个人是铁路领域主要的投资主体，政府在铁路建设中的直接投资规模和比重较小；②铁路的投融资主要依赖于发达的资本市场进行直接融资；③政府通过市场机制的传导和宏观经济政策调控和监管整个社会的基础设施。当前西方经济发达国家如美国、英国等基本上沿用这种模式。从长远看，它也是我国铁路投融资体制改革与发展的方向和目标。

2.4.2　铁路投融资体制改革

投融资体制含义广泛、涉及领域庞杂，全社会需要秉持总体投融资体制框架，而针对不同类别的行业领域、不同规模的企业等级、不同形式的投融资模式，需要进行特色投融资体制的建设和完善，即进行系统的全面深化投融资改革。近年来，我国投融资体制改革取得了重要进展，特别是2016年7月《中共中央、国务院关于深化投融资体制改革的意见》（中发〔2016〕18号）①的公布实施，这是第一次以党中央、国务院名义出台专门针对投融资体制改革的文件，对于全面深化（铁路）投融资体制改革具有重要指导意义。

全面深化投融资体制改革意义深远，这是由投融资体制的广泛内涵决定的。投融资体制的建立和完善，目的就是解决如何（投）融资、由谁（投）融资、如何决策、由谁承担风险责任、如何促进投融资良性发展等问题，而投融资体制改革就是优化资源配置的重要手段和必经途径，也是促进经济社会发展的直接动力。铁路行业由于历史发展和体制机制限制等深刻原因，在铁路投融资领域仍存在诸多关键症结，全面深化铁路投融资改革刻不容缓、势在必行。

2.4.3 我国铁路投融资体制改革历史沿革

1.改革开放前我国铁路的投融资体制

新中国成立后，改革开放以前，我国铁路实行的是高度集中统一管理，在这种体制下，我国铁路形成了具有明显计划经济色彩的投资体制。在投资主体方面，政府是唯一的投资主体，并且又以中央政府投资主体为主。政府投资包揽了一切铁路的建设。铁路企业不是独立的投资主体，是政府部门的附属和投资使用者，不承担任何经济责任。在建设项目决策方面，投资决策的权限高度集中在政府手中。第一，对投资总量、结构的决策完全控制在中央政府，以指令性计划的方式贯彻实施。铁路企业只是计划的执行者，没有决策的权利。第二，建设项目的审批权高度集中在政府手中，无论是简单再

---

① "中共中央、国务院关于深化投融资体制改革的意见"，新华社，（2016-07-18）[2016-11-29]，http：//news.xinhuanet.com/politics/2016-07/18/c_1119238057.htm。

生产的项目，还是扩大再生产的项目，从提出项目建议书、设计任务书，到初步设计开工报告，都要报中央政府部门审查批准。在建设资金渠道方面。国家财政预算内拨款是唯一渠道。这种单一财政拨款制的最大特点是投资使用的无偿性。

此外，国内银行信贷基金极少用于铁路建设项目，国外贷款几乎没有。在投资运行方面，投资要素包括资金、物资和劳动力的流动性很差。在投资计划管理方面，基本上是单一的指令性计划方式和行政性的控制。对建设项目的决策、资金和物资的分配以及项目的设计、施工等活动都按国家指令性计划行使，用行政手段分配任务，完全排斥市场的作用。在投资风险责任方面，基本上没有任何风险责任约束。无论是全国性的路网建设投资总量结构、布局等决策发生失误，还是某个具体建设项目决策或设计、施工发生失误都难以追究责任。总之，在这一时期，我国铁路投资体制是以政府的直接干预和包揽一切为基础，构成一个以政府为主体操纵投资活动全过程的投资体系。

2.改革开放后我国铁路的投融资体制

改革开放以来，随着我国国民经济不断发展，各行各业对铁路运输的需求急剧增长，而铁路却由于本身缺乏自我改造、自我发展的活力，铁路建设的发展远远不能适应经济和社会发展的需要。为此，我国铁路投资体制进行了一系列的改革。

第一，实行经济承包责任制。国务院批准了铁道部在"七五"期间实行"投入产出，以路建路"的经济承包责任制，即"大包干"，使铁路成为相对独立的经济实体。铁路向国家包运输任务、包机车车辆生产任务、包机间规模和形成运输能力、包基本建设投资和机车购置费；同时国家给予铁路相应的优惠政策和保证文件，包括营业税税率由15%降至5%，所得税和税后利润全部留用，能源交通建设基金返回，豁免铁路"六五"期间"拨改贷"贷款本息，运价调整列入"七五"价格调整规划，基本折旧率和大修折旧率从3.5%提升至4%；批准铁路运输部门实行换算吨公里工资含量包干。大包干将铁路的改造与发展同自身经营效果联为一体，通过自主经营，自负盈亏，实现自我发展。由此形成的新机制，调动了企业和职工积极性，运输生产持续上升，经济效益不断提高。然而，由于铁路要执行国防和社会公益性事务，其运输价格又仍然由国家控制，在当时生产资料价格不断上涨的情况下，铁路陷入了财政状况日益枯竭、建设资金严重短缺的境地。

第二，征收铁路建设基金。"八五"期间，鉴于铁路货物运价偏低，国务院决定对铁路货运征收铁路建设基金，专门用于铁路基本建设投资，对铁路发展起了很大的促进作用。主要包括铁路基本建设项目投资购置铁路机车车辆与建设有关的还本付息，建设项目的铺底资金，铁路勘测设计前期工作费用，合资铁路的注册资本金，建设项目的周转资金以及经财政部批准的其他支出。为了尽快解决铁路建设资金的投入问题，1993年起国务院采取了提价收入直接设立铁路建设基金，专项用于铁路建设的措施。部分地方政府也参照中央的做法，纷纷在国铁上加收铁路地方建设附加费，用于地方铁路或中央与地方合资铁路的建设。铁路建设基金的设立，对于增加铁路建设的投入，改善铁路运力供给短缺状态是有其积极意义的。

第三，集资建路，发展合资铁路。从80年代开始，铁路与地方政府、企业和有关部门共同合作，创造了集资建路、合资建路的新模式。发展合资铁路是对传统的铁路建设和管理体制的一大突破，初步建立起投资主体多元化、资金多渠道、决策多层次的投资体制。1992年8月，国务院批准中央与地方合资建设铁路的政策。合资建设铁路的政策实施，调动了中央和地方建设铁路的两个积极性，带来了铁路建设和运营体制上的变革，加快了铁路建设速度，促进了地区经济的发展。至1996年，全国建成的合资铁路有三茂线、集通线、阳涉线、合九线、广梅汕线、漳泉肖线、成达线、西一、北疆线和孝柳线，以及广大、金温、石长、横南、邯济、水柏、朔黄等铁路。

第四，利用外资建路。改革开放之后，铁路累计利用国际金融组织和外国政府贷款达52亿美元。铁路利用外资，主要用于解决建设资金短缺、引进先进技术和先进设备。但利用外资的方式比较单一，资金来源渠道也窄。此外，铁道部还试行投资有偿使用，还本付息、推行项目法人责任制，明确建设经营、还本付息、投资回报责任，建立投资风险机制，逐步下放大修更改管理权限等办法。

第五，成立中铁建设开发中心。1994年，铁路以走向市场为主的改革全面展开，同年11月，为适应铁路投资体制改革需要成立了中铁建设开发中心，该中心以单独投资、参股、控股、资金有偿使用等方式参与铁路建设项目的投资和开发。目前已开展了合资铁路建设，铁路货车购置指标，铁路货场建设，支持地方铁路发展的建设，节能项目以及扶持铁路高等院校校办产业业务，同时筹备发行铁路投资基金等业务。

2.5　本章小结

本章主要研究内容包括：介绍了投融资的一些基本理论，包括资产与资本、投融资行业、投融资主体以及投融资体制等，这些投融资基本理论是进一步设计和实施投融资工作的基础内容。结合铁路行业背景，从基础设施和基础项目的角度讨论了铁路行业的主要作用和实际意义，从国内外基础设施和基础项目的内涵、基础设置的分类与特征以及交通运输和铁路基础设施等角度介绍了理论内容和实际背景。

结合铁路行业实际情况，本章阐述了铁路投融资活动的性质、特点和实际要求，并讨论了铁路投融资体制及其改革的相关内容。本章研究了我国铁路投融资体制改革历史沿革，分为改革开放之前和改革开放以来两个时段，讨论了铁路投融资体制改革的重要意义。

目前，随着我国国民经济不断发展，各行各业对铁路运输的需求急剧增长，而铁路却由于本身缺乏自我改造、自我发展的活力，铁路建设的发展远远不能适应经济和社会发展的需要。笔者认为，我国铁路投融资体制必须考虑政治经济环境、产业活动趋势、铁路发展改革等综合因素，进行一系列深化改革工作。

笔者认为，我国铁路改革决不能"闭门造车"，应当结合其他行业、其他国家或地区、其他模式和途径等一切可以参照的改革经验，找准改革重点、难点和关键点，依照改革问题的轻重缓急进行阶段性的研究与实践，这也是本文进一步深入研究的内容。

第三章
投融资体制改革：
国内外实践与启示

为了完善铁路投融资改革的各个环节，应当结合其他行业、其他国家或地区、其他模式和途径等一切可以参照的改革经验，找准铁路投融资改革重点、难点和关键点，依照改革问题的轻重缓急进行阶段性的研究与实践。本章主要介绍了国内外典型相关行业投融资改革的实践历程，从主要国家的铁路改革沿革历程和我国铁路行业之外的一些主要行业投融资改革入手，结合我国国情路情和现有的改革环境，借鉴和研讨相关的宏观改革思路和中微观改革措施。

3.1 国外铁路投融资改革的实践与启示

国外多个发达国家在铁路建设投融资方面提供了国别视角。美国铁路投融资特点为：美国铁路投融资的市场化程度高，政府扶持、企业运作、资本市场与银行贷款筹资；日本铁路投融资特点为投融资方式据项目性质不同而不同，整体上以政府为主导、多元化筹资；瑞典铁路建设投融资的特征是政府扶持、企业运作[1]。

3.1.1 日本铁路投融资改革

19世纪50年代初到60年代中期，日本政府动员国内外资金和技术，对以

---

① 彭清辉：“我国基础设施投融资研究”，湖南大学，2011年。

电力、交通运输为代表的基础设施进行了8～15年的集中投资，为60年代及以后的经济高速增长打下了坚实的基础。

交通运输及贮存业在经济起飞之前和起飞初期约15年时间内（1952～1967），其固定资产投资占全部固定资产投资的比重保持在12%以上。尽管50年代日本交通运输业的投资比重始终较高，但由于50年代后期国内私人资本投资持续增长，交通运输设施明显落后。针对这种情况，1960年制订的《国民收入倍增计划》将公路、沿海港口、铁路等基础设施列为"瓶颈"，予以重点投资，以缓解基础设施与国民经济增长之间的矛盾。1964年与1956年比较，包括公路、港口、铁路在内的基础设施投资占GDP的比重增长了3.5倍。从1952～1967年，日本交通运输贮存业投资占固定资产总投资比重平均为12.6%，年际变化不大。此后因"城市病"和环境公害出现，政府将一部分财力用于城市整治和环保，交通运输设施的投资比重才开始下降。

为推动国铁改革，日本国会于1986年通过了《日本国有铁道改革法》等8项有关法令，为改革奠定了法律保证基础，日本国铁的改革实施方案分为两步：第一步的主要目标是导入竞争机制，提高经营效益。这两大目标通过分割和创立7个独立的株式会社，得到了较好的实现。第二步的目标是处分国铁资产，并使企业获得完全的经营自主权，出售JR各社股票，偿还长期债务等，解除国家财政负担。

日本国铁改革的基本环节是经营组织，即按经营业务和营业地区划小经营单位，实现有效的运营管理。在提高效率、降低成本的目标下，首先，将货运业务与客运业务分离，全国统一设立一个货运公司。根据95%以上的旅客在地区流动的统计，将客运业务按地区划分东日本等6家客运公司经营。其中，新干线保有机构是依法成立的国家机构，其作用是协调使用新干线的各公司和利益差别。新干线保有机构拥有新干线设施的所有权，并将其出租给本州的东日本、东海和西日本3家客运公司。其他铁路等基础设施归属6个客运公司，并负责对它们进行日常维修。货运公司除了拥有专线外，要向客运公司交付线路使用费租用线路。

日本国铁于1987年4月1日正式开始调整产权、债务关系。将原有国铁所属的土地、房屋等不动产和铁路运输设施（包括新干线）等资产分割，交由新成立的法人企事业团体继承。伴随产权关系转移进行的是债务关系的调整。需要处理的国铁全力总额合计37万亿日元。处理原则是分割继承、分别偿还。债务的继承者和继承额度是依据对各公司实际经营状况的分析预测确定的。由于东日本、东海和西日本客运公司拥有新干线的使用权，因而被认为是在保持盈利的同时具有一定的偿还能力，为此须承担11.5万亿日元债务，用其营业收益偿还。其他3家客运公司，因其经营基础较差而被免除承担全力，同时还为其设立了1.3万亿日元的经营稳定基金以弥补营业损失。清算事业团所承担的债务为25.5万亿日元，占债务总额的68.9%。事实上，东日本、东海和西日本 3 家客运公司和新干线保有机构由于运营良好，到1992年为止已偿还承担国铁长期债务的 1/4。1993年10月JR东日本客运公司的股票（共 400 万股）首次上市，向公众出售 250 万股，出售股票的7322亿日元收入，全部用于偿还事业团所承担的国铁债务。1999年8月，JR东日本客运公司第二次出售股票，向公众出售100万股，公司余下的50万股（占12.5%）由铁路建设公团持有。另外，JR东海客运铁路公司和JR西日本铁路公司的股票也分别于1996年和1997年上市。到2003年，由政府所持有的JR东日本公司最后一批股票通过在日本公开发行和在美国向投资法团发行出售。JR东日本公司的 2/3 股票由私营部门持有，其余的仍在政府手中。其他三家客运公司和一家货运公司的股票则全部由政府持有，目前还没有具体的放权计划[①]。

日本采用下列几个投融资手段来保障基础设施高强度投入，对铁路投融资有比较大的借鉴意义和指导作用：

第一，成立开发银行，向基础设施提供长期低息贷款，并诱导民间资本投向基础设施。1951年日本政府成立"开发银行"，取代在此之前的"复兴

---

① 李华伟："中国铁路民营化改革与政府管制"，西南财经大学，2008年。

金融金库"，向国内以电力、海运、煤炭和钢铁为代表的基础设施部门提供长期低息贷款。1951～1955年间提供的2533亿日元贷款中，电力工业所占比重接近50%，海运为25%，煤炭为6%左右。政策性金融不仅促进了基础设施部门的高速增长，更重要的是政府向这些投资周期长、资金需求量大和投资风险较高行业的集中投入，对民间资本产生了极大的诱导效应，大量民间金融机构竟相向政策性银行投资的部门提供贷款，有效地保障了大规模基础设施建设对资本的需求。

第二，制订《临时利率调整法》限定最高利率，确保基础设施的投资效益。40年代末50年代初，日本政府实行经济自由化以恢复市场竞争，国内几乎所有产品价格都由战后的管制状态变为自由状态，但金融市场利率仍由政府严格管制。此间政府不发行国债，只允许极少数大企业发行公司债券，绝大部分企业均通过银行贷款筹措资金。政府采取这种间接金融政策有效地限制了利率水平，降低了基础设施的融资成本。

第三，实施"租税特别措施"，促进基础设施资本积累。政府在50年代初实施"租税特别措施"，多次降低法人税，到50年代中期各种租税特别措施已达50多种，涉及石油、煤炭等行业。矿业、电力等基础设施在50年代和60年代实际税率远低于1952年确定的42%的名义税率。60年代末法人税率才开始回升，到70年代中期仍只有40%，比同期英国、联邦德国、法国和美国的法人税率低10个百分点左右。低税率加速了基础设施企业资本积累，提高了这些企业的投融资能力。租税特别措施中对基础设施投资促进作用较明显的有：对当时政府重点投资的基础设施实行加速折旧；重要设施进口免交关税；对出口收入实行特别扣除；对企业用利润设置的种种设备金实行免税；部分重要原材料生产免交企业所得税，等等。

3.1.2 欧洲国家铁路投融资改革

欧洲国家在基础设施领域放弃完全排他的国家所有制，大体是从80年代开始的，90年代后加速，其中关键是放弃政府垄断。放弃政府垄断的理由很多，最主要的原因是政府经营的效率低下，难以应对经济全球化的大趋势；最次要的原因是政府难于筹集所需的资金。

作为成熟的市场经济国家，欧洲主要国家在城市基础设施投资、建设、运营和管理等方面，已形成一套行之有效的管理体制和运行机制。由于城市基础设施的公益性特点，政府在城市基础设施投融资和项目管理中居于主导地位，欧洲主要国家城市基础设施投融资和项目管理特点有：

第一，政府是建设项目的投资主体。无论是法国还是德国，政府在城市基础设施的投资中都起到了非常重要的作用。两国共同的做法是，把城市基础设施分为两类，一类是非经营性的或社会效益非常大的项目，如城市道路、地铁等，这类项目完全由政府财政预算投入，如果财政资金不能满足投资需求，则由政府向银行贷款，但贷款数额必须控制在财政长期预算收入可偿还的范围内；另一类是经营性的或可收费的项目，如供水、供气、污水处理、垃圾处理等，政府允许企业进入，鼓励企业通过市场融资，但视项目的重要程度，政府提供一定比例的注册资本金。

第二，各级政府在项目的投资中有明确的责任与分工。对于影响重大的项目，主要由中央政府投资。如巴黎的香榭里舍大街、内外环线都由法国政府投资；德国州际高速公路由联邦政府投资；城市一般性的基础设施项目，中央政府投资也占有很大比重，各级地方政府和企业承担相应的投资责任。如慕尼黑市的地铁建设与维护，投资50%来自联邦政府，30%来自巴伐利亚州政府，20%由市政府筹集。地铁车辆的购置由地铁公司（市政府全资公司）出资，但有联邦政府和州政府50%的补助。

第三，政府掌握特许经营权的授予权。特许经营是法、德两国城市基础设施经营的共同特点。对于自然垄断行业，如自来水供应、燃气供应、污水处理等，在政府决定建设某一项目后，通过该行业若干企业之间的公平竞争，政府选择一家优势企业，特许其进行该项目的经营。政府与企业签定协议，保证政府提出目标的实现。

第四，采取多种方式筹集建设资金。对于经营性城市基础设施项目，法、德两国广泛采取银行贷款、项目融资、BOT等国际通行方式筹集资金。此外，还采取租赁方式建设城市基础设施项目，如拟建一个垃圾处理厂，政府与私营租赁公司签定协议，政府授予租赁公司特许经营权，租赁公司负责项目投资、建设和运营。在项目运营期间内（如50年），政府每年付租金，租赁公司则拥有企业财产所有权和经营权。

第五，重视对项目建设的前期规划。对于城市基础设施建设，政府都要作出长期的规划，规划期可达十年。具体项目一般由行业协会提出，由政府（及议会）审批作出决策。重要的是，政府在审批过程中，要通过非常细致、严格的核算，确定项目的规模和投资，同时确定项目总投资额中各级政府投资的比例。项目一旦批准，则建设时间、工期、投资不得改变。由于前期准备充分，一般都能够保证建设项目按计划实施，如期投入使用。

欧洲铁路作为欧洲国家基础设施中的重要组成部分，经历了多个阶段的综合性改革，一些主要国家逐渐形成了比较有特点的铁路改革模式。

1. 德国铁路投融资改革

德国第一条铁路纽伦堡—菲尔特铁路于1835年12月开通。1913年，德国铁路网达到最大规模，营业里程为61159公里。第二次世界大战以后，德国分为东西两部分，西德（原联邦德国）的国营铁路由西联邦铁路（DB）管辖，东德（原民主德国）境内的铁路由东德国营铁路（DR）管辖。1990年两德统一后，原西德联邦铁路和原东德国营铁路随之合并，称为德国联邦铁路，营业里程为41100公里。另外，德国还有115家非国有地方铁路公司（即非联邦铁路），线路为51850公里。

德国联邦铁路于1994年1月开始改革，分三个阶段。第一阶段，通过组建德国铁路公司（DBAG，或称为德国铁路公司）、联邦铁路署（EBA）和联邦铁路资产管理局（EBV），实现政企分开。第二阶段始于1999年，DBAG改为联邦所有的铁路控股公司，在业务部基础上组建了5个子公司，分别是：联邦铁路旅行和旅游公司（DB Reisi&Torustik AG）、德国铁路地区短途客运公司（DB Regio AG）、德国铁路车站和服务公司（DB Bahnhof）、德国铁路货运公司（DB Carglo AG）和德国铁路路网公司（DB Netz AG）。第三阶段的改革目标原定从2002年开始，届时将撤销DBAG，5个子公司成为完全独立的公司，并分别上市。但是由于存在较大意见分歧，第三阶段改革被推迟，德国交通组织的特别工作小组在调查后于2001年提出建议，将路网公司（DB Netz AG）依然留在DBAG内[①]。

2. 英国铁路投融资改革

英国铁路在投资主体上呈现多元化，包括政府投资、补贴、贷款、公共债券、私人投资等。如伦敦地铁采用了引入私人股权投资者，成立项目公司，以有限追索融资的方式（即建设资金的偿还主要是项目运行后自身产生的现金流，不是企业或担保人的资产负债表）进行的PPP模式。其特点为投融资主要是政府引导、社会出资、创新筹资方式、一体化运营。

英国铁路行业的管制有几个关键时间点：在20世纪50年代之前，英国铁路业竞争的加剧，导致垄断的出现，垄断使得行业丧失了竞争活力，同时降低了消费者的福利，例如在铁路私有化的情况下，私营公司出于利润最大化的目标考虑，一味追求扩大运力，提高铁路的运载负荷，却不愿意抽出精力和财力维护铁路基础设施的安全性。在那之后，英国政府进行了长达40余年的铁路国有化改革，建立了一个比较完美的运营管理体系，但是问题也随之而来。铁路国有化往往带来运营效率的下降，国有制传统的官僚作风、机制滞后等通病也逐渐蔓延，由于财政补贴的存在，国有铁路运营成本居高不下，远远高于私有铁路公司，给英国政府造成了极大的财政负担。到了20世纪90年代初，执政的保守党提出将国有铁路重新回归私有化，在它的强力主导下，英国国家铁路被划分为了100多家私营公司，为了改变以往私有铁路

---

① 李华伟："中国铁路民营化改革与政府管制"，西南财经大学，2008年。

公司重规模轻质量的弊病，英国政府还规定铁路基础设施的所有权和营运权分离，私有企业不能同时兼营这两项业务。

英国基础设施民营化的路径选择主要有三种：一是出售国有资产，实现国有资产向民间部门的转移，即产权直接私有化，实现民营化所有权方式。其具体方式又包括公开出售（PO：Public Offer）、私募出售（PS：Private Sale）、管理层买断（MBO：Management Buyout）、向第三方出让（STP：Sale to Third Party）。二是以放松政府管制为主要特点的方式，又称组织方式。三是不涉及资产所有权转移的方式，又称管理方式。在这三种方式中，第一种即产权的直接民营化是英国采用最多的形式，其中又以 PO 为首选。这种方式的民营化程度是最高的，但同时权力部门和民间投资企业的合作程度也是最低的。私有化路径在其他基础设施的成功激发了英国政府进一步私有化其国营铁路的信心。1994年4月，英国国营铁路解体，由原来一家国家庞大机构逐步成立92家独立的私有化铁路公司，包括线路公司（Rail track）、客运公司（TOC）、货运公司（Freight）、机车车辆租赁公司（ROSCO）、铁路基础设施维修公司（BRML）以及线路更新改造公司BRIS 等（Clive Charlton，1997）。1996年5月，线路公司在伦敦证券交易所上市，实现了股份公众化。英国铁路民营化后所形成的各公司之间是一种合同关系。

英国铁路管制改革取得了一定效果，私有化之后，英国国内更多的私人资本参与了铁路建设，当时接近四成的机车车辆购置费用来自私人资本，仅2001年全年英国私人资本对铁路行业的投资超过了35亿英镑，大大减轻了政府的财政负担[1]。但另一方面，由于国有资本的完全退出，私人资本投资具有的短视性，追求眼前利益等弊端也逐步显现，他们无力承担英国铁路中长期改革和发展的责任[2]。

---

① ② 　向开祥："民营资本参与铁路投资研究"，西南财经大学，2011年。

3. 法国铁路投融资改革

法国铁路与国家的关系中主要涉及的三个主体：法国政府、法国铁路网机构（路网公司RFF）、新的法国国营铁路公司（法国铁路公司SNCF）。法国铁路的投融资是政府与市场两只"手"并用，一方面依靠社会资金投资，另一方面也争取国家和地方的财政补贴。如巴黎地铁项目投融资：政府设立专项建设资金（专款专用），以确保地铁的建设投资和债务的偿还；票价定位以吸引客流为主要目标。因此，法国铁路建设投融资的特点是政府主导、财政出资、多元化筹资、综合经营。

法国铁路采用了委托相关单位直接管理的方式。委托管理就是依照法定程序，通过竞争，选定一家企业（可以是国营企业也可以是民营企业）对基础设施进行建设和管理，其经营管理过程受到政府部门的监督。该路径在1969～1994年的表现主要是法国政府与法国国营铁路公司（SNCF）签订一种期限为5年的合同。自 1996 年起法国政府提出了一种社会化法国铁路改革的法案97－135，1997年2月13日该法案被国会批准。根据此法案，原SNCF被分成两部分，铁路基础设施部分单独划分出来成立了法国铁路网机构RFF，其余部分机构名称不变，仍称为法国国营铁路公司SNCF。

4. 瑞典铁路投融资改革

瑞典的铁路管制改革始于20世纪50年代末期，之前瑞典国内的铁路线路既有私营性质，也有国有性质。当时鉴于很多私有铁路陷入了亏损困境，瑞典政府进行了铁路国有化改造，接受了很多亏损线路。瑞典国铁通过价格交叉补贴，以盈利的线路养亏损的线路，影响了整体运营状况。与此同时，受当时政策的制约，国铁公司不能通过调高运价等市场手段来改善盈利水平，财政补贴数额逐年增加[①]。1988年瑞典铁路管制改革正式启动，原国铁公司被分拆为两个机构，分别是国有铁路公司和国家铁路管理局，两者定位

---

① 向开祥："民营资本参与铁路投资研究"，西南财经大学，2011年。

不同，职能各异。前者是自负盈亏、独立核算，以提高盈利能力和股东收益为目标，主要业务为客货运输、机车车辆购置维修以及房地产的开发、出售，后者主要负责对铁路基础设施的维修养护和改造，资金来自国家财政的划拨。

瑞典铁路管制的改革充分考虑了铁路作为准公共物品所具有的公益性和商业性双重性质。改革之前，在传统的"网运合一"管理体制下，这两重性质混淆不清，政府对铁路行业的管理既要考虑市场保护，控制运价对国民生活成本的影响，又要防止管制过严制约了铁路公司的运营绩效。改革之后，这两重性质交由两家不同机构分别承担，明确了基础设施建设中政府应承担的社会管理责任，也强化了市场竞争中政府应当扮演的"裁判员"、而非"运动员"的角色。

3.1.3 美国铁路投融资改革

美国城市基础设施建设以市场竞争为主。美国的经济哲学从来就是"凡民间能做的事情政府绝不插手"，因此基础设施服务主要由民间提供。铁路系统是19世纪民间资本利用欧洲资本市场建立起来的，其他能源、交通运输、电信也都由民间投资经营，甚至许多学校、医院也是私立或私人捐赠。唯一的例外是公路全部由政府建设，但这也算不上是垄断，因为免费公路只有投入没有产出，政府并不排斥私人建造；事实上美国第一条私营付费公路（弗吉尼亚州杜勒斯绿色公路）以失败而告终。

市政债券是美国城市基础设施建设最主要的融资渠道。其种类包括由发行主体的全部税收收入担保的普通责任债券和项目收益债券。普通责任债券是依据地方政府的所有收入来担保和偿还的。地方政府偿还通用债券的能力和意愿取决于其经济实力、财务状况和债务负担。

收益债券是由用户收费或专门的税收收入来加以偿还的。美国广泛地为卫生保健、高等教育、交通（高速公路、捷运系统、收费公路、港口和机场）和公用事业（供水、污水处理、电力和天然气）等项目发行收益债券。例如，电费收入可以用来偿还为该电厂建设发行的债券。但对于一些收益不足以偿还债务的建设项目，如会展中心和路灯系统，地方政府通过特定的销售税、燃料税或将两者结合起来偿债。

美国市政债券经历了一百多年的发展，成为美国证券市场最主要的组成部分之一。为加强市政债券的风险管理，美国实施了一系列信用评级、信用升级和市政债券保险等一系列措施。为促进市政债券市场的发展，美国联邦政府，甚至地方政府对购买市政债券的利息收入免征所得税。

通过上述一系列手段，美国市政债券的信用等级、变现能力和市场容量得到加强，使市政债券成为美国城市基础设施建设的最主要资金来源。

3.1.4 其他国家铁路投融资改革

巴西联邦铁路在20世纪90年代开始实施民营化改革，从而使铁路成为巴西第一个实行民营化的基础设施部门。1993年8月，RFFSA将其在城郊客运线上持有的股份移交给联邦政府以后，RFFSA的路网被分成5个区域性公司，分别是Malhas Nordeste、Entro-leste、Este（Bauru）、Sul Sudeste、Teresa Cristina。到90年代末，联邦铁路只拥有铁路基础设施，运营公司免费或付费进入路网，RFFSA的固定资产以竞标租赁的形式租赁给各私营铁路运营商。而财务管理部门、技术检查、运营监督、安全事务则继续由RFFSA负责，非铁路资产出售后用于偿还RFFSA的债务。1996年3月到1997年7月，RFFSA在证券交易拍卖了为期30年的铁路运营和维护特许权，将所有机车车辆和既有线路同时租赁给各运营商。特许经营商必须在获得特许经营权后立即交付先期付款，并在特许期内履行预先约定的支付计划。特许条款特别规定，特许经营商在其运营的头5年应特别重视降低事故率。

新加坡地铁采取公建私营的"租赁—运营—转让"（LOT）模式，即由政府建设公共性较强的基础设施部分，建成后租赁给私人部门。将私营性较强的运营部分交给私人部门，由私人部门投资车辆、信号及其他流动资产。政府只是象征性地向私人收取一定的租赁金，租赁期结束后，由私人部门将运营资产交还给政府。

菲律宾地铁采用了"建设—租赁—转让"（BLT）模式，即由私人投资者投入项目建设所需的全部资金，在建设完成后租赁给政府，由政府进行经营与管理。在租赁期内，政府每年付给私人投资者相当于租金的回报，租赁期结束后，整个项目完全归政府所有。

3.1.5　国外铁路投融资改革特点与启示

铁路建设资金主要来源于国家财政投入，然而国家政府对铁路企业这样资金周转率低、回报率较小的投资来说是难以承受的。为此，一些国家对铁路行业建设资本结构进行改组，由国家财政投资为主，调整为按市场化运作广泛筹集各方资金。由于各国经济等发展水平不同、资本占用和分布的差异，我国铁路改革可以借鉴国外铁路利用立法、政府贴息、资助等手段吸引大量民间资本进入的改革模式来带动铁路建设发展。

国内外关于铁路建设的投融资方式的共同点是：政府主导，投资渠道和投资主体多元化，鼓励社会资本和境外资本以合资、合作或委托经营等方式参与铁路投资、建设和运营，并采取招标方式公开公正地选择投资者。具体来说，主要表现在以下几方面：

第一，明确政府投资政策的取向，发挥其主导作用。例如美国铁路公司可以通过发售股票与债券、抵押贷款、租赁设备等方式筹集资金，美国政府虽然不直接对铁路投资，但每年提供一定额度的贷款担保，供铁路向银行贷款。我国铁路也应进一步拓宽融资渠道、创新融资方式，充分利用各方面资金，走出一条运用市场机制加快铁路发展的新路子。

第二，营造公平公正的投融资环境，吸引社会资本参与铁路建设。铁路建设资本在政府掌握财力有限的现实情况下，要满足社会对公共产品的需求，吸引社会资本投入成为重要的筹资手段。随着民间资本的变化，我国可以借鉴日本铁路改革的一些做法。国外铁路建设的实践证明将民间资本引入铁路建设是可行的，但前提条件是要有完善的法律和法规来保障。政府相关部门应尽快出台和完善有关铁路运输市场的法律与政策，培育和发展铁路建设与运输经营市场，制定铁路运输市场准入和退出规则、市场交易规则，改革运输价格形成机制，制订其他经济成份参与铁路建设的条件，来调动社会资本参与铁路建设经营的积极性。

第三，合理的利用资本市场，对国有铁路国有资本进行调整。对铁路的国有资本调整要以产权清晰为前提，通过资本市场的运作，实现资产变现、扩张或增值，达到调整的目的。铁路的资产和业务实现分割后，其中具有投资价值的领域会明显增多。从国外铁路公司上市的情况看，各种类型都有成功的范例，关键是将铁路资产作为价值形态来处置，而不是一成不变的实物形态。利用资本市场对我国铁路的国有资本进行调整，采取逐步从国有独资向国有控股或参股过渡的措施，采用社会法人参股、股权转让等多种方式调整所有制结构，来吸引社会资本或其他运输企业参股、入股，消除条块分割的制约。在适当的条件下，将最有持续盈利能力的企业或项目上市融资，出售部分国有股权。

第四，通过完善相关法律法规，保障社会资本参与铁路建设时的合法权益。国外铁路成功改革的前提都是通过完善相关法律法规，保障社会资本参与铁路建设时的合法权益，营造铁路投融资环境等一系列措施，来吸引社会资本投资铁路建设。我国铁路投融资体制改革可以借鉴国外通过立法来改革铁路的思路，从立法上明确投资主体的权责，建立相应的法律法规，保障社会资本参与铁路建设的权益来推动铁路投融资体制改革。

我们从中可以发现，国外铁路改革进程中最主要的一点就是将铁路系统融入国家的基础设施建设之中，甚至将铁路系统放在国家和社会发展中进行系统建设与改革。实际上，这种思路同样适用于我国铁路，值得在我国铁路投融资改革中借鉴①。同时，应当在改革思路构建过程中注意以下几点：

第一，实行"政企分开"是我国铁路成功改革的基础。我国现行的"政企合一"铁路运输管理体制，使铁路运输企业难以成为自主。改革我国铁路"政企合一"的体制需从确定自主经营的市场主体入手：一方面，要对目前既是行业管理者又是所有者和生产经营者这三种职能集于一身的政府体制进行改革，实行政企分开、政资分开；另一方面，要剥离非主营、非生产性资产，对国有铁路企业进行公司化改革，使我国铁路企业逐步朝着市场化方向发展，经营的市场主体，企业的积极性和创造力受到抑制。

第二，采取逐步剥离的改革思路，对铁路资源进行合理配置。逐步剥离的思路前提是保证铁路的路网效率有所改进，促使新的路网组织边界能够适应具体运输市场竞争的需要。美国政府放松对铁路的管制，允许大铁路公司放弃它们不愿经营的支线，同时鼓励地方政府和承运人支持或购买这些对他们重要的线路。由于我国铁路主要干线客、货运输密度很高，干线与干线之间的互补性和依存度较强，任何铁路主要干线和干线系统的分割都会破坏其运输产品的完整性，造成交易成本的增加和铁路企业运营效率的损失。在逐步剥离初期，应在保持铁路干线系统完整性的基础上，将对其依存度较弱、对立性较强的支线或子网络剥离出去。剥离后，主干线系统的效率得到提高。支线或子网络的依赖性减弱，寻求自我发展道路的激励增强，这样有助于铁路企业逐步走向市场。

第三，提高铁路市场的开放程度，吸引社会资本参与铁路建设经营。美国政府在对铁路业放松管制，引入竞争方面一直走在世界的前列，并取得了巨大的成功，这一点非常值得我国借鉴。我国一直由铁道部主管全国铁路工作，对国家铁路实行集中管理、统一指挥的运输管理体制。我国所实行的对铁路的严格管制，既制约了铁路的发展，也堵塞了社会资本投资铁路建设运营的渠道。现阶段，由于在国家的管制下，我国铁路企业无法成为市场主

---

①　蔚冉："中国铁路投融资体制改革分析"，西南大学，2008年。

体，不能运用市场机制配置运输资源，无法运用价格杠杆调节铁路运输的供求系统。其次，铁路的非市场化经营不可能获取正常的收入和回报，基本上堵塞了通过市场化融资建设铁路的途径，从而导致铁路建设资金长期处于极度短缺状态[①]。

第四，实行"网运有限分离"政策。我国铁路的客货运输表现为高运量、高行车密度。客运公司的运营时间和使用机车车辆一般是固定的，与线路公司的交易频率和不确定因素相对比较低，交易费用也不高。但是在货运公司与线路公司进行频率的谈判时，相互之间清算较复杂，而且货运与路网之间还牵涉建设基金的问题。因此，本文认为美国的网运有限分离模式可能比较贴近我国的具体国情，可以先将客运从货网中分离出来。分离后的客运公司成为具有相对独立且明确的经营权责，并能够实现经营自主决策，成本控制、自筹资金与政府补贴相结合的市场主体，从而开始不同形式的成本竞争。货网合一中的货运领域也具有了更高的弹性发展空间，在尽可能引入多个竞争主体的情况下，形成不同公司的相同公司、相同线路或相同货类上的市场竞争。

3.2 我国非铁路运输行业投融资改革的实践与启示

改革开放以来，我国在电力、民航、通信等行业中都积累了宝贵的实践经验，对于铁路投融资体制改革具有重要参考价值[②]。

---

① 余华龙："国外铁路改革模式的分析及借鉴"，《江西青年职业学院学报》，2005（6）：41—42。

② 中国网："改革开放以来的投融资体制改革"，（2008–11–13）[2017–02–21]，http：//www.china.com.cn/economic/txt/2008–11/13/content_16760627.htm。

3.2.1　我国电力领域投融资改革

国家电网根据1996年《国家电力公司组建方案》等实现了政企分开。2002年，国务院出台了《电力体制改革方案》（简称"5号文件"），对国有电力资产进行重组，进一步实现了"厂网分离"，重组成立国家电网公司、南方电网公司、五大发电集团公司和四大辅业集团公司，组建了多种所有制的发电企业、地方电网企业以及中国电建、中国能建等辅业，组建了国家电监会，推进电力市场化改革。改革打破了原国家电力公司集发、输、配、售为一体，垂直运营、高度集中的体制，实行了政企分开、厂网分开。改革后形成了五大发电集团与神华集团、华润集团等中央发电企业以及众多地方、外资、民营发电企业多家办电、多种所有制办电的竞争格局。

但一些重要的改革任务尚未落实，如输配分开没有实行，区域电力市场建设受阻，电价改革滞后，产生了一系列新的矛盾和问题。在"十二五"期间，项目法人责任制及资本金制度为国家对电力行业新建项目所推行的政策，其规定出资者需要以确定的资本来源注册本金，若资本金少于总数的20%，则无权进行融资及筹资活动。目前，五大发电集团的资产负债率普遍高于80%，面临资本金投入不足，滚动发展能力不足的困境。现行的上网电价模式虽然保护了投资者的利益，降低了投资者的风险，提高了集资办电的积极性，但使投资者考虑较多的是如何筹到钱，而对投资方式、资金来源、资金结构、投资项目成本等方面考虑得很少，只要能筹到资金，项目能上就行。不管项目投资成本多高，最后都能从上网电价中走出去，从而造成有的电厂还款期短，尤其是利用外资项目，难以促使境外投资者降低借贷资本的筹措成本。这种上网电价缺乏投资成本约束，难以形成投资风险约束机制。另外，恶性竞争带来的是投资效益低下，资产负债率居高不下，使得五大发电集团对资金的渴求程度已远超预想，资金供应趋紧，财务风险不断攀升。电力行业资本市场不健全、企业融资手段及渠道单一、过分依赖银行贷款的现状，迫切需要大力培育和发展资本市场。在电力行业资本市场建立的基础上，保险公司、基金公司及信托公司等金融机构便有机地结合在一起，为电力行业建设提供长期投资的源泉。与此同时，发行债券与股票，形成投资基金，亦能够为电力行业提供相当额度的行业建设资金。

根据中共中央、国务院关于电力体制改革的意见，目前正在进行"新电改"，其亮点在于网售分开，培育多种售电主体，实现发电、输送、售电分开。

当前，电力行业中电网企业主要由国家垄断，电源逐步走向市场化，存在以国有投资为主的多元化投资主体。通常情况下，由于电力行业项目存在限制和准入门槛，且其建设周期长、规模大，民营资本参与程度不够，主要表现在电力体制改革力度不足、资金来源渠道、投资市场规范性及收益较低及风险亟待控制等方面。根据电力投融资体制存在的问题和电力行业投资结构优化的发展趋势，一定要解决投融资体制中的深层矛盾，继续推进电力投融资体制的转变，积极引入市场机制，着重从以下几方面深入推进：

第一，深化电力体制改革，理顺行业管理关系。在电力体制方面，应当打破垄断、引入竞争，建立和完善公平竞争、规范有序的电力市场运行机制和有效的政府监管体制，充分发挥市场配置资源的决定性作用，促进电力工业的持续、健康发展。在发电和用电环节，按照公平竞争原则建立电力市场，重新界定输、配电环节的市场属性，将输电环节界定为非竞争性领域，由电网公司负责骨干输电网的建设、运营；将配电环节划归竞争性领域，引入市场机制，形成大量的配电、售电公司作为独立的市场主体从事购售电业务。在这一阶段改革中，着力加快电力联网步伐，实现电力资源的优化配置；健全电力行业内部管理机制，增强企业面向市场的竞争能力。

第二，加强企业投资主体的地位，建立投融资风险约束机制。继续推进电力行业国有资产管理体制的改革，实行"谁投资、谁决策、谁承担风险"的政策，要遵守国家和银行制定的各项投融资政策和法律、法规，加强政府投资管理，建立电力项目决策风险责任制。要健全投资宏观调控体系，改进调控方式，完善调控手段。建立以电力企业作为投资主体、投资决策自主、风险自负、政府间接调控的资本要素配置机制和管理制度，逐步实现电力企业投资行为市场化。经过这一阶段改革，最终建立起市场引导投资、企业自主决策、银行独立审贷、融资方式多样、中介服务规范、宏观调控有效的新型投资体制。

第三，进一步开放电力市场，组建多元化的融资渠道体系。对原有电力企业继续深化公司制和集团化改革，培育和发展多元投资主体，吸引国内外的战略投资者并通过政策引导提高民营资本的比重。通过对现有企业进行股份制改制，逐步建立健全企业法人治理结构。目前，民营资本在总体电力行业中所占比例较少，国有经济比重偏高，显示出了行业高度的垄断特性，因此，要按照十八届三中全会《中共中央关于全面深化改革若干重大问题的决定》精神，通过实施股权多元化改革，开放电力市场，大力吸引民间各方投资促进电力生产与运营。另一方面，可以优化竞争性，同时引入先进的管理经验，采用国际项目管理、采购的方法加快工程建设步伐。

第四，充分利用资本市场，扩大直接融资规模和比重。改善财务状况、优化资本结构、完善公司治理结构、提高融资能力是电力行业长远的发展战略。这一战略必须依托于资本市场，通过积极推行整体上市和依托已有上市公司进行再融资，充分利用证券市场，扩大公司融资规模，优化公司资产。一是要积极推进大集团、大公司的整体上市资产和业务的重组、横向合并，突出主业、剥离辅业，减少并精简管理人员，从而增强公司竞争力，优化国有资产。二是集团所属上市公司再融资。基于这些上市公司在资本市场中的良好表现，电力集团可以考虑以上市公司为实体，将拥有的其他资产进行重组后，由上市公司以募集资金或定向发行的方式向电力集团购买优良资产，扩大资产规模，优化资产质量，吸引更多的资金注入。三是加大电力企业债券的发行规模。电力行业具有收益稳、风险低的特点和可靠的偿债能力，具备以企业债券方式筹集资金的良好属性，适当的提高企业的负债率并不会加大企业的财务风险。与银行贷款相比，债券融资的成本更低，而且能够规避利率风险。四是鼓励电力企业通过资产经营权转让、国有股减持、股权转让和出售、出租等多种方式，盘活存量，收回部分资金以用于转化为新增投资的资本金[①]。

专栏3-1　　　　　广西来宾B电厂融资案例

　　广西来宾电厂是利用全外资的试点项目，通过广西壮族自治区政府招标，由法国电力公司和阿尔斯通公司合资组建广西来宾法资发电有限公司，作为该项目的投资主体、融资主体和管理主体。来宾电厂的成功是具有重要意义的，标志着我国利用外资的法律环境和管理能力的日渐成熟。由于该电厂是由两家法资公司组成项目公司负责该电厂的投资及融资，涉及汇率及外币的汇出问题，在当地政府允许投资者将其从电厂经营中取得的人民币收入扣除费用和缴纳税金以后换成外汇汇出境外。政府允许在人民币与外汇的兑换率变化导致投资方出现汇兑损失时可以调整电价。除此之外，政府还为其指定了一家燃料公司按协议保证供应项目公司所需燃料，燃料价格变化时可以相应地调整电价。项目建成后，由广西供电局与项目公司签订购电合同和调度协议，规避了项目的市场风险。项目公司享受国家和地方的多项优惠政策，如税收优惠以及电厂建设和运营、维护所需要的土地、供水、供电、通信等现有设施，这样就降低了电厂的投资成本和经营成本，开发商获利，用户也能享受到合理的电价。政府在招标时采取公开招标，整个招标过程做到了公开、公正、公平，使得外商投资人积极参与投标，能够选择最优的投资商，并且大大缩短了招标时间，也减少了项目的前期投入。

　　资料来源：胡靓："湖南省电力建设项目融资研究"，中南林业科技大学，2013年。

3.2.2　我国民航领域投融资改革

　　改革开放以来，民航运输业作为国民经济发展的基础产业，在我国国

[①] 刘平："电力行业投融资体制的现状及对改革发展的思考"，《四川水力发电》，2014，33（1）：20–22。

民经济持续快速发展的背景下，一直保持较高的增长率。1988年之后，我国民航逐步向地方政府、国有企业、普通公民以及外资实行投融资开放政策，允许外商投资航空公司、机场、飞机维修和相关企业。从2002年开始，民航进行了"航空运输企业联合重组、机场属地化管理"为主要内容的改革，在市场准入、价格等方面也不断深化市场化改革。根据2005年《国内投资民用航空业规定》，民航放宽了所有权限制，鼓励民营资本进入民航业，目前已有多家民营航空公司参与国内市场竞争。2014年，国务院发布《关于进一步促进资本市场健康发展的若干意见》（国发〔2014〕17号，简称"新国九条"），提出要重点关注资本市场建设的四个领域，即发展多层次股票市场、规范发展债券市场、培育私募市场、推进期货市场建设。在笔者看来，"新国九条"的核心不仅仅是发展多层次的资本市场，实质上是发挥资本市场优化资源配置的作用，使资本市场更有效地激活并服务于实体经济，促进创新创业、结构调整和经济社会的持续健康发展，从而解决中国当下经济发展所面临的困境和难题。民用航空业作为具有一定公益性的交通运输行业，具有资金密集和技术密集的特点，投资规模大，投资回报周期长，技术与运营壁垒高，"新国九条"将对航空业现行投融资机制产生巨大影响。

　　机场基础设施建设融资渠道主要包括机场建设费、银行贷款、外国政府优惠贷款以及证券融资等。第一，在机场建设费方面，1993年国家同意征收民航基础设施建设基金和机场建设费，这一金一费对促进中国的民用机场建设发挥了重要作用。目前，向旅客收取的机场建设费一半上交国家财政，再返还民航总局用于机场补贴；另一半则留给地方政府做机场建设的投资，大多由地方发展改革委统一管理。而根据将要出台的投资补贴方案，民航总局给予机场的投资范围明确在公益性质，即涉及安全管理和空中交通管理的飞行区；属于航站区以及延伸区的建设，则由地方政府和机场集团负责。第二，在银行贷款方面，机场除民航总局和地方政府拨付的资本金外，资金缺口主要从银行贷款方面解决。银行贷款方便而直接，但使企业背上沉重的债务负担。第三，在外国政府优惠贷款方面，机场建设可以合理利用国际金融组织和外国政府贷款，从1989年深圳机场建设使用了科威特阿拉伯发展基金后，空管航路二期改造、成都机场、沈阳机场扩建等先后使用了日本、西班牙等外国政府贷款，缓解了建设资金短缺，加快了民航基础设施建设。第四，从国际资本市场的发展看，证券融资已成为资本运动的主流。目前几大枢纽机场都拥有上市公司，建立了资本运作平台。国内A股市场中有四家，分别是深圳机场、上海机场、厦门机场和白云机场，北京首都机场和海口美兰机场则在香港上市，其在境内外成功发行了股票，共筹集资金上百亿元。

在现有机场基础设施建设融资方式和渠道的基础上，机场业应借鉴我国其他基础设施建设和国外民航基础设施建设的成功经验和正在研究论证的方法，探索出有中国民航特色的融资方式，广开融资渠道，以保证我国机场未来建设发展需要，为促进我国国民经济快速发展服务。然而，民航投融资改革中最需要解决的关键问题主要是政府职能定位、资本进入和退出机制以及民航运输业投融资政策法律体系，需要在民航投融资改革中注意以下几点：

第一，机场属地化后，实行企业化管理，从根本上实行所有权、控制权和监督权的"三权分立"。在机场建设中，作为资产所有者的地方政府承担着出资和审批的责任。作为行业监管的总局应为行业内企业创造一个公平有序的竞争环境，而不是过多干预企业内部经营，真正建立起以政企分开、权责明确、自负盈亏、管理科学为特点的现代企业制度。

第二，建设资本市场关键要有一个完善的资本进入、退出机制，这是资本运作的本质要求。而对于投资者来说，吸引投资者从事风险投资的最重要原因是其带来的高回报。为了实现这种远远超出一般投资活动所带来的高收益，风险投资活动需要一个可靠的投资退出机制为之提供安全保障。如果没有可行的资本退出方案，投资者不会将资金投入，投资活动将因难以筹集到社会资本而无法进行，投入—退出—再投入的风险资本有效循环也就无从建立。资本退出机制是投融资体制的一个重要组成部分。

第三，在投融资政策中，需要制定一个健全而明确的法律框架，明确政府的职能责任，规定怎样组织和建立公私合营的伙伴关系，以求既能在投融资和经营管理方面充分发挥私方的积极性，又能使公方在权力下放的同时继续依法发挥其应有的作用。这样可以增加合作关系的可靠性、公开性和透明度，成为吸引国际资本参与和引进长期投资的前提条件。2005年，民航总局已经颁布的政策法规包括《民航企业机场联合重组改制管理规定》《国内投资民用航空业规定（试行）》和新的外商投资民用航空业政策规定。

随着民航体制改革的深入，我国民航运输业的经营管理模式和投融资体制改革问题日益成为社会关注的焦点。民航业的改革方案为民航留出了充分发展的政策空间，新出台的证券法以及各项相关法律为机场改革奠定了法律基础。面对新的发展机遇与挑战，机场业应在较短的时间内将规模做大、做强，调整好投融资发展策略，形成良性的发展机制，以取得更为有利的市场竞争实力和发展机遇，为我国民航运输业的整体发展作贡献[①]。

专栏3-2　　　　　"新国九条"与我国民航融资案例

2015年以来民航投融资规模呈爆发式增长，2014年颁布的"新国九条"为民航市场的崛起提供了条件。"新国九条"提出要积极发展债券市场，在符合投资者适当性管理要求的前提下，完善债券品种在不同市场的交叉挂牌及自主转托管机制，促进债券跨市场顺畅流转。若能实现牌照交叉持有，机场企业则可以借助规范的产业信托基金和民航投资私募基金，拓宽企业债券品种和发行范围，促成符合条件的机场公司债券到"新三板"上市交易，参与债权的重组并购。另外，机场企业也可借助规范的商业银行、证券经营机构、保险资产管理机构对不动产的资产证券化，让机场的沉淀资产流动起来，满足机场改扩建的资金需求。

"新国九条"大大拓宽了我国民航投资基金投资范围。基金使用要立足

---

① 戚悦、张晓艳："创新民航投融资机制研究——基于资本市场改革的思考"，《经济论坛》，2015（6）：87-91，105；刘盈："浅析民航机场基础设施建设投融资体制改革"，《科学大众》，2006（7）：65-66。

和服务于民航产业，但投资项目和投资方式会随着"新国九条"的深入落实而被拓展。"新国九条"强调要逐步丰富股指期货、股指期权和股票期权品种，这些为股票市场发展完善提供了新契机。股指期货远远不能满足市场需求，期权尤其是指数期权一旦推出，从其原理和海外经验来看，将比股指期货更具吸引力。借助股指期货和股指期权、个股期权，将极大促进投资者资产配置组合多样化、投资策略多元化，有效对冲股票市场风险。这意味着民航投资基金的投资范围不再局限于民航设计咨询、制造、租赁、运营、维护等基础项目，还将涉及公共航空运输、通用航空、航空器维修、航空客货运输企业的融资服务。

资料来源：戚悦、张晓艳："创新民航投融资机制研究——基于资本市场改革的思考"，《经济论坛》，2015（6）：87-91，105。

专栏3-3　　　　　南航新疆分公司融资租赁案例

南方航空公司新疆分公司曾经为了扩大再生产，以融资租赁的方式先后从国外引进了十架各种型号飞机，它为扩大新疆航运规模，在资金有限的情况下作出过积极的贡献。新疆分公司于1998年和1999年以融资租赁方式引进了三架B757-200（2851、2853、2859）型飞机，当时的融资租赁利率在5.77%~6.825%之间，租赁付款期12年，每半年支付一次租金，包括1%的关税、6%的增值税、0.35%的担保费。限于合同的法律规定，公司无论经营状况如何，都必须按合同规定的要求将租金如期支付给国外出租方。由于当时国际上融资利率较高，支付上又没有调整的余地，给公司的生产经营带来了一定的压力和还债负担。为了能为公司节约更多的资金，降低资金成本，减轻公司负债压力，新疆分公司向多家银行提出了对三架B757-200飞机进行融资方式变更的设想。针对各家银行提供的方案，结合国内外金融市场以及公司收入、成本、现有外债规模、各置换方案对公司可能产生的影响等因素，对各方案的可行性进行了分析研究。新疆分公司之所以对融资方式进行变更，主要考虑到飞机融资租赁时的贷款利率较高，而融资方式变更时的市场利率却较低，存在较为明显的利差优势，而且融资方式不同，其他成本费用也不相同。

资料来源：袁孝凯："对民航公司融资案例的举证与思考"，《经济金融链接》，2006（9）：24-25。

专栏3-4 机场基础设施建设融资模式

在"十一五"规划期间，民航总局规划机场基础设施需要资金达1400亿元，至少需要490亿元启动资金，将由之后五年机场建设费完成，但是剩余的资金缺口需要机场自主融资。国家征收民航基础设施建设基金和机场建设费，对促进中国民用机场建设发挥了重要作用。根据民航总局补贴方案，民航总局给予机场的投资范围明确在公益性质，即设计安全管理和空中交通管理的飞行区。另外，属于航站区以及延伸区的建设，需要有地方政府和机场集团负责，机场建设费的征收是其中的组成部分。需要说明的是，机场建设资金缺口主要从银行贷款方面解决，这种方式方便直接，但是使企业背负沉重的债务负担。另外，机场建设可以合理利用国际金融组织和外国政府贷款，从1989年深圳机场建设使用了科威特阿拉伯发展基金后，空管航路二期改造、成都机场、沈阳机场扩建等先后使用了日本、西班牙等外国政府贷款，缓解了建设资金短缺问题。同时，证券融资作为资本运动的主流，也受到国内几大枢纽机场上市公司的采纳，建立了资本运作平台。对于耗资巨大、资金回收期较长的机场融资项目来说，资本营运的难度很大。民航基础设施转向建设资金资本化运作、BOT等融资方式和机场联盟等创新方式，在机场建设投融资项目具有广泛的前景。一方面，可以设立专门的政府投资机构，进行资本市场化，实现保值增值；另外，我国西部地方政府可以将民用机场以特许经营的方式交给东部机场管理公司经营，政府只需为更新改造建立储备费用即可。

资料来源：刘盈："浅析民航机场基础设施建设投融资体制改革"，《科学大众》，2006（7）：65-66。

3.2.3　我国通信领域投融资改革

我国在新中国成立之初就成立了邮电部，统一管辖邮政和通信事务。在计划经济的体制之下，人力、物力、通信资源便于统一调度，中国通信产业得以在多年战乱之后经历了一段稳定的恢复时期。但是中国政府自新中国成立以后的多年以来一直将通信产业定位于服务军事应用为主，再加上"大跃进"和"文化大革命"的影响，产业发展一直处于停滞甚至倒退的状态。直到20世纪70年代末期，中国通信产业仍然极度落后，在国民经济中所占比重也非常小。此种局面在改革开放初期才获得改观，中国政府开始意识到通信产业带动国民经济增长的巨大作用。通过"市话初装费"、"三个倒一九"、"加速折旧"、"减免关税"等政策解决了产业发展初期的资金缺乏、设备落后等诸多问题，中国通信产业在20世纪后10年进入了飞速增长的黄金时期。

伴随着中国通信产业的飞速发展，诸多问题也同步产生，主要表现为通信资费不断上升、通信生产效率极低，其根本原因在于垄断势力悄然而迅速的强化。中国通信产业还具有行政垄断的特点，这是主管部门为了独占利益而人为设置的垄断，与自然垄断相比具有更大的强制性和危害性。当步入整合、完善阶段后，垄断问题的影响逐渐显现，垄断格局对产业发展进步所造成的阻碍成为发展中的主要矛盾。

我国通信行业经过长期的投入和建设，已经形成了一定规模。但是随着它的资产增长和通信专网的特殊性，逐渐加重了通信行业内外部负担。目前的电力通信体制已经不是改不改的问题，而是面临如何改的问题。在通信行业改革大幕正式揭开之际，民营资本进入、信息安全、军民融合等方面问题逐渐成为通信领域改革中的关键问题。2013年，工信部近期正式公布了《移动通信转售业务试点方案》，拟申请经营移动通信转售业务的企业，可从即日起至2014年7月1日，按照相关法律法规要求，申报经营移动通信转售业务。2014年7月18日，中国通信设施服务股份有限公司（铁塔公司）正式成立，标志着我国电信产业开始实施"网业分离"模式。"铁塔公司"为民营资本进一步进入电信业提供政策方面的保障，未来更多的电信领域将向民营资本开放，包括虚拟运营商牌照发放、驻地网开放、通信基础设施建设开放等，这将激发电信业更大的创新动力。"铁塔公司"以混合所有制的发展体制为设计理念，引入了市场化机制，目前正在积极引入民间资本参与国家民用空间基础设施建设，极大地促进了社会资本投资通信业的可能。

专栏3-5	中国铁塔公司简介

中国铁塔股份有限公司是由中国移动通信有限公司、中国联合网络通信有限公司和中国电信股份有限公司于2014年7月18日共同出资成立的大型通信基础设施综合服务企业，注册资本为100亿元人民币，其中，中国移动、中国联通、中国电信三大运营商分别出资40亿元、30.1亿元、29.9亿元，各持有40.0%、30.1%和29.9%的股权。原为中国通信设施服务股份有限公司，2014年9月11日进行了工商变更登记手续，正式更名为"中国铁塔股份有限公司"。从事通讯铁塔等基站配套设施建设、维护和营运室内分布系统，同时拥有并管理着中国三大国有电信运营商的手机基站。其成立将有利于减少国内电信行业内铁塔以及相关基础设施的重复建设，提高行业投资效率，进一步提高电信基础设施共建共享水平，缓解企业选址难的问题，增强企业集约型发展的内生动力，从机制上进一步促进节约资源和环境保护。

2015年中国铁塔引入新的战略投资者——中国国新，并向三大运营商收购价值逾2100亿元人民币的资产。收购结束后，中国铁塔主要股权结构为中国移动占38%，中国联通占28.1%，中国电信占27.9%，中国国新占6%。据中国铁塔网站介绍，目前中国铁塔旗下铁塔总量约170万座，是全球最大的通信基础设施服务公司。

目前，中国铁塔正按监管要求，有计划有步骤地推进公司在香港上市工作，争取2017年底或2018年上半年实现首次公开募股（IPO）。中国铁塔还指出，募集的资金将主要用于拓展新业务和偿债。至于具体的融资额度，中国铁塔方面并没有透露。

资料来源："中国铁塔证实在推进赴港上市"，《北京商报》2017-06-06，http: //www. bbtnews.com.cn/2017/0606/196187.shtml。

通信产业改革可分为"激进"和"渐进"两种方式，"激进式"改革要求在短期内改变各类垄断问题。但是改革过程中往往面临着国家社会风险、产业发展风险、消费者风险，"激进式改革"易于激化矛盾、扩大风险，起到适得其反的效果。为了规避改革过程中的风险，我们提倡整体渐进的改革观念。通信产业改革可从"通信运营"、"竞争结构"、"市场治理"、"企业产权"、"产品价格"、"产业规制"六个层面进行。"通信运营"、"竞争结构"、"市场治理"借助通信企业运营管理的流程优化、竞争格局的初步构建、恶性竞争的杜绝等方式初步形成竞争导向的市场环境。"企业产权"、"产品价格"、"产业规制"通过企业产权的多元化、产品价格和产业监管体系的构建等方式深化竞争。这六个层面的改革由外及内、由表及里使改革逐渐触及行政垄断的核心问题，最终形成一套完善合理的监管和运营体系，达到通信资源的合理配置和效率最优。

我国通信领域的投融资改革在此基础之上，得到了进一步推进。中国通信产业尚处于从整合到完善的过渡时期，在已基本完成通信运营、竞争结构、市场治理改革的基础上，要将改革向纵深推进，继续做好企业产权、产品价格和产业规制的改革工作，提升行业投融资吸引力。为顺应时代潮流，中国政府在2008年重组了中国通信产业的竞争结构，在向中国移动、中国电信和中国联通发放3张3G运营牌照后，形成了以这三家通信企业为主的全业务竞争态势。改革最终提升了产业竞争力和社会福利，用户享受到了通信资费下降和服务质量提升等切实优惠。在"通信运营"、"竞争结构"、"市场治理"、"企业产权"、"产品价格"、"产业规制"等六个层面改革内容的有序推进下，形成我国通信领域投融资改革的良好基础。通信运营的系统化改革提升了企业的运营效果，为投融资改革做好了运转准备；竞争结构的平台化改革和保障稳定的市场治理优化了企业的市场内力，将投融资改革纳入到有机的投融资市场之中；企业产权的明确、产品价格的有效调整、产业规制的保障措施等综合改革，为通信领域投融资改革开启了市场化合作的大门，提供了系统保障的良好基础。在此基础上，通信领域的投融资改革得以有序推进。

此外，近年来我国通信行业的定位混乱使得运营商的角色越发纠结。由于三家运营商都是国有企业，且都是上市公司，其首要任务就是国有资产的保值增值，使大规模降价面临重重顾虑。通信行业的国企改革大幕已经拉开，中国联通与中国电信合并的市场预期短期难以证伪。而从此前发牌虚拟运营商、设立铁塔公司开始，电信行业新一轮改革的势头渐起，运营商作为行业核心，有变革也是情理之中。国企改革将使上市公司和管理层利益趋于一致，增强国企的经营活力。2014年高鸿股份、烽火通信、光迅科技推出股权激励计划；2014年海格通信、2015年特发信息均向管理层增发募集资金。通信行业国有企业改革的大幕已经拉开，有望迸发出较大的投资机会，对于通信行业投融资改革也具有较大影响。总体来说，市场对通信行业国企改革的预期不足，通信行业在"互联网+"的驱使之下，投资机会精彩纷呈。因此，通信行业国企改革的投资机会反而一直被市场所忽视，未能呈现板块效应。我国的通信行业尤其是通信设备业具有全球竞争力，但是国有企业处于相对弱势地位，需通过国企改革增强管理层的动力[1]。

专栏3-5　　中国联通公司投融资发展及BTO的运用

中国联合通信有限公司在1994年的成立标志着中国通信产业引入竞争的开端，我们可将中国通信产业的改革分为全面竞争（1995～2008年）和融合竞争（2008至今）两个阶段，分别对应了通信产业改革的

---

① 邹剑鸣："中国通信产业垄断形成路径以及竞争改革步骤"，《经济管理者》，2013（13）：20-21。

整合和完善阶段。中国政府在全面竞争时期完成了邮电分营。本着"政企分开、转变职能、破除垄断、保护竞争、责权一致"的原则,信息产业部于1998年3月成立,主要负责发展战略和方针政策的制定以及行业监管。通过对通信产业内的垄断巨头中国电信的重组和拆分,形成电信、移动、联通、网通、铁通、卫通全面竞争的格局。在全面竞争阶段,中国通信产业发展格局发生了很大的变化:移动电话用户数在2003年末首次超越固网电话用户数。

1999年,BTO方式在中国的通讯部门得到了应用。获得许可的中国运营者将电讯运营许可证转给外国投资者,投资者被授权建立通讯网络,当工程完成时,通讯网络的所有权立即转交给中国运营者。形式保证了中国对通讯网络的所有权,同时可充分利用外国的资金、技术和经验来管理网络。实际控制联通红筹(HK0762)通过参股82.1%的联通BVI公司拥有联通红筹公司41.27股权,网通集团BVI公司对联通红筹公司持股比为29.75%,于2008年10月确认其持有的联通红筹公司表决权由联通BVI公司控制,故联通BVI公司实际控制联通红筹公司,联通红筹公司被纳入公司的合并财务报表范围。

在基本实现通信网络搭建和通信运营分离后,2014年7月,公司间接控股的联通运营公司拟与中国移动、中国电信共同发起设立中国通信设施服务股份有限公司(分别出资30.1亿元、40亿元、29.9亿元,占股30.1%、40%、29.9%)。中国通信设施服务股份有限公司注册资本100亿元,主营铁塔的建设、维护和运营,兼营基站机房、电源、空调等配套设施和室内分布系统的建设、维护和运营以及基站设备的代维。中国通信设施服务股份有限公司的成立将有利于减少国内电信行业内铁塔以及相关基础设施的重复建设,提高行业投资效率,进一步提高电信基础设施共建共享水平,缓解企业选址难的问题,增强企业集约型发展的内生动力,从机制上进一步促进节约资源和环境保护。

资料来源:①邹剑鸣:"中国通信产业垄断形成路径以及竞争改革步骤",《经营管理者》,2013年第13期,第20~21页。

②中国联通吧,http://guba.eastmoney.com/news,600050,199135529.html。

3.2.4 我国非铁路运输行业投融资改革特点与启示

在铁路运输行业之外，我国其他行业投融资改革实情与具体进展大不相同，但是在投融资改革进程之中，其主要特点有：

第一，初步形成特殊行业的网运分开改革模式。电网、通信网属于国家重要的基础设施，具有一定公益性且投资巨大，由国家投资建设与运营；而发电与售电端、直接面向客户的电信服务等属于竞争性业务，由各种规模的社会资本参加。

第二，直接融资是以上行业的主要融资形式。通过股份制改造并建立现代企业制度，引入社会资本积极发展混合所有制，实现产权多元化，条件较好的企业甚至可以公开上市，进一步依托资本市场扩大直接融资的比重，有效解决了融资难与融资贵问题。

第三，注重市场在资源配置中的决定性作用。以上行业的投融资改革均以市场为导向，充分发挥了市场在资源配置中的决定性作用，在企业重组和产品设计等方面都遵循了市场导向的原则。

第四，投融资体制改革保障机制相对完善。以国家相关的政策文件为指导，对投融资改革进行顶层设计，着力形成相对完善的保障机制。特别是基于资本市场的融资，直接纳入证监会、国资委等部门的监督管理之下，并受到广大投资者以及社会公众的直接监督，投融资过程有法依法、公开透明。

然而，我们也要认识到国有企业投融资改革中主要症结的原因所在，在进一步的投融资改革中尽量规避，使得改革损失最小化。具体来说，国企投融资改革过程中要采取适当措施，注意以下几点问题。

第一，国企信贷通病，靠银行贷款，银企关系不分。我国的商业银行虽然与国有企业联系密切，但商业银行自主经营、自负盈亏，对于运作效率低下的国有企业，商业银行完全有能力对它们的贷款说"不"。但是，商业银行却选择明知其不可为而为之的道路，大量的资金流向低效率的领域。银行缺少强有力的债权保护手段。由于目前我国整体执法环境欠佳及地方政府的干预，偿债判决很难执行。由于破产企业债权清偿率低，企业破产的直接后果是银行信贷资产总量的明显减少及由于坏账损失的冲销而引起的银行经营收益的减少或亏损的增加，也反映出了我国银企关系担保制度的问题。

第二，国有企业经过股份制改造建立的公司治理结构，没有触及国有企业改革面临的深层次的体制矛盾，政企不分的问题并没有得到解决，国有企业仍然保持着行政化的运行模式。尽管国有企业按现代企业制度进行了改组、改造，但按法律规范建立起来的公司只是一个形式上完美的框架，在内部治理结构上并没有形成真正体现现代企业内涵的机制，更多地表现为一种行政化的操作规程，导致外部治理虚化，内部治理弱化，内部控制人得到了进一步强化。中国移动、中国电信和中国联通共同出资设立的中国铁塔公司，引入新的战略投资者——中国国新，降低三大运营商所持股份占比（铁塔成立初期，中国移动，中国联通、中国电信各持40.0%、30.1%、29.9%的股权，中国国新成为投资者后，中国铁塔的股权结构变为中国移动占38%，中国联通占28.1%，中国电信占27.9%，中国国新占6%。）的实践充分说明，只有做成股份有限公司或有限责任公司等具有现代企业制度的公司制企业，才能真正强化企业内部治理，形成真正体现现代企业内涵的机制，为融资提供更多便利，更加广泛地吸收社会资本。

第三，政府与企业的信息不对称性使得政府出于信息劣势地位，对企业的指导性和针对性有所弱化。企业作为市场经济中的行为主体，直接参与市场活动，具有显著的信息优势；政府部门及管理者，由于不直接参与市场经济活动，不能准确把握企业生产经营状况和相关信息，同企业及经营者相比，处于信息劣势。在信息不对称的状态中，如果让政府面对复杂多变的市场环境，而不是面对着传统计划经济体制下系统安排的条件下，再直接去进行微观经济活动决策，由于信息的劣势位置，就会导致决策失误。

第四，在股权融资方面，存在"一股独大"的国有控股上市公司。因为股权融资无需偿还，通过资本市场筹集的股权资金属于企业的自由资金，不用偿付本金，只需支付红利，中国的上市公司，很少甚至不进行分红，导致股权融资的成本进一步降低。在信息不对称的条件下，资本市场的投资者很可能认为企业股权融资是一种"圈钱"行为。此外，因为我国股票市场的不健全，我国的上市公司在股权融资时，不会考虑资金的用途。同时，由于监管及内部人控制的问题，股权融资得来的资金使用情况及用途，很可能成为部分人士自我资本积累的资金。

3.3　本章小结

本章主要研究内容包括：①以国内外典型行业投融资改革实践历程为主要内容，分析了相关国家和相关行业的主要改革历程及其主要特点，从主要国家的铁路改革沿革历程入手，结合具有中国特色的改革环境做出改革分析；②从我国已有的其他相关行业改革实例入手，研究我国铁路行业之外的一些主要行业投融资改革以及相关行业的改革思路，通过对比研究得出适合我国铁路行业改革的启示和经验。

笔者认为：①主要国家如日本、德国、英国、法国、瑞典、美国等主要国家的铁路改革具有一定的参考意义，这些国家的铁路投融资改革的历史沿革及主要理念是我国铁路改革下一步工作的模式参照；②通过研究我国铁路行业之外的一些主要行业投融资改革以及相关行业的改革思路，与我国铁路行业进行行业特征对比，汲取我国相关行业的改革经验。

本章通过分析总结国外铁路投融资改革的主要特点与启示，建议将国内外铁路改革环境做出系统比较，分阶段地制定符合我国国情路情的改革政策和改革措施。因此，建议我国铁路行业可以尝试初步形成特殊行业的网运分开改革模式，通过股份制改造并建立现代企业制度，引入社会资本积极发展混合所有制，实现产权多元化，提升直接融资比例，充分发挥市场在资源配置中的决定性作用，建立完善投融资体制改革保障机制，对投融资改革进行顶层设计，着力形成相对完善的保障机制，推动铁路投融资的深化改革。

结合我国铁路投融资改革实践探索历程，探索新型项目投融资方式在铁路投融资项目中的应用价值，找准我国铁路投融资项目发展的瓶颈所在，着力分析社会资本中的潜在成分，考虑如何推动行业体制机制变革，是进一步的研究内容。

第四章
我国铁路投融资体制改革：
实践与探索

新型项目投融资方式有比较好的应用前景，值得我国铁路领域投融资改革广泛借鉴。本章结合我国铁路投融资体制改革的探索历程以及几种新型项目投融资方式的研究，针对铁路投融资"民营化"、阻碍民营资本的"玻璃门"以及铁路投融资体制改革面临的一系列挑战进行了探讨，认为其关键是扩大铁路投融资直接融资的成分。

4.1 我国铁路投融资体制改革的既有实践

4.1.1 我国促进社会资本投资铁路的主要政策

改革开放以来，中国铁路已经取得了显著成绩。然而，铁路项目具有投资大、回报周期长等特点，融资难是社会资本投资铁路面临的最大难题。随着中国经济的快速增长，铁路总体上仍不能适应国民经济和社会发展的需求，迫切需要加快发展。为了有效引导适合的社会资本融入铁路投融资领域，我国自2001年加入世贸组织之后，政府和有关部门早已表现出鼓励和引导社会资本进入铁路的意愿，相继出台了一系列政策性文件。2004年，商务部颁布了《外商投资产业指导目录》，指导铁路对非公有资本初步开放的"四大领域"。随后，铁道部发布了《推进投融资体制改革的实施意见》等一系列文件，社会各界逐渐对铁路投融资加大了关注力度。2013年我国铁路"政企分开"之后，国务院以前所未有的高频率颁布了一系列全面深化铁路改革的政策文件，尤其在勉励和扩大社会资本投资建设铁路、综合开发铁路建设实施土地等具体层面上做出了重要指导意见。至此，铁路投融资政策已向社会开放，社会资本与铁路之间的"有形门"得以完全拆除。部分有关政策文件如表4-1所示。

表4-1　　　　　　　　　我国铁路投融资促进政策主要文件*

有关政策文件	主要内容与作用
2004年7月16日 国发〔2004〕20号 《国务院关于投资体制改革的决定》	【国有企业】内容：鼓励社会投资。放宽社会资本的投资领域，允许社会资本进入法律法规未禁入的基础设施、公用事业及其他行业和领域 作用：国务院对投资体制改革提出总体规划，初步规定社会资本允许领域
2005年7月 铁道部《关于鼓励和引导非公有制经济参与铁路建设经营的实施意见》	【铁路企业】内容：扩大了社会资本投资铁路领域的范围，允许在铁路建设、客货运输、装备制造和多元经营等领域对社会资本开放，鼓励社会资本以合资建路等多种方式参与铁路客运专线、煤运通道等项目建设 作用：铁道部根据非公有制经济成分，初步规定了非公有制经济参与铁路建设经营的引入方式与总体要求
2006年6月 铁道部《"十一五"铁路投融资体制改革推进方案》《国务院关于鼓励和引导民间投资健康发展的若干意见》《国务院办公厅关于鼓励和引导民间投资健康发展重点工作分工的通知》	【铁路企业】内容：将社会资本纳入铁路投融资来源，重点引导民间资本 作用：阻碍社会资本进入铁路领域的"有形门"开始瓦解，民间资本引入铁路领域的各方面工作得到进一步重视
2012年5月 铁政法〔2012〕97号 《铁道部关于鼓励和引导民间资本投资铁路的实施意见》	【铁路企业】内容：铁道部针对民间资本着重鼓励和引入，提出一些有针对性的意见和建议 作用：进一步瓦解阻碍社会资本进入铁路领域的壁障，释放引入民间资本的利好信号，标志着投资铁路将向民间资本完全敞开大门
2013年3月14日 国函〔2013〕47号 《国务院关于组建中国铁路总公司有关问题的批复》①	【铁路企业】内容：原铁道部行政职能划入交通运输部，并组建国家铁路局，整合原铁道部企业资产，组建中国铁路总公司 作用：推进了铁路管理体制改革的顺利进行，打破了长久以来铁路市场政企不分的窠臼，预示着中国铁路运输国企将正式迈向市场化道路

续表

有关政策文件	主要内容与作用
2013年8月9日 国发〔2013〕33号 《国务院关于改革铁路投融资体制加快推进铁路建设的意见》②	【铁路企业】内容：推进铁路投融资体制改革，完善铁路运价机制，建立铁路公益性政策性运输补贴，加大力度盘活铁路用地资源，强化企业经营，提高资产收益水平，加快项目前期工作，形成铁路建设合力 作用：为铁路资金来源开启思路，使铁路建设更具有市场导向型
2013年11月12日 十八届三中全会《中共中央关于全面深化改革若干重大问题的决定》③	【国有企业】内容：完善现代产权制度、积极发展混合所有制经济、推动国有企业完善现代企业制度 作用：给铁路发展混合所有制、实现铁路产权多元化发展、加快铁路产权流转以及铁路现代企业制度的建立与完善提供强有力的政策支持
2014年3月23日 国发〔2014〕15号 《国务院关于落实<政府工作报告>重点工作部门分工的意见》④	【国有企业】内容：完善国有资本经营预算，提高中央企业国有资本收益上缴公共财政比例。制定非国有资本参与中央企业投资项目的办法，在金融、石油、电力、铁路、电信、资源开发、公用事业等领域，向非国有资本推出一批投资项目 作用：铁路改革作为国有企业重要改革领域之一，应在投融资层面中更多地考虑和运用非国有资本，为铁路投融资改革注入新的活力
2014年7月29日 国办发〔2014〕37号 《国务院办公厅关于支持铁路建设实施土地综合开发的意见》⑤	【铁路企业】内容：土地综合开发的基本原则，支持盘活现有铁路用地推动土地综合开发，鼓励新建铁路站场实施土地综合开发，完善土地综合开发配套政策，加强土地综合开发的监管和协调 作用：为实施铁路用地及站场毗邻区域土地综合开发利用提供了有力的政策支撑
2014年11月16日 国发〔2014〕60号 《国务院关于创新重点领域投融资机制鼓励社会投资的指导意见》⑥	【铁路企业】内容：用好铁路发展基金平台，吸引社会资本参与，扩大基金规模。充分利用铁路土地综合开发政策，以开发收益支持铁路发展。按照市场化方向，不断完善铁路运价形成机制。向地方政府和社会资本放开城际铁路、市域（郊）铁路、资源开发性铁路和支线铁路的所有权、经营权 作用：铁路投融资体制改革和市场化改革可以按照先行示范、试点运行的方式，从城市轨道交通站点和车辆段等开发区入手，选择适合的模式进行进一步全面深化

续表

有关政策文件	主要内容与作用
2015年3月25日 国发〔2015〕14号 《国务院关于落实<政府工作报告>重点工作部门分工的意见》⑦	【国有企业】内容：铁路投资要保持在8000亿元以上，新投产里程8000公里以上，在全国基本实现高速公路电子不停车收费联网，使交通真正成为发展的先行官。以用好铁路发展基金为抓手，深化铁路投融资改革。在基础设施、公用事业等领域，积极推广政府和社会资本合作模式 作用：铁路投融资改革应在促进经济平稳健康发展的前提中，合理利用铁路发展基金，积极融合民间资本，依托政府投资补助和资金注入，积极推动公司制股份制和混合所有制改革
2015年7月10日 发改基础〔2015〕1610号 《关于进一步勉励和扩大社会资本投资建设铁路的实施意见》⑧	【铁路企业】内容：全面开放铁路投资与运营市场，推进投融资方式多样化，完善社会资本投资的实施机制，进一步改善社会资本投资环境，加大对社会资本投资的政策支持，建立健全工作机制。 作用：通过推进对铁路、轨道交通等基础设施领域的进一步投融资，不仅能拉动经济增长，还能对消化钢铁、水泥等行业产能过剩等问题起到作用
2015年9月23日 国发〔2015〕54号 《国务院关于国有企业发展混合所有制经济的意见》⑨	【国有企业】内容：实行国有独资或控股，允许符合条件的非国有企业依法通过特许经营、政府购买服务等方式参与建设和运营。通过购买服务、特许经营、委托代理等方式，鼓励非国有企业参与经营 作用：提供非国有企业参与经营的具体方式，为全面深化铁路改革释放了更大的混合所有制发展空间
2016年9月7日 发改财金〔2016〕1936号 《国家发展改革委关于中国铁路总公司发行中国铁路建设债券核准的批复》⑩	【铁路企业】内容：批准中铁总以发布中国铁路建设债券的形式进行铁路建设项目的融资活动，其性质为政府支持债券，并具体安排若干项铁路建设项目的债券投资额度、各期债券发行期限，同时规定了各期债券承销团机构组成、实名制记账式以及募集说明书等法律文件。 作用：发展改革委核准中铁总发行3000亿铁路建设债券，具体规定了铁路建设项目中引进民资的部分方案

*注：表中"【铁路企业】"和"【国有企业】"分别表示该文件主要针对的改革领域。

①习近平："关于《中共中央关于全面深化改革若干重大问题的决定》的说明"，新华网，（2013-11-15）[2016-11-29], http://news.xinhuanet.com/politics/2013/11/15/c_118164294.htm。

②盛光祖："全面深化铁路改革 努力开创铁路工作新局面——在中国铁路总公司工作会议上的报告(摘要)"，《铁道经济研究》，2014（1）：1-5,11。

③李伟："铁路改革回顾：三道难坎 三次流产"，搜狐网，（2012-07-22）[2016-11-29], http://star.news.sohu.com/20120722/n348748114_1.shtml。

④国务院："国务院关于落实《政府工作报告》重点工作部门分工的意见"，中国政府网，

（2014-04-17）[2016-11-29], http://www.gov.cn/zhengce/content/2014-04/17/content_8766.htm。

⑤国务院办公厅："国务院办公厅关于支持铁路建设实施土地综合开发的意见"，中国政府网，（2014-08-11）[2016-11-29], http://www.gov.cn/zhengce/content/2014-08/11/content_8971.htm。

⑥国务院："国务院关于创新重点领域投融资机制鼓励社会投资的指导意见（国发〔2014〕60号）"，中国政府网，（2014-11-26）[2016-11-29], http://www.gov.cn/zhengce/content/2014-11/26/content_9260.htm。

⑦国务院："国务院关于落实《政府工作报告》重点工作部门分工的意见（国发〔2015〕14号）"，中国政府网，（2015-04-10）[2016-11-29], http://www.gov.cn/zhengce/content/2015-04/10/content_9588.htm。

⑧国家发改委："关于进一步鼓励和扩大社会资本投资建设铁路的实施意见"，政府和社会资本合作（PPP）研究中心网，（2015-08-10）[2016-11-29], http://www.pppcenter.org.cn/zcfg/bwzc/fgw/201508/144751bbf.html。

⑨国务院："国务院关于国有企业发展混合所有制经济的意见（国发〔2015〕54号）"，中国政府网，（2015-09-24）[2016-11-29], http://www.gov.cn/zhengce/content/2015-09/24/content_10177.htm。

⑩国家发改委："国家发展改革委关于中国铁路总公司发行中国铁路建设债券核准的批复"，（2016-09-07）[2017-02-22], http://www.sdpc.gov.cn/zcfb/zcfbqt/201609/t20160921_819151.html。

资料来源：根据国务院颁布的一系列全面深化铁路改革的政策文件整理。

4.1.2　社会资本进入铁路领域的既有实践

自铁路建设逐渐向社会资本打开大门以来，在国家各种政策的不断鼓励与引导下，社会资本逐渐开始进入铁路领域。福建、江苏、浙江、江西、陕西、云南、北京、上海等省市通过与铁道部合作，加快各辖区内铁路建设。福建省铁路建设投融资的特点是政府主导、省市共建、探索多元化筹资。从2004年起，在将近10年内，福建省和铁道部铁路建设投资达1000亿元，其铁路建设资金主要来自两个方面：第一是省财政资金（含铁路建设附加费）、省发改委安排资金、省国有资产投资公司向开行贷款资金、电信分红资金；第二是各级地方政府出资，主要以征地拆迁费用折价入股[①]。

湖南省铁路建设投资有限公司于2008年7月21日由湖南省委、湖南省政府发文成立，当时注册资本金为10亿元人民币（如图4-1所示）。2009年6月湖南发展投资集团公司成立时，被划作其全资子公司。2010年5月10日，湖南省委和湖南省政府又发文，决定将湖南省铁路建设投资有限公司更名为湖

---

① 彭清辉："我国基础设施投融资研究"，湖南大学，2011。

南铁路投资集团有限公司，注册资本金为100亿元人民币，属于省政府出资并授权经营的国有独资企业，归省财政厅和省国土资源厅直接管理。更名后的湖南铁路投资集团有限公司不再是湖南发展投资集团有限公司的全资子公司，而成为湖南省的一级投融资平台。由此，目前湖南省铁路建设分别由湖南发展投资集团有限公司和湖南铁路投资集团有限公司两个省级投融资平台承担。

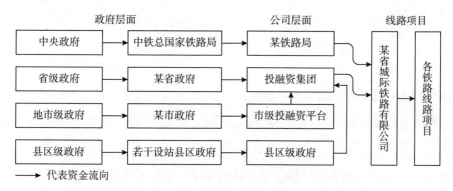

图4-1 湖南省提出的铁路建设融资资金平台建设

根据《湖南省区域铁路发展规划》和《3+5城市群城际轨道交通规划》，湖南铁路建设分为3+5城市群城际轨道交通建设和其他铁路建设两大部分。湖南发展投资集团有限公司成立时的初步设计为：3+5城市群城际铁路由部省合资公司湖南城际铁路有限公司承担建设和经营，代表湖南省一方的为湖南发展投资集团公司，代表铁道部的为广州铁路集团有限公司；另一部分为城际铁路以外的铁路建设，湖南省铁路建设投资有限公司作为湖南发展投资集团有限公司的全资子公司，成为湖南铁路建设出资方代表参与省内相关铁路建设，定位于省内铁路建设的二级投融资平台。

湖南铁路投资集团有限公司作为湖南省铁路建设两个省级投融资平台之一，其主要工作任务为：负责省独资或合资铁路建设项目的投融资建设及建成后的经营管理工作，依法行使投资形成的国有资产收益权，开展铁路建设相关产业的投资、经营及资产管理。公司计划在"十一五"和"十二五"期间参与11条部省共建铁路的投融资和建设，总投资为1849.42亿元，代表湖南省政府出资约为324亿元。

浙江铁投公司投融资方式的特征是政府扶持、企业运作、多元筹资、综合经营。"十一五"期间，浙江省需配套自有资本金约为112亿元，其铁路建设项目由省方出资部分由省和沿线地州政府按3∶7比例出资解决，省方出资由省财政按省出资金额的50%一次性以现金资产注入，其余向国开行贷款；同时，贷款利息由集团公司以非铁路产业收入、存量国有资产及上市公司股权分担。

江苏铁路建设投融资方式的特征是政府主导、省市共建、财政出资、贷款筹资；上海主要是政府扶持、市场运作、一体化管理、综合经营。"十一五"期间江苏省需筹集铁路建设资本金298亿元，其资本金来源包括：第一，江苏省财政每年拨付铁路建设专项资金达10亿元，5年共计50亿元。第二，将项目贷款转作铁路项目资本金。由省政府协调，省发展改革委主导，省财政及地方财政担保，以公司优质项目打包取得以国家开发银行为牵头行，工、农、建、交等商业银行联合发放的银团贷款100亿元，专项用于铁路资本金投入。第三，其他省属投资集团及铁路沿线地方政府承担部分省资本金出资。如京沪铁路及京杭城际项目省方资本金部分由公司与沿线地方政府按50∶50出资，京沪高铁项目征地拆迁费用列入项目概算作为省级资本金出资，征地拆迁资金由交通控股集团、省国信集团、沿线地方政府按40∶30∶30比例筹集。

山西省组建了省能源交通投资有限公司，通过"政府主导、企业主体、多元参股、资本运作"的投融资模式，拟筹集铁路建设资本金270亿元。其运作的基本思路是，先由政府性资金占全部股权开始启动，然后由大企业、其他投资者和市场化融资逐步进入，政府股权逐渐退出，股权逐步稀释，计划到2012年政府性资金只保持绝对或相对控股。

"十一五"期间，江西省除在建项目外，还需筹措116亿元。其主要措施为：第一，争取到国家开发银行40亿元软贷款；第二，铁路建设税费返还用于铁路建设，经江西省政府同意，江西省财政厅、江西省发展改革委、江西省地税局制定了《关于我省铁路建设项目有关税费政策的通知》，总的思路是铁路建设期内，沿线设区市按照各自境内铁路项目建设总投资的3.5%的比率筹措资本金，作为各有关市县投资，专项用于江西省铁路建设；第三，沿线设区市土地资产援建铁路，包括南昌市提供1000～1500亩，其他设市区提供800～1000亩，铁路项目沿线县市提供150～200亩；第四，通过金融机构融资和拟转让地方铁路股权筹资。

此外，云南铁路建设投融资特点是政府主导、企业运作、政策贷款筹资；北京铁路建设投融资方式的特征是政府主导、市区共建、多元化运作、多渠道筹资。近年来的几个典型案例如下：

①2005年的石太铁路客运专线建设项目首次吸引了华能集团、太原钢铁集团等社会出资人参与投资[①]。

②2006年1至7月，我国铁路基本建设投资完成724.91亿元，其中由地方政府及企业对国家铁路和合资铁路完成的投资185.88亿元。

③2012年2月1日，新疆红柳河至淖毛湖矿区铁路正式开工，工程总投资逾102亿元，是近年来中国投资额最大的民营铁路项目，也是国家明确鼓励民间资本进入铁路市场后批准修建的第一条铁路，由国内知名的民营企业集团新疆广汇全额出资建设。

④2012年7月25日，神华集团新增资金100亿元参与投资内蒙古自治区六条铁路建设，其中，阿荣旗至莫旗铁路项目神华集团实现绝对控股。2012年开工的蒙西到华中的煤运通道是社会资本投资铁路的典型代表，该项目吸引非铁路领域资金达70%。

⑤2014年6月9日，广东省政府明确提出鼓励社会投资者参与广东铁路项目投资建设、运营和开发，创新投融资方式，鼓励以独资、控股、参股等直接投资方式，探索引进保险资金、投资基金等社会资本以股权投资等方式参与广东省铁路项目投资。

⑥新疆维吾尔自治区2014年社会资本参与铁路建设计划完成投资102.5亿元，首次超过国铁项目84.1亿元投资。预计2011～2014年社会资

---

① 王静静："中国铁路投融资：允许民资参与 欲砸铁路铁饭碗"，（2005-09-26）[2016-11-29]，http://finance.sina.com.cn/g/20050926/15591999501.shtml。

本累计完成铁路建设投资196.5亿元，占铁路建设完成总投资764.6亿元的25.7%，2015年社会资本投资铁路建设的比例将会进一步提高。

⑦2014年10月，中国铁路总公司与中国工商银行、中国农业银行、中国建设银行、兴业银行四家银行的投资平台，共同签署了《出资人协议》和《公司章程》，标志着铁路发展基金正式设立，首期募资规模在2000亿～3000亿元左右。

⑧2014年12月，京津冀三省市政府、铁路总公司在北京签署协议，成立京津冀城际铁路投资有限公司。投资公司初期注册资本100亿元，由京津冀三省市政府及铁路总公司按照3∶3∶3∶1的比例共同出资成立。类似铁路发展基金以及铁路投资公司的成立为大型国资进入铁路创造了良好的条件[①]。

另外，我国合资铁路也有比较良好的发展，典型的案例[②]譬如衢常铁路、金温铁路、迁曹铁路、朔黄铁路等已经形成一定的合资铁路发展模式，值得进一步改进和借鉴。然而，一些典型的投融资模式只适用于大型国资，如银行、地方政府等，通过这种模式建成的铁路的盈利情况，至少短期内是不会太理想，而真正意义上的社会资本，对进入铁路的态度还不是特别积极。因此，要为一切资本创造进入铁路的条件，就必须打破体制性障碍。

4.2 铁路项目投融资方式的新探索

4.2.1 铁路项目投融资的主要形式

现存的项目投融资方式种类繁多，各有各自不同的特点，适用于一定的

---

① 孔祥鑫："京津冀及铁总投百亿成立城铁投资公司 出资比3:3:3:1"，新华网，（2014-12-30）[2016-11-29]，http://www.redjun.com/a/wenhua/caijing/2014/1230/280498.html。

② 向开祥："民营资本参与铁路投资研究"，西南财经大学，2011年。

投融资环境和背景。扩大铁路建设债券规模，加大贷款力度，充分利用各种市场化筹资工具，进一步拓宽资金筹措渠道，种种方式被重点提及的同时，"吸引民间资本，拓展铁路建设资金来源"也成为一个重要选择。结合我国铁路的实际，从国内可实施的环境来看，目前可供尝试和借鉴的中国铁路投融资模式主要有以下几种[①]。

1. 民间资本投资组建项目公司

由民间投资者共同投资组建一个项目公司，再以该公司的名义拥有、经营项目和安排融资。对中小型铁路项目，可由项目公司直接投资。对一些规模大、风险高的项目则可考虑采取民间资本和政府共同投资的形式。此种方式主要适用于盈利性较高的铁路项目[②]。

"破除民间投资进入电力、电信、交通、油气、市政公用、养老、医疗、教育等领域的不合理限制和隐形壁垒，坚决取消对民间资本单独设置的附加条件和歧视性条款。"李克强总理强调，要抓紧建立市场准入负面清单制度，破除民间投资进入电力、电信、交通、油气、市政公用、养老、医疗、教育等领域的不合理限制和隐性壁垒，坚决取消对民间资本单独设置的附加条件和歧视性条款，做到一视同仁、同股同权，切实保障民营资本的合法权益。

针对广泛而庞大的民间资本，国家相关部委和地方有关部门已经推出了

---

① 王书会："中国铁路投融资体制改革研究"，西南交通大学，2007年；王超：《融资与投资管理》，中国对外经济贸易出版社1999年版；张昌彩：《中国融资方式研究》，中国财政经济出版社1999年版；阎小彦、王中华：《新编国际融资方式》，首都经济贸易大学出版社1999年版；廖小平："中国城市密集地区城际铁路建设的资金筹集方式"，《世界轨道交通》，2004（1）：32-36；杨开秀：《融资理论与实务》，中国财政经济出版社2003年版；费尔布瑞登、鲍尔·仁特、郑伏虎：《项目融资和融资模型》，中信出版社2003年版。

② 冯芬玲："当议我国铁路建设引入项目融资的可行性"，《技术经济》，2002（9）：48-49；刘江涛："运用项目融资进行西部铁路建设"，《内蒙古科技与经济》，2003（9）：8-11；朱秀芳："中国铁路急需引进民营资本"，《铁道运输与经济》，2002（9）：12-13；熊学军："正确处理十大关系提高项目投资效益"，《铁道经济研究》，2003（4）：19-21；李波："BOT方式在我国铁路建设方面的应用研究"，《铁道经济研究》，2003（3）：35-36。

一系列促进引导政策，尤其是中央的决策为铁路建设的顺利进行创造了良好的政策环境，但筹集铁路建设资金仍需做大量工作。在大规模建设阶段，确保工程质量安全的任务也很艰巨，能否科学有序推进铁路建设，面临严峻挑战[①]。

专栏4-1　　　　　　　温州市域铁路S1线融资案例

在中国民营经济发源地的温州，民间资本进入铁路建设领域曾经被寄予厚望。2013年11月，总投资超过150亿元的温州市域铁路S1线开工建设。该铁路在温州当地被称为"都市快线"，全长77公里，规划投资超过150亿元。当地为此组建了温州幸福轨道交通股份有限公司，总股本70亿元，其中35亿元计划将来自民间资本。然而，温州地方铁路S1线开工1个月后，规划中的35亿民间资金还悬在半空。温州的民间资本也比较紧张，并没有多少企业主会选择投资铁路。这就产生了一个矛盾的现象：铁路建设缺少大量的融资资金，同时大量的民间资本因为缺少有效合理的投资渠道而在楼市股市间游荡，种种无奈正在考验铁路建设与民间资金之间的结合。分析其原因，一方面在民间借贷危机、银根紧缩的情况下，民间资本也不是很宽裕，另一方面一些政策变动也会影响投资意愿。

资料来源："媒体称民间资本看空铁路投资"，《新金融观察》，2011-12-25，http: //finance.sina.com.cn/g/20111225/104611057831.shtml。

---

2. 产业投资基金融资

产业投资基金（Industry Investment Fund）一般是指向具有高增长潜力的未上市企业进行股权或准股权投资，并参与被投资企业的经营管理，以期所投资企业发育成熟后通过股权转让实现资本增值。产业投资基金是借鉴经济发达国家的"创业基金"运作经验，通过发行基金受益凭证，集合社会分散

---

① 新金融观察："媒体称民间资本看空铁路投资"，（2011-12-25）[2017-02-27]，http://finance.sina.com.cn/g/20111225/104611057831.shtml。

资金，以基础设施等作为投资对象进行长期股权投资，并通过投资为产业的资产增值来实现投资回报。在许多发达国家，这种投资模式被认为是基础设施融资的成功范例。

产业投资基金的发起人一般为信托投资公司。我国目前的信托投资公司中有一批既精通银行业务，又熟悉证券业务的人才，这也为投资基金发展提供了组织条件。根据目标企业所处阶段不同，可以将产业基金分为种子期或早期基金、成长期基金、重组基金等。此外，产业基金涉及多个当事人。

产业投资基金投资与贷款等传统的债权投资方式相比，一个重要差异为基金投资是权益性的，着眼点不在于投资对象当前的盈亏，而在于他们的发展前景和资产增值，以便能通过上市或出售获得高额的资本利得回报。产业投资基金的主要特点是：投资对象主要为非上市企业，而投资期限通常为3~7年，积极参与被投资企业的经营管理，投资的目的是基于企业的潜在价值，通过投资推动企业发展，并在合适的时机通过各类退出方式实现资本增值收益。

产业投资基金投资与贷款等传统的债权投资方式相比，一个重要差异为基金投资是权益性的，着眼点不在于投资对象当前的盈亏，而在于他们的发展前景和资产增值，以便能通过上市或出售获得高额的资本利得回报。具体表现为：

第一，投资对象不同。产业投资基金主要投资于新兴的、有巨大增长潜力的企业，其中中小企业是其投资重点。而债权投资则以成熟、现金流稳定的企业为主。

第二，对目标企业的资格审查侧重点不同，产业投资基金以发展潜力为审查重点，管理、技术创新与市场前景是关键性因素。而债权投资则以财务分析与物质保证为审查重点，其中企业有无偿还能力是决定是否投资的关键。

第三，投资管理方式不同。产业基金在对目标企业进行投资后，要参与企业的经营管理与重大决策事项。而债权投资人则仅对企业经营管理有参考咨询作用，一般不介入决策。

第四，投资回报率不同。产业投资是一种风险共担、利润共享的投资模式。如果所投资企业成功，则可以获得高额回报，否则亦可能面临亏损，是典型的高风险高收益型投资。而债权投资则在到期日按照贷款合同收回本息，所承担风险与投资回报率均要远低于产业基金。

第五，市场重点不同。产业投资基金侧重于未来潜在的市场，而其未来的发展难以预测。而债权投资则针对现有的易于预测的成熟市场。

产业投资基金将居民手上的闲置资金投入基础设施建设，使公众投资成为政府投资缺口的有利补偿。这种方式不仅通过基础设施本身资本、劳动密集的双重特点拉动基金增长，还通过改善投资环境，为其他产业的发展创造条件，实现经济的持续发展。

3. PPP融资

PPP（Private Public Partnership）即公私伙伴关系，它是指由公共部门和私营门部门合作，为公众提供服务，并共同承担风险、分享利益，其特征体现在公私双方合同的长期性，原来完全有公共部门提供的产品现在由私人参与决策和生产以及交付，公共部门保留最终的所有权，公私双方共享投资收益、分担风险并承担社会责任。

从20世纪90年代开始，PPP成为一种公共投资领域的主流融资模式，在欧美各国尤其在英国得到广泛的应用。例如，英国1981年制定了Ryrie法，规定如果私人投资的成本低于公共投资的成本，并且公共预算没有覆盖该投资领域时，才允许私人投资于公共领域。1997年，英国通过了两个重要的法律，承认私人机构投资于公共服务领域的合法性，从而推动了PPP中PFI融资模式得到迅速的发展。

PPP是通过项目公司（SPV）来管理和经营铁路项目。对于铁路项目来说，私营企业与政府投资主体（中国铁路投资公司、地方铁路投融资公司）组成SPV。图4-2显示了铁路项目的合同结构，以及项目各方之间的相互关系。但是并不存在一个可以适用于所有项目的最佳固定模式。每个项目都应该根据自身特点和参与者的管理、技术、资金实力，对所采取的模式进行优化调整，以争取获得更大的资金价值。在基础设施项目中选择模式应遵循的原则是发挥政府和企业的各自优势，私营机构承担一定的风险，获得项目收益。私营机构无法承担的风险由政府承担，政府还要监管项目的服务、价格与质量，保证公众利益，还要合理分担项目风险和收益。

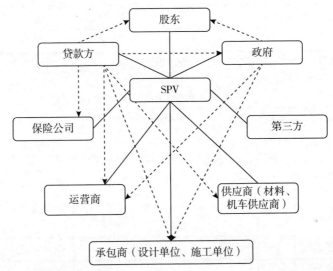

注：————强相关关系；

- - - - - → 弱相关关系，箭头始端方对箭头终端方有一定的监管控制。

图4-2　铁路项目PPP的合同结构

资料来源：杭卓珺："基于PPP的我国铁路投融资模式研究"，华中科技大学，2014年。

通过PPP模式，对公共部门来说，可以利用私营部门的技术专长、以较低的成本提供基础设施和服务，提高基础设施的建设和服务的效率。对私营部门而言，可以通过项目获得开辟市场、获得一定的经济效益和社会效益。从风险分担的角度来看，私营部门的参与使得公共部门将一部分风险转移到私营部门，公私双方承担各自的责任和风险。私营部门在承担风险的同时，有权利获得相应的利益。在PPP项目中，政府通过融资和监管保持一定的影响力，相关对比如表4-2和表4-3所示。

表4-2 BOT、PPP、PFI的各方责任比较

模式	机构	融资责任	风险	关系协调	前期介入	控制权
BOT	公共部门	小	小	弱	大	小
	私人	大	大	弱	大	小
PPP	公共部门	共同	共同	强	小	共同
	私人	共同	共同	强	小	共同
PFI	公共部门	最小	最小	最弱	最小	无
	私人	最大	最大	最强	最大	全部

资料来源：杭卓珺："基于PPP的我国铁路投融资模式研究"，华中科技大学，2014年。

表4-3 BOT、PPP、PFI的参与程度与获益比较

模式	机构	决策	融资	设计	建造	运营	拥有	获益
BOT	公共部门	√		√			√	投资机会、项目所有权
	私人		√	√	√	√		特许期运营利润、政府部门其他承诺
PPP	公共部门	√	√	√	√	√	√	投资机会、部分项目利益（公共服务）
	私人	√	√	√	√	√	√	部分项目利益（运营利润）
PFI	公共部门	√						投资机会、公共服务
	私人		√	√	√	√	√	项目利益（公共部门提供）

资料来源：杭卓珺："基于PPP的我国铁路投融资模式研究"，华中科技大学，2014年。

从融资模式的选择来看，对于铁路干线项目，由于PPP模式可以保证政府在项目特许权期间的所有权，所以PPP模式更适合。而对于铁路支线项目，可以选择BOT模式融资。

目前，我国国家铁路由原铁道部独家经营，由于铁路网络化运营的客观要求，外部资本成立的铁路公司不可避免与国铁发生关系。但是由于我国铁路市场化进程缓慢，社会资本控股的铁路公司不可能取得和国铁一样的公平待遇。主要表现在，目前几乎所有的铁路干线和大型项目上，原铁道部都有控股的意愿，而且几乎是绝对控股，外部投资者即使有资本投入，但是在

合资铁路公司的经营管理、企业决策上没有"话语权"的权利，却同样有承担债务的义务。权责不对称极大地影响了外部投资者的热情。目前铁路总公司对于社会资本进入铁路投资，总体上来说是支持的。但从自身角度考虑，它对于社会资本进入公益性铁路或准公益性铁路（高速铁路）持欢迎态度，但社会资本不买账。对于社会资本进入竞争性铁路，如煤运通道，是有所保留的：一方面，铁路总公司因资金紧张，期望能够从地方政府或民间资本融资；另一方面，由于运煤专线在铁路运营中盈利能力最强，铁路总公司不希望放弃控股权。民营资本，则希望拥有一定的股权比例，以获得话语权。部分公司参股铁路是为了能获得一定的支配权，如优先安排本公司的煤炭外运等，如果股权过低，则无法达到这一要求。PPP项目公司的股权设置，应在满足政府资本对铁路干线的相对控股的条件下，适度降低政府投资比例，有利于公私双方实现权力制衡[①]。

专栏4-2　　　中国首条民营控股高铁——杭绍台高铁

　　复星集团牵头的民企将控股杭绍台高铁，华夏幸福牵头的民企将控股廊涿固保城际铁路，横店集团将投资杭温高铁。忽如一夜春风来，原本被认为是"重资产、难盈利、垄断堡垒"的高铁，成了民间资本青睐的香饽饽。总投资约449亿元、269公里的杭绍台高铁，是我国第一条动工的民资控股高铁项目、第一条采用PPP模式建造运营的高铁项目。为了表示引进民间资本的诚意，在杭绍台高铁项目上，浙江各级政府放下身段，也提高了效率。2015年12月，杭绍台高铁被国家发展改革委列入首批社会资本投资铁路示范项目；2016年2月浙江就召开了项目投融资座谈会，3月进行预可研评审；9月复星集团牵头民企与浙江交投集团等签订"杭绍台铁路PPP项目合作协议"，确定民资控股51%；11月项目核准；12月先行段破土动工。

---

　　① 杭卓珺："基于的我国铁路投融资PPP模式研究"，华中科技大学，2014年。

"杭绍台高铁率先开启了国内民资控股铁路项目PPP模式的探索之路。"浙江省发展改革委副主任、杭绍台铁路筹建协调小组组长焦旭祥多次表示，这次探索在审批制度改革、投融资体制、回报机制等领域的创新若能成功，将激发更多民营企业参与基础设施建设，促进民间投资平稳增长，增强经济发展活力。杭绍台项目实施将对更好地吸引民营企业参与国家重大基础设施PPP项目起到引领示范作用，明确民营企业在PPP项目中控股，能有效解决"玻璃门"问题，确保民营企业真正能参与、能投资，也有助于在项目中充分发挥民营企业的创新、管理、运营优势，还有助于激发民营企业参与基础设施建设的潜力。

自2008年中国开通首条高铁以来，高铁的产业拉动等外溢效应越发明显，也让不少民企对其心向往之。像投资控股廊涿固保城际铁路PPP项目的华夏幸福就表示，希望借助高铁将其开发的产业新城串起来，改善交通环境，提升城市板块的整体价值。此外，证监会日前也表示，将进一步协调相关单位实施PPP项目资产证券化，并共同培育和积极引进多元化投资者，推动PPP项目资产证券化发展。这为后期"高铁上市"、股东财富增值埋下了伏笔，也增加了项目的吸引力。杭绍台高铁项目设定的特许经营期为30年，省、市政府按照PPP协议约定对项目运营进行可行性缺口补贴。然而，民企没有涉足过高铁开发运营，因此高铁运营维护成本构成、高铁票务管理模式、高铁工程造价核算，以及高铁项目开工前手续审批等成了民企最在意的问题。可以说，如何介入并融入传统垄断行业，是多数民企面临的首要挑战。

对此，在复星集团董事长郭广昌看来，让民资控股高铁PPP项目，政府既不是为了"圈钱"，也不是让渡话语权，因为浙江既不缺钱，也不缺"好声音"，而是看中了民营资本的能力与效率。"通过PPP项目引入民间投资，既能让铁路的组织方式、开发模式更多元，也能探索用商业化的手段来做公用事业，借用民营企业的整合能力让资源配置更有效率"。未来参与高铁"走出去"，提升高铁对外输出能力，是以郭广昌为代表的民营企业家"冒险"投资高铁的另一个原因。"以民企牵头带动高铁项目'走出去'，既能利用民企的海外资源，也能绕避许多地区的保护性限制。以前我们民企没经验，无法参与海外竞标。现在有了这个平台，就多了一条路。"

资料来源：陆娅楠、顾春："这条高铁，民企为何愿意投"，《人民日报》，2017年2月27日第19版。

4. PFI融资

PFI（Private Finance Initiative）即私人主动融资，是一种公共项目私人融资方式，指的是由私营企业进行项目的建设与运营，从政府方或接受服务方收取费用以回收成本。PFI方式采取的是促进私人企业有机会参与基础设施和公共物品的生产和提供公共服务的一种全新的公共项目产出方式，有别于传统的由政府负责提供公共项目产出的方式。PFI方式有几个主要特点：

第一，PFI模式传递的是某种公共项目的服务，而不是提供某个具体项目的构筑物。PFI方式的这一特点具体表现在政府和私人企业采用PFI的目的，即政府希望获得有效的服务，而并非是最终建筑的所有权，而私人企业的目的在于通过提供服务来获得政府或公众的付费，实现收入和完成利润目标。在PFI方式的合同期限内，公共部门因使用私人企业提供的设施或服务而付款。而当合同结束时，有关资产的所有权可以选择留给私人企业或交还政府公共部门，取决于原始合同条款规定。

第二，采用PFI模式，政府完全将该项目所涉及的投融资问题转移给了私人企业。因公共物品和服务的提供者之间存在着排他性，需政府的计划和管理。政府可自行提供，也可委托私人企业负责提供。这种委托关系由政府控制。为了实现政府控制，规定私人企业必须得到政府的认可，才可能组织对公共物品和服务的产出，政府的这种认可，同样可以收回，私人企业也可能放弃提供公共产品和服务。

第三，PFI模式不是特许经营权方式的应用，但是由于PFI方式的公共项目私人融资特征，PFI方式在运用时仍存在特许经营模式的一部分性质。

总之，PFI方式鼓励私人部门营造基础设施或公共项目，以此为基础为社会提供服务。在英国，此方式已成为政府获得高质量、高效率的公共项目的一个重要工具。私人部门通过负责设计、融资、建造，同时通过运营和服务来获得政府或公众的付费，实现收入和完成利润目标。

专栏4-3   **PFI与我国西部地区铁路建设前瞻**

    我国西部地区铁路建设应发挥中央财政投入的主导作用，及地方财政投资和铁道部建设资金三方面的配合。同时还要加大金融信贷对西部铁路建设的支持，把铁路大中型项目建设列为信贷重点，尤其是国家开发银行要提高西部地区铁路建设贷款的比重。国家已经陆续投入了大量的财政资金建设西部铁路建设。但是，相对于西部地区大规模的铁路建设工程来说，国家的扶持政策不过是杯水车薪。因此，西部地区应在国家加大财政支持力度的同时积极探索新的思路、新的办法广泛吸纳社会资金参与西部铁路的建设。在吸引资金流向西部地区，为西部铁路建设筹措必要资金的过程中，必须注意融资的方式方法，尽可能利用各种融资渠道。纵观众多的融资方式，以吸引和利用民间资本为主导的PFI融资方式经国际国内的实践证明是一种能为大型项目进行融资的有效方法。

    资料来源：闵冬丽、魏庆朝："PFI与我国西部铁路建设"，《科技创业》，2003（9）：69~71。

---

5. BOT融资

BOT（Build–Operate–Transfer），或称基础设施特许权，是基础设施投资、建设和经营的一种方式，以政府和私人机构之间达成协议为前提，由政府向私人机构颁布特许，允许其在一定时期内筹集资金建设某一基础设施并管理和经营该设施及其相应的产品与服务。政府对该机构提供的公共产品或服务的数量和价格可以有所限制，但保证私人资本具有获取利润的机会。整个过程中的风险由政府和私人机构分担。当特许期限结束时，私人机构按约定将该设施移交给政府部门，转由政府指定部门经营和管理。近几十年来，不论是在发达国家还是在发展中国家，BOT受到普遍的青睐，并被当作一种各国通用的模式广泛地用于大型项目，特别是在城市基础设施领域，BOT向世人展示了它良好的绩效[①]。

BOT投资方式主要有以下三个特点：第一，项目庞大，所需的投资也较大，而政府的财政资金不足以使项目尽快上马。第二，牵涉面广，投资方式牵涉到项目所在国政府、投资者、承建商、设计顾问公司、融资财团、营运管理公司、保险公司以及监督部门等许多部门。第三，合作期限长，这类大规模建设项目均属一揽子形式，从筹备、修建、运营到最后无偿移交给政府，整个过程比较复杂，所需时间较长。

发达的市场体系和健全的法制体系与BOT作用的发挥密切相关。一般而言，发达国家各类经济法规健全，政策透明度高，市场竞争有效而高效，为BOT的发育提供了良好的土壤。所以，BOT在发达国家运作比较规范，政府对BOT的管理方式也比较成熟。但是发达国家对BOT的管理方式也不尽相同。大体上可以分为两种模式：一种是建立对国内所有BOT项目都适用的通用法规的管理模式，另一种是针对每一个BOT项目的具体情况制定单独的具有法律效力的合同或协议的管理模式。香港采用了后一种模式，即单项立法模式。例如，香港政府为了保证全港电力供应，与5家电力公司签订了管制计划协议，经香港立法局批准生效，协议的主要内容是：项目公司必须以合理的价格为社会提供足够的电力供应，且以此为前提，私人资本得到合理的利润。这个合理的利润率定为13.5%的净资产回报率。若某段时间项目公司利润高于该指标，则多出部分作为"发展基金"弥补经营不善时的亏损。项目总投资额与电价必须由政府批准。同时政府监督项目的经营，公司要向政府每年提供一份考核报告，每5年提交一份财务报告。重大投资必须经政府批准，必要时政府有权收回该项目。

发展中国家开始运用BOT方式的时间较晚，与经济相关的立法不完善，市场的秩序与效率都比不上发达国家，所以BOT投资管理尚不规范，不同的

[①]　王卉彤："中国城市基础设施融资"，中国社会科学院研究生院，2001年。

BOT项目间条件差异较大。泰国、菲律宾和印度等发展中国家的政府由于急于解决基础设施严重落后的问题而饥不择食,其共同问题是以政府名义作出的承诺太多,这种实践既不能普遍推广,又遗留了许多问题。

发达国家和发展中国家在采用同一种投资模式上却有明显的不同。发达国家的政府承担很少的风险而发展中国家的政府却大包大揽,发达国家主要依靠本国私人资金而发展中国家将BOT当成一种吸引外资的方式。采用BOT方式进行铁路建设的有利因素是,政府拥有铁路的终极所有权,由项目公司承担项目融资、建造运营和维护等商业风险,缓解了政府的财政负担,分散了政府投资风险,提高了项目建设和运营效率。对于利用BOT方式融资,政府应有必要的政策倾斜,例如合理确定铁路BOT项目的运价,为其创造一定的盈利条件,使铁路BOT项目有一定的投资回报率,对铁路投资者在土地使用权上给予优惠政策,使项目公司能享受政府和有关部门规定的税收优惠等。同时,要进一步改善投资环境,简化项目审批手续,以鼓励投资者参与铁路设施建设,但BOT等融资方式只适用于相对独立的边缘项目。

专栏4-4	国外铁路BOT项目案例

澳大利亚政府则选择了通用法规模式。其BOT项目由政府的5年发展计划确定,而BOT项目公司则经过招标方式选择,一切皆按部就班,有条不紊。澳大利亚的管理模式有一个特点,就是政府有对项目公司规定明确的回报率,而收费标准则与现行的同类收费标准相衔接。若实行运行中的回报率高于谈判时的预期,高出部分政府要分享,但政府承担政府易于控制的一部分风险。如悉尼过海隧道的建设,交通量的风险由政府承担。若交通量低于某一低限则政府给予补贴。

迄今为止,世界上最庞大的BOT项目当数英法海底隧道工程。它实际投资愈百亿美元,特许期长达55年,皆为世界第一。1987年1月由法国总统密特朗和英国首相撒切尔共同宣布将以海底隧道联接英法两国的消息,1994年底该隧道建成。该工程有两大显著特点:其一,如此巨大的融资没有依靠海外而采取就地融资，从而避免了外汇风险；其二，如此巨大投资和特长的投资期，使有关私人部门承担了巨大的风险，而政府承担的风险却异乎寻常的少。政府许诺的条件：一是55年的特许期；二是项目公司的商务自主权；三是33年内不再设立英法间的二次联接设施。可以说英法政府没有承担任何风险。

泰国对吸引外资建设基础设施的BOT项目有明确的立法规定，但对国内资金以BOT方式承担基础设施建设根本未作考虑，更无平等对待内外资的专门法律。以前泰国主要搞了三个交通项目，其中一个失败。失败的原因是在过路费的确定上政府与项目公司争执不下，合同被迫中止，由政府将项目收回。

菲律宾在1993年正式颁布了BOT投资法，还成立了国家BOT投资咨询中心。正在谈判的项目很多，在建的也有一些。主要集中在电力项目，存在的问题是政府承担了包括原料供应、电量购买、外汇保障甚至项目投资回报率等几乎所有的责任和风险，使BOT的意义大打折扣，而且难以推广。

印度在1992年实现了汇率并轨，1993年实现了有限制的自由兑换，1995年实现了经常项目下的自由兑换。这种外汇体制上的改革对BOT是有利的，因为吸引外资的话最终存在一个货币兑换的问题。1994年印度政府宣布征求私人投资解决电力供应问题，主要内容是：凡从事电厂建设的私人机构由政府保证16%的股本投资回报率，保证卢比与美元的兑换，且汇率按带入时的汇率计算，还制定了前5年免税、后5年减税的优惠政策。

资料来源：周永亮："用BOT吸引民间资本投资基础设施"，《中国经济时报》，2001年7月25日第8版。

6. TOT融资

TOT（Transfer-Operation-Transfer，转移—运营—转移）形式是BOT形式的变形，已在中国实践成功。1998年末，国家发展和计划委员会批准了中国第一个TOT项目——广西亿瓦的来宾电站，已经获得了充实的利润。

TOT的可以看做是BOT（建设—经营—移交）的改进，BOT中引进投资人进行项目建设（即建设—经营—移交中的第一步），用项目建成后一定时间内的经营权作为投资人获取回报的手段（建设—经营—移交中的第二步），在合约期满后，将项目移交给项目所有人。BOT曾经在中国电站建设中经营尝试，但双方在建设阶段分歧较大而一直未能推广。

TOT和BOT的共同特点是可以引进国外的先进技术。TOT和BOT均为项目融资的主要方式。TOT方式对民间投资者可能具有比较大的吸引力。虽然TOT和BOT的目的都是引入资金，而由于TOT越过了建设阶段，因此对于投资人的风险较小，投资收益也自然较BOT低。TOT是用已经建成的项目进行融资，与房地产行业中"买地—抵押—买地"的循环较为相似，主要目的是尽快变现资产获得现金，以便进行扩张经营。因为它是以现存的基础设施项目为基础，使民间投资者与项目的建设完全割裂开来。避免了建设期间的风险，降低了民间资本的进入壁垒。我国由于基础设施领域长期的由政府直接投资建设，积累了较大规模的基础设施存量资产，因此TOT方式在我国的应用前景较为广阔。借助此方式将可有效盘活基础设施的存量资产，补充建设资金。

专栏4-5　　　　　　　　瑞典铁路TOT项目案例

瑞典于1988年开始铁路业务特许权经营（TOT）的试点，他们将支线客运业务和相应的补贴费用一并转交给地方政府，让地方政府以特许权招标的方式确定经营者。1990～1992年，有两个汽车客运公司同瑞典铁路公司（SJ）竞标地方性铁路客运业务的特许权经营，其中一个公司成功赢得了两项特许经营权，震撼了SJ的垄断地位。获得特许经营权的公司采取了灵活的作业程序和用工制度，合理降低了机车车辆的维修和使用成本。虽然1993年SJ通过降低报价30%又重新赢得了特许经营权，但特许权招标经营的效果极大地鼓舞了瑞典政府。1996年瑞典国会又决定部分开放干线客运市场，允许任何合规定的运营者在国家铁路网上经营货运业务，允许国际铁路集团在瑞典经营铁路运输。在该例中，特许权获得者不需要持续地投入大规模建设资金，而只是在中标后一次性支付给对方一笔资金，而后对已投产项目行使经营权。基于自身的利益，它们想方设法加强管理、降低成本、提高效率和效益。这种方式对经营者来说，投资少、见效快，主要强调加强管理，因而在国外铁路的特许经营中应用较为普遍。

资料来源：冯宁宁："TOT模式在我国铁路项目融资中的应用"，《铁道经济研究》，2006（5）：42–46。

7. BTO融资

BTO（Build—Transfer—Operate，建设—转移—运营）是指民营机构为设施设备融资并负责其建设，完工后即将设施设备的所有权（其实体资产仍由民营机构占有）移交给政府方。随后，政府方再授予该民营机构经营的长期合同，使其通过向用户收费，收回投资并获得合理回报。

BTO项目融资模式适合于有收费权的新建设施，譬如水厂、污水处理厂等终端处理设施，政府希望在运营期内保持对设施的所有权控制。事实上，国内操作的相当部分名为BOT的项目，若严格从合同条件界定，更接近于BTO模式，因为其特许协议中规定政府对项目资产和土地使用权等拥有所有权。BTO项目融资模式与一般BOT模式的不同在于"经营"和"转让"发生了次序上的变化，即在项目设施建成后由政府先行偿还所投入的全部建设费用、取得项目设施所有权，然后按照事先约定由项目公司租赁经营一定的年限。

8. 股权融资

利用股份制改造筹资是铁路筹集资金的一种有效方式。股权融资是指资金不通过金融中介机构，借助股票这一载体直接从资金盈余部门流向资金短缺部门，资金供给者作为所有者（股东）享有对企业控制权的融资方式。它具有长期性、不可逆性、无负担性3个特点。所谓长期性是指股权融资筹措的资金具有永久性，无到期日，不需归还。不可逆性是指企业采用股权融资无须还本，投资人欲收回本金，需借助于流通市场。无负担性指股权融资没有固定的股利负担，股利的支付与否和支付多少视公司的经营需要而定。

对于一个企业，股权融资的风险小于债权融资，股票投资者的股息收入通常随着企业盈利水平和发展需要而定，与发行公司债券相比，公司没有固定付息的压力，且普通股也没有固定的到期日，因而也就不存在还本付息的风险。发行普通股筹集的是一种永久性资本，是公司正常经营和抵御风险的基础，权益资本增多有利于提高公司的信用价值，有利于增强公司的信誉，可以为公司吸收更多的债务资金提供强有力的支持。铁路企业通过发行股票融资，可以降低企业资产负债率，减少由于偿债所带来的资金压力。

随着铁路经济技术条件的发展变化，铁路行业出现更多利用资本市场融资的趋向。从广深铁路到大秦铁路，越来越多的铁路企业进入资本市场，通过发行股票融资。推进铁路股份制改革，按照"存量换增量"的思路，选择一批资产边界相对清晰、赢利能力较强的优良铁路资产进行重组改制，积极推进铁路企业股改上市，实现持续融资、滚动发展，是扩大资本市场融资规模，构建持续滚动融资发展的有益尝试[1]。

专栏4-6　　　　我国两家铁路资本控股公司案例

大连铁龙实业股份有限公司，是我国铁路资本控股的第一家境内上市公司。1993年成立时，该公司总资产和净资产均为6000万元。1998年首次向社会公开发行股票，募集资金1.96亿元，并将全部募集资金用于铁路客货运输建设项目。2003年，公司总资产达到11.38亿元，净资产为8.22亿元，分别是1993年的18.97倍和13.7倍。持股比例为46.6%的路内法人股东，通过规范的上市公司运作模式，以3600万元的原始资本投入，

---

[1]　张颖、胡跃兵："我国铁路股权融资的探讨"，《铁道运输与经济》，2008（5）：8-9，13。

成功地控制了11.38亿元的经营资产，资产经营能力扩大了31.6倍，实现了公司铁路客货运输产业的跨越式发展。1996年广深铁路股份有限公司在纽约、香港两地成功挂牌上市，共募集资金5.44亿美元，首次实现了我国铁路在国际市场的股本融资。

大连铁龙实业股份有限公司和广深铁路股份有限公司从资本市场融资的成功范例说明，积极推行铁路企业的股份制改革，通过股份制改造扩大铁路行业的国有资本功能，使铁路企业进入资本市场参与资本运作，是解决目前铁路建设资金短缺的有效途径。铁路通过发行股票既便于迅速筹集到进行大规模经营所需要的巨额资金，又可以规避向银行贷款和发行企业债券时所遇到的利息高、时间短、到期还本付息等风险，还能够通过股票流通市场上的交易和股价变动，对自身的经营做出准确评价和进行有益的监督，进而实现资本的优化重组和社会资源的有效配置。

资料来源：王兆成："资本市场融资是加快铁路建设发展的重要途径"，《铁道经济研究》，2002：（5），2-4。

9. 债券融资

债券融资是指企业通过借钱的方式进行融资，债权融资所获得的资金，企业首先要承担资金的利息，另外在借款到期后要向债权人偿还资金的本金。从投资者角度来讲，债券融资成本较低，投资于债券可以受限制性条款的保护，其风险较低，相应地要求较低的回报率，即债券的利息支出成本低于普通股票的股息支出成本；从筹资公司来讲，债券的利息是在所得税前支付，有抵税的好处，显然债券的税后成本低于股票的税后成本；从发行费用来讲，债券一般也低于股票。债券投资在非破产情况下对公司的剩余索取权和剩余控制权影响不大，因而不会稀释公司的每股收益和股东对公司的控制。公司运用债券投资，不仅取得一笔营运资本，而且还向债权人购得一项以公司总资产为基础资产的看跌期权。若公司的市场价值急剧下降，普通股股东具有将剩余所有权和剩余控制权转给债权人而自己承担有限责任的选择权。不论公司盈利多少，债券持有人只收回有限的固定收入，而更多的收益则可用于股利分配和留存公司以扩大投资。

但是，债券筹资有固定的到期日，须定期支付利息，如不能兑现承诺则可能引起公司破产。债券筹资具有一定限度，随着财务杠杆的上升，债券筹资的成本也不断上升，加大财务风险和经营风险，可能导致公司破产和最后清算。公司债券通常需要抵押和担保，而且有一些限制性条款，这实质上是取得一部分控制权，削弱经理控制权和股东的剩余控制权，从而可能影响公司的正常发展和进一步的筹资能力。

对于铁路领域来说，发行铁路债券对铁路建设有着重要意义，应该对铁路债券的准确定位进行研究，合理确定债券种类，降低债券风险，取得最佳的使用效益。对于铁路管理者来说，需要将债务融资行为放到铁路的现状与未来发展的总体战略中进行考察和定位。资产证券化对证券化的资产有明确要求，即证券化的资产必须能在未来产生可预测的稳定的现金流，且有持续一定时期的低违约率、低损失率的历史记录，证券的偿还分摊于整个资产的存续期间，金融资产的债务人有广泛的地域和人口分布，原所有者已持有该资产一段时间，有良好的信用记录，资产的抵押物有较高的变现价值，或它对于债务人的效用很高。只有符合上述特征的资产才能证券化。铁路符合资产证券化条件的资产有铁路建设基金、客运收入、货运收入，网运分离后路网公司收取的过路费。

债券的投资价值主要取决于安全性、收益率、流动性三个相辅相成的指标。铁路自身具有建设周期长、资金回收慢的特点，这就决定了铁路建设债券应以中、长期为主。对于长期债券来讲，投资人对于债券流动性的要求高于对债券收益率的要求。因此，铁路债券的流动性对其今后的发展至关重要。但铁路债券的品种较单一、发行规模较小、发行技术不够完善，限制了铁路债券的流动性，减弱了铁路债券对投资人的吸引力，直接影响了债券的投资价值。这就需要加大铁路债券的发行规模、丰富铁路债券的品种，同时还要争取到合适的交易工具，尽早使铁路建设债券的回购交易得到批准。

发行铁路建设债券是铁路建设融资的重要组成部分。国际经验表明，长期债券是铁路建设的最佳融资方式之一，降低铁路融资成本，降低全社会运输成本。国外铁路公司发行公司债券通常占长期负债的80%以上，而我国铁路不到20%。因此，作为铁路建设融资的主渠道之一，发行铁路建设债券还有很大的空间。受传统体制、传统观念的惯性束缚和客观经济环境的影响，当前我国铁路建设债券的市场化程度不高，仍然采用高度行政化的审批制，铁路发债的条件由国家逐级审批，尽管有相当多的铁路企业有发债的愿望，但却没有融资渠道的选择权，使得很大一部分企业过于依赖上级拨款和银行贷款，没有真正开辟一条企业融资的新渠道。同时，以铁道部的名义发行债券，筹资一步到位，使用却是按建设计划划拨，资金的筹集和使用不能合理统一。这使得铁路企业不能真正走进市场，真正意义上的铁路企业债券不能在资本市场流通。只有突破传统的计划经济的束缚，把铁路企业真正推向市场，成为市场竞争主体，铁路企业债券才能具备发展的原动力和基本条件。

为了促进铁路运输业的发展，使铁路运输企业及早符合发行债券的条件，我国必须建立以产权为纽带的现代企业制度，通过建立投资回报制度实现所有权与经营权的分离，使铁路运输企业真正面向市场，成为独立的法人实体和市场竞争主体。铁道部代表国家享有国有资产所有权，兼具铁路运输行业管理职能，这种浓重的行政色彩和铁路作为国家基础行业的社会公益服务性质，决定铁道部发行债券应争取定位于准国债，其筹集的资金应主要用于社会效益高而经济效益低的公益性项目，以及全国性的铁路基础设施建设项目。铁路局作为经营者拥有完整的法人财产权，独立的法人实体地位决定了铁路局发行债券应定位于企业债券，其筹集的资金应主要用于为地方经济服务的基础设施项目和投资回报率显著的盈利性项目。

专栏4-7　　铁路建设债券现状与远景

中国已有可供铁路参考的资产证券化经验。中国开展资产证券化的实践虽短，但已不乏成功先例。1992年，海南省三亚市开发建设总公司通过发行地产投资券的形式融资开发丹州小区。1996年8月，珠海市政府在开曼群岛注册珠海高速公路公司，并成功发行了2亿美元的收入债券，包括优先级、次级债券。这是中国第一笔引入证券化思想的债券，也是亚洲第一笔收入债券。1997年5月，重庆市政府与亚洲担保公司及豪升中国有限公司签订了资产证券化合作协议，被认为是中国开展资产证券化的重大突破。

至2013年，在企业债券市场上以国家部委身份发行债券的只有当时的铁道部一家。但彼时铁道部由于其政企合一的性质，与其他企业相比有明显区别，主要体现在当前债券市场关于企业债券的管理办法中一些不适合铁道部的要求上，如发行主体的条件、税收问题、信息披露制度、债券投资人的限制等诸多问题，这些要求是规范证券市场的必然进程，但却限制了铁道部这样带有特殊性质的个体，故铁路债券发行主体的确定和债券性质的定位是当前亟待解决的问题。

为了加强债券筹资的全过程监管。首先，重点审批筹资项目，保证项目真实可靠。按照债券市场规范的要求，严格地对项目进行事前审查，使之符合债券主管部门和投资人的要求。其次，发行债券，资金划拨必须同项目的资金使用计划相配合。目前的情况是债券筹资一步到位，使用却是按建设计划进行。筹资与使用的脱节必然造成资金的浪费，目前要保证二者的统一尚有困难，但随着企业债券管理的规范，企业自行决定发行时间与发行额度必将成为现实。在保证资金划拨的同时对资金的使用要进行适当的监督，确保款项使用方向与审批相一致。最后，做好债券偿还工作。目前债券额度不大，偿还不成问题，但随着时间的推移，债券额度的累积必然不断增大，还本付息的压力也会越来越大。债券不同于银行贷款可以双方协商，不断展期，债券到期必须偿还。因此，在举债之前，应先作好偿还计划，有些盈利企业每年按比例提取部分资金作为偿债基金，这是一种比较好的办法。

资料来源：徐巍、李晨虎："对铁路发行债券的几点思考"，《中国铁路》，1999年第5期，第22~24页。

10. 投资基金

投资基金（Investment Funds）是一种利益共享、风险共担的集合投资制度。投资基金集中投资者的资金，由基金托管人委托职业经理人员管理，专门从事投资活动。当前，我国国内居民储蓄总量增加，发展基础设施投资基金，可引导社会储蓄有效转化为投资，为民间投资者开辟一条收益稳定、风险适中的投资渠道。并且投资基金是以资本形式注入的，因此有助于降低基础设施项目公司的负债率，提高其通过向银行贷款等方式进一步筹集资金的能力。

投资基金这种方式具有比较明显的优势，如若能够在合适的平台合理运用投资基金，将会对我国铁路投融资领域融资构成重要力量和来源。总结投资基金在其他领域中的运用经验，可以发现投资基金在大型投融资项目中有比较明显的优势：

第一，投资风险易于分散。共同基金，也称为证券投资信托基金，是由投信公司以信托契约的形式发行受益凭证，主要的投资标的为股票、期货、债券、短期票券等有价证券。共同基金的资产较一般投资人来得庞大，故足以将资金分散于不同的股票甚至不同的投资工具中，以达到真正的风险分散，而不致因一只错误的选股，而产生重大的亏损。

第二，平台管理更为专业。投融资公司聘有研究团队和专业基金经理人从事市场研究，对于国内外的宏微观投资环境以及有关公司的状况都有较为深入的了解。这样的话，比较容易吸引到广大的投资者，以少许的基金管理费购买专家团队的资金管理服务获取理想利益，有利于吸引更多的小额投资者参与铁路投融资领域。

第三，赎回变现实现快捷。一般来说，投资基金比较明显的优势在于投资意愿和进退机制的便捷程度。在投资人选择投资退出时，可以方便赎回投资基金款项，变现时间比较短（一般约为1~7个营业日）。对于投资者来说，这一优势明显优于其他投资工具，但是同时势必会导致一部分资金运用管理风险转移到了资金平台。

第四，投资准入门槛较低。由于投资基金或者共同基金额度较低，整体投资基金分散标的，允许不同区域、不同金融市场、不同发展程度的投资个体或集体的融入，可以将投资收益成果回报给对应的投资人。实际上，这种融资性质放宽了投资下限，对项目投融资双方都有一定益处。

第五，资金收益安全性较高。共同基金遵循保管与经营分开的原则，将资金的管理与运用界限明晰，有利于保障投融资双方的共同利益。如若基金平台、公司或保管银行等机构遇到资金危机时，债权人不得对基金资产请求扣押或行使其他权利，投资人的权益不会因而受到影响。

专栏4-8　　　　　　　　投资基金小知识

投资基金一般可以分作两类，一类是开放式投资基金，另一类是封闭式投资基金。开放式共同基金可以即时以净资产价值（NAV）赎回或发行股份，净资产价值是所持全部证券的市场价格除以发行股数。此外，基金的净值或价格在每次闭市后进行一次清算，所有新申购或赎回的份额都按当天闭市后的净值计算。开放式基金的发行股数随着投资者购买新股或赎回旧股而每日变动。总之，开放式基金的净值将随着组合中证券的价格波动而波动。由此可知，开放式基金有几个重要特点：基金的份额总数随着投资者增加投资或赎回份额而增加或减少、基金公司通过从投资者出售或购回当前发行的份额而配合投资者的申购或赎回，同时新资金的申购或清算赎回是以份额净值作为价格通过基金公司而非外部市场操作的。因此，开放式投资基金的份额总数随着出售份额和赎回份额的改变而改变。另外，封闭式共同基金不以净资产价值（NAV）方式赎回或发行，基金的份额总数一旦发行结束后保持不变，不会随着出售份额或购回份额而改变。封闭式基金的股份和其他普通股一样通过经纪人进行交易，因此它们的价格不同于净资产价值（NAV）。

资料来源：百度百科，https://baike.baidu.com/item/共同基金/634353?fr=aladdin。

11. ABS融资

ABS（Asset Backed Securities）融资方式是以资产为支持的证券化。它是指以项目所属的资产为基础，以该项目资产所能带来的预期收益为保证，通过在资本市场发行证券来筹集资金的一种项目融资方式。相当一部分的基础设施项目能提供稳定的现金流量，具有可证券化的特点。具备收费机制的基础设施项目都是适用对象。目前国内民间资本充裕，各类社保基金、保险基金均在找寻合适的投资机会，这为发展创造了有利条件。值得注意的是，近年来在我国的一些城市中，特别是在部分经济发达的沿海城市中，在面临基础设施建设中公共财力不足的现实困难面前，其已开始在市场化投融资方式的创新方面进行有益的探索。例如，有的城市采取特许权经营方式，转让路、桥、污水处理等基础设施的经营权，吸引社会资金和外资。这种证券化的融资方式具有如下优点：

第一，融资成本低。ABS的运作只涉及原始权益人、特别信托机构、投资者、证券承销商等几个主体，无需政府的许可、授权及外汇担保等环节，是一种通过民间的非政府的途径，按照市场经济规则运作的融资方式。这大大减少了中间费用，并有效地降低了融资成本。

第二，资产结构优。合理、有效地利用融资方式，原始权益人可以有效地提高资产的质量，使其资产结构成为高质甚至优质资产，由于是出售资产预期收入而不是负债，原始权益人因此而获得所需的资金，同时又没有增加其负债，资产结构十分优良。

第三，投资风险小。项目的投资者是资本市场上的债券购买者，数量众多，这就极大地分散了投资风险，使每个投资者系担的风险减小。另外，这种债券可以在二级市场上转让并通过"信用增级"进一步降低投资风险，这对投资者具有较大的吸引力。从欧美证券市场的状况看，高评级证券发生违约或破产的比例很低，具备"投资级"的证券对投资者具有很强的吸引力。

第四，适用范围广。项目融资虽然在债券的发行期内项目的资产所有权归SPV所有，但项目资产的运营和决策权仍然为原始权益人所有。因此，在运用此方式时，不必担心项目是关系国计民生的重要项目而被外商所控制。凡是有可预见的稳定的未来现金收入的基础设施资产，经过一定的结构重组都可以证券化，因此，项目融资适用的范围很广。

第五，资金来源丰富。ABS融资方式既可以在国际债券市场上发行债券，也可以在国内市场上发行债券，因此可以吸引大量资金，项目资金来源十分丰富。

当然，ABS融资方式也有其不尽完善的地方。如利用基础设施进行国际项目融资可以使东道国保持对项目运营的控制，但却不能得到国外先进的技术和管理经验。尽管如此，项目可利用资本市场获得大量资金的事实，使得融资方式成为近年来许多国家项目融资的新宠。

值得注意的是，能用于路网干线纳入调度统一指挥的只有ABS融资方式，即以项目所属的资产为支撑的证券化融资方式。ABS方式是以项目所拥有的资产为基础，以项目资产可以带来的预期收益为保证，通过在资本市场发行债券来募集资金的一种项目融资方式。ABS融资方式是由原始权益人将其特定资产产生的、在未来一定时期内稳定的可预期收入转化给专业公司，由专业公司将这部分可预期收入证券化后，在国际或国内市场上进行融资。资产证券化的实质，就是企业拿出固定的年度收益换取长期资金的投入。通过证券市场发行债券筹集资金，是ABS不同于其他项目融资方式的一个显著特点，而证券化融资则代表着项目融资的未来发展方向。较之BOT融资方式，ABS融资方式的运作相对简单，无须政府的特许及外汇担保，是一种通过民间途径运作的融资方式，融资成本较低。BOT方式是非政府资本介入基础设施领域，其实质是BOT项目在特许期内的民营化。因此，某些关系国计民生的要害部门是不能用BOT方式的。ABS方式则不然，在债券的发行期间，项目的资产所有权虽然归公司所有，但项目的经营决策权依然归原始权益人所有，运用ABS方式不必担心重要项目被外商控制，因此在重要的铁路干线也可以采用。

专栏4-9　　　　　　　　　几个国内ABS融资案例

ABS融资在中国的起步较晚，但应用势头十分迅猛。1996年8月珠海市以交通工具注册费和高速公路过路费为支持发行两批共2亿美元的债券，1997年中国远洋运输总公司以北美航运收入为支持发行3亿美元的浮息票据，1997年5月重庆市政府与亚洲豪升ABS（中国）控股有限公司签定了以城市建设为基础的资产证券化合作协议。

铁路项目采用ABS模式也存在一些限制，如ABS融资主要通过民间而非政府的途径，按照市场经济规则运作的融资模式。而中国目前的金融市场，特别是资本市场还不完善，主要融资渠道，都需要与政府合作，例如证券的发行要受到政府的规模管理。另外，铁路项目投资大，对其信用担保或信用增值难度大，并且全部靠发行证券来筹集项目建设资金具有相当大的难度。ABS是以项目的未来收益为基础发行证券融资的一种项目融资方式。未来铁路运营的现金流量大且稳定，因而ABS融资为铁路建设筹资提供了新的融资途径，进而推动铁路建设的快速发展。

资料来源：贾丽丽、张建明："应用ABS融资加快铁路建设"，《成都大学学报（自然科学版）》，2005（3）：214–216。

12.融资租赁

融资租赁（Financial Leasing）就是变"融资"为"融物"。融资租赁是集融资与融物、贸易与技术更新于一体的新型金融产业，由于其融资与融物相结合的特点，出现问题时租赁公司可以回收、处理租赁物，因而在办理融资时对企业资信和担保的要求不高，所以非常适合中小企业融资。

通过融资租赁方式，不需要一次性支付大笔资金，即可获得所需设备，可以缩短融资时间，加快新技术新装备的引进步伐，并有利于改善铁路资产负债结构。目前，每年全路机车车辆购置支出达百亿元。若采用融资租赁方式，承租机车车辆只需投入较小量的资金，投入运营后，再分期偿还租金，避免在购置设备之前需要一次筹集和支付大量现金，降低了资金成本，同时将投资分散到以后若干年支出，规避了通胀和偿还贷款本息等投资风险。

专栏4-10　地方铁路（广梅汕铁路公司）融资租赁案例

融资租赁成功地介入地方铁路公司筹资方案就是其筹资优势的最好证明。由日本三菱商事株式会社与铁道部合资成立的上海铁菱国际贸易有限公司，是第一家在铁路上开展融资租赁业务的公司。虽然它还不是专门的租货公司，但在通过融通设备达到融通资金方面已做了有益的尝试。上海铁菱公司在1996年和1997年广梅汕铁路公司客车招标中两度中标。1996年，广梅汕铁路公司从上海铁菱公司租入了一批铁路机车车辆，包括内燃机车4台，各类新型客车69辆，总价值达1.38亿元，年利率按IIBOR（伦敦银行同业拆借利率）+2.5%计算，租期为5年，期满后这批机车车辆将归广梅汕铁路公司所有。1997年广梅汕铁路公司还是按类似的条款条件，再次从上海铁菱公司租入机车车辆117台（辆），价值达2.16亿元，租期仍为5年，还本付息方式采用等额本金法。上海铁菱公司通过这种方式使其出资得到了定向使用。而广梅汕铁路公司在缺少资金的情况下，使用国内最先进的25G客车，使客车装备达到一流水平。租赁设备的折旧全部打入成本，抵减了税收，租进的设备不在资产负债表中反映，不改变企业的资金构成，从而有利于广梅汕铁路公司其他对外融资活动。这种融资方式与国外商业货款相比，既引进了外资，又无须占用国家外债指标，因此受到的各种约束也较少。

广梅汕铁路公司采取租赁的方式融通资金达3900多万美元，他们充分认识到了融资租赁的优势。上海铁菱公司与广梅汕铁路公司合作的金额虽然不大，但他们打开了利用融资租赁为铁路建设筹集资金的局面，是个很好的开端。上海铁菱公司除了与广梅汕铁路公司合作外，还向铁路工程局、建厂工程局、华铁置业等出租了混凝土搅拌机、推土机、自卸车等施工机械设备和集装箱运输、装卸设备。至今还没有出现拖欠租金的情况，租赁业务经营状况良好。这表明，随着铁路一些企业开放搞活，转变经营机制，投入资金初步形成良性循环，这些企业成为融资租赁业务在铁路萌发的沃土，而同时融资租赁也为铁路企业的筹资提供了新的选择。

资料来源：张红："融资租赁及其在铁路中的应用"，北京交通大学，2007年。

13. 外资租赁

外资租赁是一种逐渐应用成熟的融资方式，主要途径有以下几种：一是扩大利用世界银行、亚洲开发银行贷款，积极争取更为优惠的贷款条件。二是扩大利用外国政府优惠贷款。外国政府贷款是一种相对稳定、可靠的资金，而且赠予成分较大，还款周期长。目前，较大幅度地增加外国政府贷款的来源和规模是一项可行的融资措施。三是大力吸引外商直接投资。当前，我国利用外资总额中很大比例都是外商的直接投资。而在铁路行业中，通过外商的直接投资规模较小、领域较窄，应该仍有较大的潜在发展空间。随着铁路建设的快速发展和扩大开放，相信会吸引更多的外商直接投资我国铁路建设和运输经营。

外资租赁促进产生了种类繁多的项目融资方式。每一类又有不同变异，表现突出的是外资形式的BOT变异方式。但是，它们具有一个共同特点，即融资不是主要依赖于项目发起人的信贷或其所涉及的有形资产，同时地方政府参与铁路建设也为降低成本创造了条件。例如，在各地区政府征地拆迁、财政税收等方面可以给予许多优惠政策。这些优惠政策有效地降低了工程造价，减少了铁路建设和运营的成本，使铁路的投资收益提高。

目前，我国铁路管理部门已充分利用地方政府在动员群众、征地拆迁、政策保障等方面的优势，与省（市、自治区）政府签订了加快铁路建设战略合作协议，为扩大铁路建设资金来源，推进铁路投资体制改革，吸引了地方政府和境内外战略投资者的大量资金，并产生了良好的效果。

专栏4-11　　　　　　　　**我国民航外资租赁案例**

现代租赁将融资和融物两过程合二为一，大大缩短了融资时间，加快了技术引进步伐。通过国际融资租赁，可使我国铁路在较短的时间内以较低的资金成本获得先进技术的使用权，从而加速铁路现代化进程。目前铁路每年用于机车车辆购置支出巨大，并且主要通过银行借款方式。若采用融资租赁方式，承租者只需投入较小量的资金即可融入设备。投入运营后，再分期偿还租金，避免在购置设备之前一次筹集和支付大量现金，从而降低资金成本。同时将投资分散到以后若干年支出，规避了通胀和归还贷款本息等投资风险。

飞机租赁是我国交通运输业开展国际租赁的典范，而利用国外融资租赁是我国民航引进飞机的主要融资手段之一。1980～2000年的20年间，在我国民航引进的678架飞机中，以融资租赁方式引进的有437架，总金额约为260亿美元，占引进飞机总金额的86%。采用这种方式，解决了民航资金短缺的问题，不但降低了成本，而且还大大降低了航空公司经营的风险。

国际融资租赁在铁路行业同样值得大力推广，利用这种方式可以起到利用外资和引进先进技术设备的双重作用，而且由于通常不把欠付租金视为国家债务，有利于扩大利用外资的规模和范围。因此，在铁路跨越式发展过程中，融资租赁将有广阔的发展前景。

资料来源：郑锐："关于扩大铁路利用外资规模的思考"，《中国铁路》，2006（5）：12–15。

4.2.2　铁路投融资形式发展及展望

形式多样的铁路投融资方式和模式，最终目的是为铁路建设和经营等提供稳定、可靠、可持续的投融资来源。目前，我国铁路投融资来源主要有中央预算、中铁总投融资以及社会投融资，其中中铁总投融资主要有铁路建设基金、折旧、自筹资金和负债（含银行贷款、中期票据和债券等），社会投融资主要有地方财政、企业投资、地方债券和贷款等。鉴于我国铁路发展现状和总体规划，分类经营管理、市场化改革和多元化投资必将是未来我国铁路投融资的发展方向，而在不同情况下采取针对性的铁路投融资方式，势必成为推动铁路改革发展的关键环节。

第一，未来我国铁路必将走向分类经营管理的道路，其投融资改革和管理体制改革不可分割。根据铁路项目的性质，可以衡量其经营性和公益性。对于经营性特征强的铁路项目，要根据市场需求和技术标准来选择投融资方式，按照市场机制进行投资决策、公司制度、投资模式、信用结构等，譬如采用ABS投融资等方式，能够有效拓展资金来源、提升投资效益；对于客运专线铁路、煤炭运输铁路和部分西部铁路等公益性特征强的项目，要在市场需求的基础上考虑社会效益和民生效益等因素，可以考虑采用债券融资、投资基金、股权融资等方式，以更低的投融资风险保障铁路项目顺利进行，同时引入市场化运作的成熟理念。实际上，更多的铁路项目具有"经营—公益"二重性，在选择投融资方式时应遵照"因地制宜、因势发展"的基本原则，对比选择相应的投融资方式或方式的组合形式。

第二，未来我国铁路必将进一步推动市场化改革，其投融资改革和市场化改革协调一致。在我国综合运输结构发展模式中，市场化是铁路发展的重要趋势，也是优化资源配置的重要途径，铁路投融资改革也会贯穿基于公司制的铁路市场化改革的全阶段。在铁路市场化改革趋势下，我国铁路项目将会更多地采用成熟的市场化投融资方式，譬如投资期较长的BOT方式、基于SPV的PPP方式、自主性较强的PFI方式等，在不同的市场化改革阶段中具有不同的应用效果。在市场化改革过渡阶段中，一些投融资方式的组合形式也具有一定的应用价值，一些灵活的政府补偿措施也值得进一步推广，譬如在不同建设阶段采用相近投融资模式的过渡、在不同标段的铁路项目采用适宜的投融资方式、因地适宜地采用"轨道+土地"模式等。

第三，未来我国铁路必将逐步发展多元化投资，拓展铁路投融资渠道，发展铁路项目多元化融资和多元化立体经营。由于铁路经营机制改革需要较长时间，铁路投融资改革或将继续推动。未来的多元化投融资渠道将包括银行表外融资、引入社会资本参与铁路投资、扩大股权投资规模及采用特许融资方式来吸引社会资金。实际上，目前大部分铁路投融资项目融资规模庞大，将庞大资金规模和繁杂铁路项目利益进行有效分割，让零散而广泛的小规模社会资本融入分标段、分份额、分形式的铁路子项目中，这种铁路投融资理念值得进一步探索。

4.3　铁路投融资"玻璃门"

4.3.1　铁路投融资"玻璃门"的内涵

拉动经济增长，民间投资举足轻重。但事实上，市场准入限制仍然较多，政策执行中"玻璃门"、"弹簧门"、"旋转门"现象大量存在，主要指的是政策执行力和落实力度、管理部门办事效率和协调能力等方面存在一定问题。"玻璃门"指对于民间资本来说，垄断行业中，看得见、进不去，一进就"碰壁"，即垄断行业中对民间资本名义开放、实际限制的现象。现实中，对民间资本放宽市场准入，"上面放，下面望，中间制造顶门杠"的现象普遍存在[①]。"必须进一步放宽准入，让民间资本投资有门！"李克强称："一些民营企业现在面临的问题，不是'玻璃门'、'弹簧门'、'旋转门'，而是没'门'！不知道 '门'在哪儿！"，"因此，必须进一步放宽准入，让民间资本投资'有门'！"李克强总理强调："必须采取有力措施，推动相关政策落地，进一步放宽准入，打造公平营商环境，促进民间投资回稳向好。"

促进社会资本投资铁路是铁路投融资体制改革的主要目标，打破阻碍社

---

① 郭春丽："促进民间投资要打破'玻璃门'拆除'弹簧门'"，《宏观经济管理》，2009（9）：23–24。

会资本投资铁路的"玻璃门"是铁路投融资体制改革的主要任务。然而实际上，促进民间资本活性、拓宽民资投融资领域遭遇"玻璃门"的现象比较普遍。通过不同领域的类比研究，笔者认为铁路投融资领域的"玻璃门"难被破除的根本原因与铁路产业特性以及管理体制密切有关。

4.3.2　铁路投融资"玻璃门"的表现

1. 我国铁路投融资数据与分析

2016年，全国铁路行业固定资产投资完成8015亿元，投产新线3281公里，开工项目46个，增加投资规模5500亿元。到2016年底，全国铁路营业里程达12.4万公里，其中高速铁路2.2万公里以上。随着新线投产，2016年国家铁路完成旅客发送量27.7亿人次，同比增长11.2%，其中动车组发送14.43亿人、占比超过52%；单日发送旅客最高达1442.7万人，创历史新高；铁路货运止跌回稳，国家铁路发送货物26.5亿吨，集装箱、商品汽车、散货快运量同比分别增长40%、53%和25%，均创历史新高。然而，铁路投融资"玻璃门"却始终是铁路投融资领域的重要阻碍。

实际上，铁路投融资项目中的"玻璃门"等隐形阻碍情况比较常见，通过我国铁路投融资的有关数据可见一斑。据相关数据统计，在铁路行业的国有基本建设投资中，各种资金来源所占比重分别为：国家财政性资金占12.3%，国内贷款占26.7%，股票债券资金占15%，自筹资金占42.6%，其他资金占10.1%。以上的五大资金来源渠道，就是铁路建设项目的主要资金来源①。

如表4-4与4-5所示，在1995～2010年之间，铁道部投资比例均占到80%以上，而地方政府及路外企业投资占比在20%甚至以下，这是整体情况。整理近年来铁路行业统计数据，通过细分铁道部资金来源可知，其中铁路建设基金占到比较大的比例。但是，铁路建设基金在2010年下降到23.7%，

---

① 萧健澄："我国高速铁路建设投融资现状及模式探讨"，华南理工大学，2013年。

财政预算内资金2010年占5%，铁路建设债券占比逐渐上升，2010年达到36.33%，专项资金、资产变现资金、企事业单位自筹资金也有了不同的变化。这一现象说明铁路建设资金的来源已经出现多元化的迹象，同时，铁路投融资市场化行为较少，仍然是铁路建设资金拓展渠道上的一大阻碍[①]。

表4-4　　　　　　　　1995～2010年铁道部投资比例情况（%）

年份	合计	铁道部完成投资	地方投资及路外企业投资
1995	100	89.78	10.22
2000	100	89.59	10.41
2005	100	84.45	15.55
2010	100	78.28	21.72

资料来源：铁道部统计中心：《全国铁路统计摘要》，中国铁道出版社2014年版。

表4-5　　　　　　　1995～2010年铁道部各项建设资金来源比例情况（%）

年份	合计	建设预算内基金	债券	专项资金	资产变现资金	企事业单位自筹
1995	100	82.59	6.70	0.00	0.00	9.46
2000	100	64.80	0.00	0.00	0.00	18.36
2005	100	62.75	9.21	9.61	0.00	7.52
2010	100	23.70	36.33	15.18	16.62	3.17

资料来源：铁道部统计中心：《全国铁路统计摘要》，中国铁道出版社2014年版。

另外，我国铁路行业政企分开前后的几年时间中，在铁路整体投资额的构成中，中央、地方和内部资金等三类构成表明中央投资和内资组成了我国铁路投融资的主要构成，如表4-6所示。

表4-6　　　　　　　2004～2014年我国铁路投资构成　　　　　　单位：亿元

年份	2004	2005	2006	2007	2008	2009	2010	2011	2012	2013	2014
投资额	846.3	1267.7	1966.5	2492.7	4073.2	6660.9	7622.2	5915	6128.8	6690.7	7707.2
中央	752.7	1121.8	1765.5	2239.5	3694.8	6059.2	6623.2	5045.2	5303.2	5424	6278.4
地方	93.6	145.9	201.1	253.2	378.4	601.7	999	869.7	825.6	1266.7	1428.7
内资	846.3	1267.2	1965.6	2491.4	4058.7	6641.7	7587.2	5890	6118.1	6662.5	7684.7

资料来源：根据《中国统计年鉴》2002～2015年相关数据整理。

---

① 彤新春："我国公路、铁路投融资结构变迁分析"，《中国经济史研究》，2016（6）：125-135。

在研究铁路投融资的同时，也要针对铁路投融资组成和所有制属性进行分析。总结我国铁路投资所有制属性，一般由国有控股、集体控股和私人控股组成，国际财政、铁路建设债券、国家开发银行和商业银行贷款、国有铁路企业自筹和地方及企业投资等投资额类别。近年来我国铁路投资所有制属性和投资额分类如表4-7和表4-8所示。

表4-7　　　　　2008～2012年我国铁路投资所有制属性分类　　　　单位：亿元

年份	2004	2005	2006	2007	2008	2009	2010	2011	2012	2013	2014
投资额	846.3	1267.7	1966.5	2492.7	4073.2	6660.9	7622.2	5915	6128.8	6690.7	7707.2
国有控股	837.8	1244.5	1917.9	2450.1	4010	6539.8	7381.1	5760	5969.9	6479.6	7427.2
集体控股	4.2	9.9	36.1	23.8	22.9	65.5	75.4	26.4	30.4	53.2	75.6
私人控股	0.4	0.5	11.6	18.5	40.1	55.4	159.2	110.9	123.7	138	172.7

资料来源：根据《中国统计年鉴》2002～2015年相关数据整理。

未来，我国将继续研究推进铁路企业债转股，深化铁路股权融资改革。探索铁路资产证券化改革，积极开展资产证券化业务。另外，铁路还将开展混合所有制改革，拓展与铁路运输上下游企业的合作，采取国铁出资参股、设立合作平台公司等方式，促进铁路资本与社会资本融合发展。此外，铁路还将探索股权投资多元化的混合所有制改革新模式，对具有规模效应、铁路网络优势的资产资源进行重组整合，吸收社会资本入股，建立市场化运营企业。

表4-8　　　　　2008～2012年我国铁路投资额分类　　　　单位：亿元

项　目	2008	2009	2010	2011	2012
国家财政	21.5	13.6	10.1	6.9	5.7
铁路建设债券	19.1	15.9	13.3	18.9	30.6
国家开发银行贷款	10.2	13.1	11.8	15.9	9.1
商业银行贷款	23.6	43.5	53.9	52.4	50.1
国有铁路企业自筹	10.7	3.1	2.5	1.6	0.8
地方及企业完成投资	14.6	10.7	8.5	4.2	3.6
其他（国家专项补助、水利专项基金返还等）	0.3	0.1	0.1	0.1	0.1

资料来源：铁道部统计中心：《全国铁路统计摘要》，中国铁道出版社2014年版。

2010年、2011年和2012年，铁道部负债分别为：18918亿元、24127亿元、27 316亿元，负债率则分别为57.44%、60.63%、61.13%，负债和负债率均呈逐年上涨之势。2013年3月原铁道部撤销，中国铁路总公司成立之时，批复的注册资本金为10360亿元，总资产为43044亿元，总负债为26607亿元，资产负债率为61.81%[①]。2014年铁路总公司资产总负债率达63.22%，2015年铁路总公司负债合计约4.09万亿，资产总负债率达66.41%。截至2016年第一季度，铁总负债4.14万亿元，2015年全年还本付息3385亿元。"十二五"完成固定资产投资3.5万亿元，是铁路基础设施建设投资最多的五年。近年来，随着铁路基建投资持续高位运行，我国铁路形成了以负债为主的筹融资模式，中国铁路总公司既管线路运营又负责铁路建设，债务压力甚大。"十三五"铁路投资还会在高位运行，在投融资领域必须走多元化发展之路[②]。

2. 民资"入铁"探索与成效

目前，进入铁路的社会资本成分中，大部分来自大型国企和地方政府，而数量更为庞大的民间资本与私人资本尚且缺乏参与铁路投资的积极性，使得铁路融资渠道封闭、总量较小。吸引民资"入铁"是铁路系统一直在探索和尝试的投融资新模式，自2004年以来相关文件陆续出台，也引起强烈的社会反响[③]。在此之后，民资逐渐成为铁路投融资领域中的新亮点和新方向，国家和地方的有关职能部门逐渐出台了一系列文件政策，推动和促进"民资问题"的解决模式，同时有关学界和社会各界也对铁路投融资领域关键问题展开了广泛研讨，对于推动铁路投融资问题的解决具有实际意义。

---

① 萧健澄："我国高速铁路建设投融资现状及模式探讨"，华南理工大学，2013年。
② 高江虹、何泓源："中铁总工程款缺口或达2500亿，铁路融资难题待解"，《21世纪经济报道》，2015-12-29（页码范围缺失）。
③ 新华网："民资入铁细化 能否打破玻璃门"，（2013-05-30）[2017-03-07]，http://finance.sina.com.cn/china/20130530/155515642625.shtml。

进入新世纪之后，"民资入铁"呼声高、动静大，系列文件的出台对打破"玻璃门"有积极的推动作用，但是如何探索铁路投融资新模式、促进民资，专家认为，需将吸引民资作为长期工程，而不是权宜之计，明细操作规则才能落到实处[①]。鼓励引导民间资本进入铁路领域的诸多政策陆续出台，其"有形门"已经逐渐瓦解。国家职能部门对"民资入铁"的问题高度重视，在诸多相关政策中对"民资投融资"、"民资入铁"等问题进行不同阶段、不同程度的积极鼓励、政策引导和细则指导等，对相关关键问题提出意见和建议。

2004年，《外商投资产业指导目录》及我国加入世贸组织的承诺中提出，我国铁路初步开放四大领域鼓励非公资本进入。2005年，《国务院关于鼓励支持和引导个体私营等非公有制经济发展的若干意见》出台，为中国铁路投融资体制改革扫除了政策上的障碍。2012年，原铁道部公布《铁道部关于鼓励和引导民间资本投资铁路的实施意见》，提出鼓励和引导民间资本依法合规进入铁路领域、深入推进铁路投融资体制改革、进一步减少和规范铁路行政审批事项和切实转变铁道部职能等14条实施意见。2013年，国务院批转了《关于2013年深化经济体制改革重点工作的意见》，在既有文件的基础上，进一步细化和优化了民资"入铁"的条件。然而，即使政府不断加大力度鼓励社会资本投资铁路，社会资本进入铁路的案例仍然极少、资金量极小，市场配置资源的能力几乎毫无作用，即存在市场失效问题。市场失效是指市场配置低效率的情况，市场失效主要有卖方或买方垄断、外部性（含公共物品）、自然垄断、信息不对称几种情况，目前中国存在三种类型的市场失效。由于铁路自然垄断的行业特性，加之中国正在进行经济体制改革，使得市场配置资源的能力在铁路领域失效，即在铁路领域出现了第三种市场失效。

---

① 新华网："民资入铁细化 能否打破玻璃门"，（2013-05-30）[2017-03-07]，http://finance.sina.com.cn/china/20130530/155515642625.shtml。

专栏4-12　　　　　　　　三种市场失效的界定

中国存在三种类型的市场失效，第一种市场失效，即现代经济学教科书普遍讨论了的市场失效。这类市场失效是发达市场经济国家普遍存在的问题，针对这些问题，国家有必要对资源配置或市场进行必要的干预，包括用设立国有企业的办法解决有关的失效问题，尽管不同的发达国家具体做法不尽相同。

第二种市场失效，是发展中国家由于市场不发达带来的市场失效。发展中国家的市场失效，根据市场失效来源和特征，可分为多种类型。A类型，即市场不发达型，如资本市场不发达，因此对技术和资源开发风险大、投资大的大型项目，如大型资源开发项目，很难靠民间投资开发，因此需要国家直接投资率先进入或共同进入解决这类问题。B类型，指缺乏发展所需要的必要的及互补性资产等类型，包括硬件型的基础设施和软件型信息、技术机构及人才等资源带来的市场失效，政府为此可能需要直接组织资源解决问题。C类型，主要源于发展中国家企业商业能力过弱的情况，一些发展中国家有长期动态比较优势但起步阶段投资巨大的事业或项目，在起步后由于外国资本的打压很有可能商业失败的情况。A、B两类型市场失效在发达国家也可能遇到，但由于发达国家资本市场发达，一般的互补性资产短缺问题较少，出现这两种市场失效的情况较少。C类市场失效主要出现在发展中国家。当发达国家企业感到发展中国家企业可能成功发展成竞争挑战时，发达国家领先的跨国公司可能采取综合措施，针对性压制甚至扼杀发展中国家企业的发展。这类投资失败往往不是源于技术原因，而是缘于商业知识及有关能力不够、企业或项目的战略等原因。A类市场失效主要源于要素市场不发达。B类市场失效同时与要素市场不发达及市场与非市场组织（包括政府）的协调能力不够有关。C类市场失效主要源于市场经济下不发达国家的后发劣势，即使产业或产业技术和商业可能已经成熟，但由于信息的严重不对称和从技术到市场等各种类型的进入障碍，发展中国家企业的发展可能失败，或长期处于低价值环节领域。这种情况多出现在资本投入累积效果重要及技术和资本双驱动型的产业领域。实践中，发展中国家某个项目的失败甚至可能缘于三类失效的相交。

第三种市场失效是转型经济国家特有的市场失效。这种失效亦有多个来源：缺乏比较完备的市场规则；缺乏商业和技术经验、有实力的参与机构（企业、投资者、专业机构）和规则执行机构（司法、行政机构等），即使"搬来"了法规，由于能力不够或"法规国产化改造不够"也难执行；转型过程路径失当或不配套等。这类市场失效发生的重要原因是，与体制转型紧密联系的规则体系的调整变化，要受已有的经济和资源配置结构及相应的利益结构的制约，还要受人们往往轻视的已有规则、有关的经济、法律、管理的知识和思维网络及相应能力制约。第三种市场失效的实例有很多，不仅前苏东国家出现这样的问题，中国也有类似的问题。在缺乏全面分析和配套政策的情况下，简单让资本实力雄厚的外国企业和本土企业"平等地"招标收购国有企业，改造程序不够透明规范等，都可能不利于资源有效配置。由于中国大型国有企业改革采取的是"改革与发展"结合推进的方式，这类市场失效的副作用在中国的实际影响较小，但也带来国有企业转变机制不够的问题。第三种市场失效，可能与第二种、甚至第一种市场失效叠加，此时会严重恶化资源配置效率。

资料来源：陈小洪、赵昌文：《新时期大型国有企业深化改革研究——制度变革和国家所有权政策》，中国发展出版社2014年版。

3. 铁路投融资"玻璃门"的影响

铁路投融资领域的"玻璃门"主要体现在铁路基础设施建设、铁路运营管理以及铁路相关产业等方面。

第一，铁路基础设施建设方面。铁路建设是一个系统的工程，包括轨道建设、电气化建设、控制系统、车辆生产等多个方面。社会资本投资铁路障碍诸多，银行对铁路融资执行"两个凡是"的政策，即凡是国家投资的铁路项目，各大商业银行的贷款政策都是"积极介入"、全力支持，不设置任何抵押条件；凡是社会资本投资的铁路，各大商业银行执行的是"审慎介入"的政策规定。而所谓"审慎介入"，在实际操作中基本上就是不介入，或者提出许多限制条件（如抵押、担保、提高利率等），最终很难落实项目建设贷款。

尽管目前铁路建设亟需资金注入，潜力巨大的社会资本有能力弥补其资金空缺，铁路也想方设法吸引社会资本投资铁路建设，但效果不容乐观。铁路建设所需资金量大，而社会资本总量虽然可以满足其需要，但是社会资本相对比较零散，具有主体分散，单独规模较小的特点，面对铁路巨大的资金缺口却无能为力。另一方面，铁路建设投资回收期长，且由于体制等原因，铁路投资回报较小，各社会资本也不愿投资铁路。

第二，铁路运营管理方面。铁路运营工作是综合运用线路、车站、机车、客车、货车、通信信号等各种运输技术设备，统筹协调各个专业部门和各个生产环节的关系，进行有关旅客和货物的位移以及机车、车辆和列车的位移。铁路建设成本高昂，而铁路自身运营管理特性势必会导致投资方与铁路在集中指挥和自主经营权上产生比较严重的利益冲突。实际上，铁路的网络型特性要求全路统一指挥、集中控制，在铁路路网的整体性和运价统一性的要求之下，必须进行集中指挥，同时为了生产管理井然有序提升路网效率，集中指挥也是铁路运营的关键因素。然而，在现代企业管理理念中，企业应具有自主经营权和自负盈亏的特质，在民资"入铁"后融资方有权要求一定程度的市场自主运营权。

第三，铁路相关产业方面。近年来，我国铁路投资尤其是高铁投资进入新的发展阶段。铁路增加投资对于整个铁路行业是重大利好，更是国家稳增长和保就业的直接而有效途径，使得铁路产业链上的各个环节都迎来了发展的好时机。

铁路投融资领域中民资"入铁"具有现实意义，不仅能够搞活铁路行业内部的资金流动，还能促进铁路基建、设备制造、社会经济、产业转移等相关领域的整体发展。

首先，在基建方面，铁路建设是一个系统的工程，包括轨道建设、电气化建设、控制系统、车辆生产等多个方面。由于铁路建设投资规模大，产业链涉及钢铁、水泥等大量建材，能够带动各行业发展，同时创造大量就业岗位。

其次，在设备制造方面，轨道交通装备制造业的发展得到了极大的积极刺激。据了解，2014年8000亿元的铁路固定资产投资背后，对应的是2014年铁路设备投资增长20%，上调至1430亿元，创历史新高。轨道交通装备制造业属于基础性、战略性产业，同时也是技术含量最高、最能代表铁路建设水平的项目。目前，我国高铁设备类企业不少，规模和效益都不错。综合性的铁路设备制造商有中国南车、中国北车，还有配件提供商晋西车轴、晋亿实业、永贵电器、高盟新材等。铁路投资的加大将会进一步刺激对机车的需求，将会对高铁设备产业发展带来巨大的刺激作用。以2014年上半年为例，当年的中国南车新增订单762亿元（含国内外），同比增加145%。

再者，在社会经济方面，铁路建设还涉及冶金、机械、材料、电子、电气、化工等众多行业。铁路发展的加快，还将带动机械、冶金、建材、电子信息等整条产业链加速发展和升级。据不完全统计，铁路投资的40%左右将通过材料费、人工费、人员消费等方式留在铁路沿线，对沿线经济也是巨大利好。

另外，在产业转移方面，铁路建设还能推动外部产业和人口等资源导入沿线城市，带动当地经济发展。我国中东部快速铁路网需要完善，西部铁路建设和大中城市群内部城际铁路网规划建设需求也较紧迫，发展铁路以及铁路投融资对于加强区域联动、助力产业转移、平衡东西部差距等都有重要作用。

专栏4-13	巴新铁路投融资"玻璃门"

巴新铁路是民营资本参与建设的最长铁路，其艰难的延伸伴随着民营资本控制权的旁落；此外，独立的经营权对巴新铁路来说至关重要，

而能否从铁道部获得这个筹码，攸关巴新利润前景。

2012年4月13日中午，中铁大桥局第六工程公司（下称第六公司）会计小何站在项目部大院门口抱怨说，"冬天太冷了，今天才复工。"

第六公司中标巴新铁路28座大桥的桥梁，制梁场位于项目部的正对面，"复工"的工地上不见工人的身影，大门上挂着一把生锈的铁锁。这个标段总造价1.79亿元，"目前只兑现了几千万"。

项目原计划于2010年8月31日完工，结果一直拖到现在，"停工半停工差不多有三年"。这条号称国内民营资本建设最长的铁路，在过去两年几近烂尾。

巴新铁路西起国家蒙东能源基地，东至传统煤炭工业基地辽宁阜新，跨越内蒙古和辽宁两省区，是一条为煤而建的铁路。

由于客运线路投资高、回报低，民营投资鲜有成功案例。相比之下，运煤专线利润可期。以大秦铁路（601006.SH）为例，2011年实现净利润高达117亿元。北京科技大学管理学院赵坚教授介绍，当前民营资本对铁路的投资也多在运煤专线。

然而，即便成例在先，被寄予厚望的巴新铁路在2007年底开工之后处处受阻。"2005年就说放开民营资本，但我们这从银行贷款太难了。"辽宁省阜新市铁路办的一位官员说，资金不足首当其冲。

以铁道部为例，其融资方式主要来自银行贷款和发行铁路债，而民资进入铁路很少能享受便捷、低成本的债权融资通道。由于巴新铁路发起方辽宁春成工贸集团（下称春成集团）自有资金薄弱，加上贷款受阻，只能向非银行金融机构融资。

据《财经》记者调查，春成集团已经不再拥有巴新铁路的控股权。2010年4月之后，江西国际信托股份有限公司（下称江西国信）成为巴新铁路第一大股东。同时，它还吸收马鞍山丰嘉创业投资合作企业、大唐国际（0991.HK）为股东。

虽然春成集团董事长、巴新铁路法人代表王春成在电话里信心十足，称"年底肯定能开通"。但由于不断以股权融资方式引入资金，加之偿债能力有限，大股东的股份被不断摊薄，分散的股权导致股东之间难以达成有效的决策。

除此之外，铁路运输体制的羁绊，亦让巴新铁路的前景不甚明了。

立项始末

巴新铁路西起内蒙古锡林郭勒盟西乌旗巴拉乌彦镇，东至辽宁省阜新市新邱区，全长487.6公里，设计工期三年、最初设计时工程投资总估算为58.6亿元。阜新市海州露天矿破产事件，则推动了巴新铁路的立项。

阜新市位于辽宁省西部，是国家传统煤炭工业基地，由于资源储量所剩无几，2001年，阜新市被定为全国唯一的经济转型试点市。为扶持阜新市转型，2004年，国家发展改革委将西乌旗白音华四号露天矿配备给阜新矿业集团（下称阜矿集团）。

王春成早年是一名下岗矿工，通过向锦州电厂供应电煤积累了第一桶金。2001年，收购重组破产的国企新邱露天煤矿后，他控制的春成集团跃为当地最大民营企业，此人在当地拥有深厚政经资源。

在国家发展改革委配备给阜矿集团白音华露天矿前，春成集团就重组了内蒙古西乌旗跃进煤矿，成立了西乌露天矿业公司。由于白音华露天矿相距阜新近500公里，草原上交通基础设施欠债严重，依靠公路运输，成本高昂，产能无法释放。

王春成曾算过一笔账，不修铁路，汽车加上火车运费，每吨煤得178元，如果有了一条直通阜新的铁路，吨煤的运费只需要75元。

运煤专线巴新铁路同时也是阜新市政府"政策公关"的项目之一。王春成曾有铁路建设经验，早在2003年6月，春成集团即与阜新铁龙公司组建合资企业——阜新鑫园铁路有限公司。组建西乌露天矿业公司后，他也想再修一条铁路。

海州露天矿破产为王春成提供了契机。1953年投产的海州露天矿在相当长的时间内，都是亚洲最大的机械化露天煤矿，2005年6月，因资源枯竭而破产（参见《财经》2005年第12期"海州露天矿破产震荡"）。

"日子非常难过。"阜新市发展改革委一名退休干部称。在宣布破产之后的两周时间内，矿工集体上访达16批次，最多达千人左右，阜新市一时成为火药桶。2005年7月，时任国家发展改革委副主任兼国务院振兴东北办主任张国宝领命前往阜新"灭火"。

在离开阜新之前的调研总结会上，张国宝答应争取铁道部支持巴新铁路建设，巴新铁路由此幸运进入政策层面。2005年7月，国家发展改革委向国务院呈递《关于解决阜新市海州煤矿破产职工群体上访事件及阜新市经济转型有关问题的请示（征求意见稿）意见的函》，其中提出要铁道部对巴新铁路规划予以研究。

2006年1月5日，铁道部发展计划司回复国务院振兴东北办，在《关于阜新至巴彦乌拉铁路建设意见的函》中表示，"我部支持建设阜新至巴彦乌拉铁路，并已将其纳入铁路'十一五'规划（草案）。"

融资窘境

由于阜新市没有多余资金用于铁路建设，引进民间资本便呈水到渠成之势。2007年8月7日，国家发展改革委下达《关于新建巴彦乌拉至新邱铁路项目核准的批复》，确定"政府主导、多元化投资、市场化运作"的总思路。同年11月，巴新铁路正式动工。

相比立项时的顺风顺水，自开工之日起，巴新铁路饱受资金短缺之苦。

首先是自有资金严重不足。虽然号称阜新当地最大民营企业，但相比铁路建设所需要的58.6亿元，春成集团仍力有未逮。开工之前，春成集团也曾未雨绸缪，试图联合辽宁本地能源企业投资巴新铁路。

2006年12月18日，巴新铁路建设项目投资签字仪式在沈阳举行，春成集团与多家公司签署协议：春成集团出资7.83亿元，占总股比的41％；铁法煤业（集团）有限责任公司出资5.73亿元，占总股比的30％；阜矿集团出资3.63亿元，占总股比的19％；阜新市城市基础设施建设投资有限责任公司出资1.91亿元，占总股比的10％。

但是，2009年6月当巴新铁路有限责任公司正式注册时，国有企业却悉数缺席，未向巴新铁路注资。

工商资料显示，该公司设立时，春成集团出资8400万元，持股比例为84%；辽宁迪亚电容器有限公司出资600万元，持股比例为6%；国油能源勘探有限公司出资500万元，持股比例为5%；辽宁海力薄膜电子有限公司出资500万元，持股比例5%。上述四家公司的实际控制人均为王春成。

虽然民营资本全资控股巴新铁路，但缺乏国企背景，单一的股权结构为融资难题埋下伏笔。

根据阜新市政府的计划，近三分之一的资金依靠巴新铁路公司的资本金，其余来自银行贷款。但是，"2005年就开始提让民营资本进来，巴新还是贷不到款"，阜新铁路办的一位官员抱怨。

工商资料显示，2009年底时，虽然春成集团多轮注资，巴新铁路资本金也只有7.78亿元，这距离阜新市设定的目标相距甚远。此外，银行贷款并未到位。直到2011年7月，巴新铁路申请的48亿元国家开发银行贷款才获通过。

更加严峻的是，进入2010年，货币政策转向，央行和银监会同时加大对信贷结构的调整，民营企业要想获得银行贷款难上加难。巴新铁路几乎面临全线停工，只能从非银行金融机构寻找新的投资者。

2010年4月，媒体曾披露，巴新铁路获得建银国际（控股）有限公司9.8亿元股权投资。经《财经》记者查证，投资方实为江西国信。2012年3月末，因春成集团9.8亿元股权出质给江西国信，前者失去对巴新铁路的控制权，2010年4月12日，江西国信持股55.78%，成为其第一大股东。

当年10月，建银国际投资（重庆）有限公司旗下的铁路煤炭项目投资基金募集2亿元资金后，注入巴新铁路，持股10.60%，成为巴新铁路的第三大股东。后来，2011年1月7日，建银国际投资（重庆）有限公司退出巴新铁路。

在此之前，巴新铁路引入马鞍山丰嘉创业投资合伙企业投资2亿元，持股8.05％。

由于不断融资，各股东持股比例也被不断摊薄。分散的股权结构下，"现在几个股东之间扯不清，对项目干扰很大。"巴新铁路ZH-07标项目部——中国铁建中铁十三局集团人员说。

2011年意外出现的"5·11"事件，亦使巴新铁路陷入僵局。因这条铁路与简易公路的修建均破坏草原，路权与矿权叠加不断侵蚀草场权，导致在西乌旗牧民莫日根被一辆货车撞死，事态升级后又导致居民闫文龙被撞死。

为此，当年5月下旬，春成集团党委书记、董事会执行主席郭树云专程赴死者家中道歉。

接轨纠结

股东杯葛之外，巴新铁路还得纠结于现有的铁路体制，其中问题之一即与国家铁路接轨。

根据铁道部的规划，巴新铁路被定位为国家铁路网的重要组成部分，承担着煤炭运输、沿线客货对外交流及国家需要的公益性运输任务，它在新邱铁路站与国家铁路新义线接轨。

4月13日，《财经》记者在电话里向王春成求证"是否已与铁道部门谈妥接轨"时，他第一次的回答是"还没有"。而第二次谈起同样问题时，王的态度突然变得模棱两可："谈好了，谈好了，铁道部门都很支持。"

春成集团的初衷，不过是建设一条自用的煤炭运输专线。接轨与否的背后，是利益分配问题。目前，铁路网上的运量统一收取运费后由铁道部根据一套非常复杂的规则重新结算。通过这种制度安排，铁道部掌握着全国铁路网的运量和现金流。一旦接轨，成本清算便不可避免。

由于该清算体系十分繁重，铁道部下属各铁路局之间亦有利益纠纷。春成集团作为民营企业，在这套由铁道部说了算的定价体系内，其局外人身份附着的风险系数可想而知。

北京交通大学教授荣朝和认为，只要拥有足够的运量，而且客货运量的流动与企业边界划分没有明显冲突，独立调度指挥的铁路企业不但完全可以生存，而且能够实现高效率。

神华集团控股的朔黄铁路，由于大股东能保证运量，因此朔黄铁路干线与国铁系统尽可能不接轨，不交换车辆和货流；另一个成功的例子则是民资控股的伊泰铁路。尽管接入国铁，但在自有线路上，伊泰公司拥有运输调度自主权，这亦是其持续盈利的关键筹码。

由此，独立的运营权对巴新铁路来说至关重要。而能否从铁道部获得这个筹码，攸关巴新利润前景。

资料来源："巴新铁路窘途"财新网，2012-05-05，http://misc.caijing.com.cn/chargeFullNews.jsp?id=111838191&time=2012-05-05&cl=106。

4. 对铁路投融资"玻璃门"的基本评价

第一，参与铁路投资的社会资本总量极小。根据《中长期铁路网规划》的要求，到2020年，我国铁路营业里程将增加到10万公里，完成这个目标需要1.5万亿元以上的投资。自2011年下半年铁道部首次出现大面积资金缺口以来，铁路建设资金缺口正以惊人的速度扩大。但是目前参与铁路投资的社会资本总量极小，对于铁路建设日益扩大的资金缺口来说，只是杯水车薪，不能从根本上缓解铁路建设发展资金压力。

第二，参与铁路投资的社会资本结构单一。目前，就进入铁路的社会资本来讲，大都来自大型国企（央企）和地方政府，而对于真正的、数量庞大的民营资本与私人资本等，铁路现有的运营管理模式或者国家现有鼓励政策还未能充分调动其参与铁路投资的积极性，导致目前参与铁路投资的社会资本的资本结构相对单一，铁路不能充分利用数量庞大的民营资本和私人资本的资金优势。

第三，阻碍社会资本进入铁路的"玻璃门"依然存在。当前，虽然政策支持、鼓励社会资本进入铁路领域，打破了铁路与社会资本之间的"有形门"，但实际上社会资本真正进入铁路领域依然障碍重重，几乎不可实现。

这充分表明阻挡社会资本进入铁路领域的"玻璃门"依然存在。当前铁路管理体制改革滞后，搁置的社会资本总量与铁路网运合一的管理体制很难适应。如不打破体制性障碍，为一切社会资本创造进入铁路的条件，"玻璃门"将一直存在，铁路建设投资问题将仍不能得到根本的解决。

4.3.3 铁路投融资"玻璃门"的成因

铁路投融资"玻璃门"主要体现在铁路基础建设、运营管理和相关产业等领域，而在不同领域中，铁路投融资"玻璃门"的成因也有所不同。综合分析铁路投融资活动实际情况和主客观因素等，运用系统分析的方法对铁路投融资活动进行全面考量，其"玻璃门"的成因与其表现具有密切的关联性。

1. 投融资资本规模适应性

铁路建设所需资金规模巨大，动辄上百、上千亿元。铁路固定资产投资包含基本建设、更新改造和机车车辆购置等投资在内，其中，就铁路基本建设投资而言，2008~2016年相关数据如表4-9所示。

表4-9　　　　2008~2016年全国铁路建设基本投资　　　　单位：亿元

年份	2008	2009	2010	2011	2012	2013	2014	2015	2016
投资额	3376	6004	7075	4601	5215	5327.7	6623	5925	7095

数据来源：国家铁路局数据整理。

以2015年中国福布斯富豪榜（表4-11所示）相关数据为例，前十位民营资本平均水平在880亿元左右，超过500亿元以上的仅有8位，800亿元以上的仅有4位，而2013年中国福布斯部分富豪榜（如表4-10所示）上，资产超过500亿元的仅有6位，资产在300亿元以上的有14位，即是说，所有资产总额能够满足铁路建设资金需求的企业屈指可数。同时，考虑企业自身运转所需的资金，可用于投资铁路的资金量将会更少，完全不能满足铁路建设所需。以2013年为例，我国民营资本财富值最大规模约为860亿元，且不论其将全部资产投入铁路的可能性，其全部资产约与修建一条成都至兰州的铁路资金大致相当，可见民营资本对铁路建设的不适应性。

表4-10　　　　　　　　　　　2013年福布斯排行榜前十位

排名	财富值（亿人民币）	姓名	公司名称	所属行业
1	860.1	王健林	大连万达集团	房地产
2	683.2	宗庆后	娃哈哈集团	饮料
3	677.1	李彦宏	百度	互联网及软件
4	664.9	李河君	汉能控股集团	能源
5	622.2	马化腾	腾讯	互联网及软件
6	549	魏建军	长城汽车	汽车制造
7	439.2	杨惠妍	碧桂园	房地产
8	433.1	马　云	阿里巴巴	电子商务
9	414.8	何享健	美的集团	家用电器制造
10	372.1	刘永行	东方希望集团	饲料、重化工业、投资

资料来源：根据2013年福布斯中国富豪榜单整理。

表4-11　　　　　　　　　　　2015年福布斯排行榜前十位

排名	财富值（亿人民币）	姓名	公司名称	所属行业
1	1905	王健林	大连万达集团	房地产
2	1384.3	马　云	阿里巴巴	电子商务
3	1117.6	马化腾	腾讯	互联网及软件
4	838.2	雷　军	小米	互联网及软件
5	768.4	王文银	正威国际	有色金属
6	660.4	李彦宏	百度	互联网及软件
7	590.6	何享健	美的集团	家用电器制造
8	552.5	许家印	恒大	房地产
9	495.3	刘强东	京东	电子商务
10	476.3	丁　磊	网易	互联网及软件

资料来源：根据2015年福布斯中国富豪榜单整理。

近年来兴起的PPP模式，即公私合营模式，是指政府与私人组织之间，为了提供某种公共物品和服务，以特许权协议为基础，彼此之间形成一种伙伴式的合作关系，并通过签署合同来明确双方的权利和义务，以确保合作的顺利完成，最终使合作各方达到比预期单独行动更为有利的结果。这种新型的项目融资模式，可以使民营资本更多地参与到项目中，但对于铁路来说，PPP模式却并不适用。

专栏4-14   **PPP项目为何难以落地**

PPP业务不同于其他投资项目，一个项目投资额动辄十几亿、几十亿元，如此大的投资额必然需要数额不小的项目资本金（即项目公司为了满足银行贷款而需要投入的自有资金）。例如一个20亿元的项目，通常需要资本金为4~5亿元（即总投资的20%~30%）。如此大量的资金投入通常需要由金融机构作为资本金配比，以解决作为建设类、运营类企业的现金流问题和控制资产负债率问题。可以说，金融机构对于PPP的落地无疑起到了巨大的扶持作用。然而，这表面上的"救世主"却在实操中悄然变成了"拦路虎"。

首先，PPP期限的阻碍。根据国家有关规定，PPP项目的期限一般不少于10年，有些项目通常会达到20~30年，例如地下综合管廊、高速公路、轨道交通等。如此长的合作期限，对充实资本金作用的金融机构产生了巨大的挑战，绝大多数的金融机构目前是望洋兴叹，而对应的建设企业、运营企业也实在是孤掌难鸣，项目必然遭到停滞。

再者，金融机构对地方政府的准入门槛高。目前以资本金形式参与PPP的金融机构主要包括银行（投行业务）、信托、保险等机构，以及由上述机构作为主要出资人的基金等机构。资本金形式为以股东形式投入，风险对比债权融资部分较大，因此，金融机构的风控要求更为严格。通常来说，很多金融机构都是以地级市（财政收入过低或者有信用问题的除外）或者百强县的前半部分作为准入标准。这样造成了广大的区县级政府难以获得金融机构的资本金支持，则自然央企参与的可能性大大降低。但同时，不少地方政府却仍然有与央企合作的诉求，此种矛盾必然导致了PPP项目难以落地。

资料来源：林晓东："2016年PPP项目为何落地难"，项目管理评论，2017-02-06，http://mp.weixin.qq.com/s?__biz=MjM5NDMyNDEzMA==&mid=2651566336&idx=1&sn=34768ebbedce6ea6e0ee18bced1fa424&chksm=bd769acd8a0113db4363a789d1cff68d1764ad561f4a00f26f6fc1b4b1871-145838b5217c076&mpshare=1&scene=23&srcid=0509KW0YzTi2KSGt3voIkDxN#rd。

由此可见，与铁路建设所需的巨额资金相比，单个的社会资本规模太小，与铁路投资规模难以匹配。民间资本等个体投资者在投资超大规模的铁路建设项目时很难适应，难以直接投资铁路建设项目。因此，在进入铁路的社会资本成分中，民间资本与私人资本参与铁路投融资的成分比较少，大部分来自大型国企和地方政府。虽然国家和地方的有关职能部门逐渐出台了一系列文件政策，积极推动民资在铁路投融资领域中的巨大潜力作用，但由于民资与铁路建设项目之间的资金规模不适性，使得民资"入铁"仍有比较大的难度。

2. 投融资资金的收益性

通常来说，铁路建设投资回报周期长，不利于资金回收。铁路项目建设周期一般需要2~4年，而收益回报的周期更长。例如，日本新干线建成投用后至少8年才实现盈利，而法国高速铁路10年才实现盈利。资金的回报周期偏长导致流转速度慢、投资风险高，这也是制约社会资本进入铁路的重要原因之一。

对于民间资本来说，进入铁路的根本目的是要盈利。但铁路投资规模大、回报期长，加上不时报出的亏损信息，自然会令逐利的民间资本产生犹豫。因此，要将此次铁路融资改革落到实处，终归还是要找到民间资本投资铁路建设的渠道和盈利模式。然而，铁路利润率偏低，缺乏对市场中的自由资本的吸引力。国家统计局数据显示，交通运输业的平均利润率为9%~11%，水上运输、管道运输、道路运输分别为18.2%、15.6%和12.5%，而铁路运输仅为0.4%。与石油天然气开采业、房地产中介服务业以及信息传输和计算机服务业等高利润率行业相比，市场在铁路行业资源配置中难以发挥决定性作用，对社会资本缺乏吸引力。

从政策角度来说，目前包括铁路干线、支线、专用铁路、城际铁路、地方铁路、客运专线、企业专线、铁路轮渡、铁路场站乃至眼下最赚钱的煤运通道等铁路建设，都向民资无附加条件地开放。在铁路工程建设领域，凡符合国家规定资质的民营企业，都允许参与铁路工程勘察设计、施工、监理、咨询以及建设物资设备采购投标。相关文件还明确指出，要对民营企业和其他各类所有制企业采用统一的招标条件，确保公平竞争。

铁路系统由于具有庞大的固定资产和稳定的收益预期，在吸引投资方面还是具有不小的优势的。国务院于2013年提出设立铁路发展基金、创新铁路债券发行品种和方式正是从这方面入手，吸引"散、少、小"的民间资本，用稳定的收益消除投资者的后顾之忧。事实上，只要引导得当，聚沙成塔，民间资本也可以在铁路建设方面大有作为。相信有了好的政策，有了好的盈利模式，民间资本进入铁路建设将会是双赢的局面。

3. 集中指挥与自主经营权的矛盾性

对于铁路、电力、通信等网络结构型的生产联动性产业来说，产业的各个技术组成结构、管理控制结构、外部联系结构等需要密切协作，需要在运营流程、技术过程、管理环节等形成比较协调的一致性和统一性，以实现产业网络结构整体功能的最优化。

铁路的网络型特性要求全路统一指挥、集中控制。一方面，在铁路路网的整体性和运价统一性的要求之下，进行集中指挥是必要条件之一。另一方面，为了生产管理的有序性，为实现比较高的路网整体效率，集中指挥也是关键因素。

然而，在现代企业管理理念中，企业必须是自主经营、自负盈亏、自我发展、自我约束的市场主体，相关融资方（包括各种资本成分的融资集体或个人）势必会要求一定程度的市场自主运营权，与铁路集中调度、统一指挥的生产管理原则产生矛盾，也困扰着我国历次铁路改革，导致社会投资方在投资决策中受到"玻璃门"的限制。

我国铁路目前实行网运合一、高度融合的管理体制，国家铁路（铁总）拥有调度指挥权，使得民资背景的铁路在运输组织上受制于国家铁路，尤其是在运能运量矛盾突出的情况下更加严重，投入巨资修建的铁路，在运营上却几乎没有自主权，极大地打击了社会资本投资铁路的积极性。

4. 铁路缺乏公益性补偿机制

铁路公益性指的是，为了保障国家和社会利益，铁路的服务使公共集体获得利益而自己的收益小于成本或者甚至于没有收益。铁路具有多重属性特征，既有垄断性特征，也有竞争性特征；既有公益性特征，也有经营性特征；既有公共物品特征，也有私人物品特征。但几乎所有铁路项目都不同程度地承担着公益性服务。

我国国情和路情决定了中国铁路必须承担公益性运输服务。随着铁道部政企分开的实现，中国铁路总公司正逐步朝着建立现代企业制度的目标发展。在此条件下，铁路运输企业的盈利与亏损对于企业自身的经营与发展关系重大，再由铁路无偿承担公益性线路建设和运输显然是不合理的，也有悖于市场经济的基本原则。

目前，我国铁路实行的公益性补偿形式是"政府内部转移支付"，即交叉补贴、税收减免、铁路建设基金等。铁路公益性补偿存在缺乏系统的制度设计、政府单方面决策为主与社会参与不足、补偿范围界定方法不够科学合理、公益性补偿对象和补偿方式不完善、补偿标准和方法缺乏科学基础、监督机制缺乏及补偿效果不明显等问题。我国铁路公益性补偿机制的缺乏，直接影响到各种社会资本"入铁"的积极性和能动性，在无法保障投资资金收益的情况下，社会资本尤其是民间资本会在投资决定时受到较大的限制和影响，难以突破民资"入铁"的"玻璃门"。

值得注意的是，我国铁路具有很大的公益性，而铁路内部采取交叉补贴的方式对由公益性运输产生的损失进行补贴，极大程度上降低了铁路全行业的利润率，阻碍了社会资本投资铁路的积极性。2013年《国务院机构改革和职能转变方案》《国务院关于组建中国铁路总公司有关问题的批复》《国务院关于改革铁路投融资体制加快推进铁路建设的意见》都提到建立健全规范铁路公益性运输补偿机制，继续深化铁路改革。建立现代企业制度是铁路市场化改革方向，铁路自然垄断性和经济基础性决定了其发展需要兼顾企业效益和社会总福利，公益性作为资源优化配置中市场失灵表现，建立铁路公益性补偿和发展机制，是政府合理管制和调配，实现社会总效益最大化的必要手段，是促进铁路市场化改革、保证交通需求公平的一项重要制度设计。

5. 铁路缺乏投融资保障机制

目前，我国对铁路改革保障机制的内涵尚未形成明确的统一认识。随着我国铁路的迅速发展，诸如企业制改革、投融资改革以及公益性改革等新型问题逐渐显现，对改革工作提出了新的挑战，亟待健全和完善相应的保障机制。为保证我国新时期全面深化铁路改革顺利推进，形成完善的保障机制非常紧迫和必要。在全面深化铁路改革的新时期，为保证铁路改革各项工作能够有序推进，必须遵循相关的法律、行政法规、国务院文件、部门规章、规范性文件等。

目前，我国铁路专门法主要是《铁路法》，该法1991年实施，并分别于2009年和2015年进行了两次修正，迄今已经实施了25年。随着我国铁路尤其是高速铁路的发展突飞猛进，《铁路法》中仍有相当一部分条款不再适用，导致我国铁路立法总体上较为滞后。此外，在铁路"政企分开"的大背景之下，面对公司重组、投融资体制、公益性补偿机制等待解决难题，我国铁路法律法规尚存有不少法律空白，缺乏对铁路改革、政府监管、市场主体以及新市场交易和监管规则的明确规定，导致一些问题"无法可依"的情况，不能对错综复杂的铁路改革工作提供保障。因此，需要在考虑国情和路情的发展情况下，根据不同阶段铁路行业发展面临的关键问题，来制定阶段性、渐进性的立法规划。针对铁路投融资领域中的诸多问题，应当逐步推进相关法律法规及保障机制的建立与完善，对照投融资阶段性问题出台相应保障机制。

党的十八届四中全会通过了《中共中央关于全面推进依法治国若干重大问题的决定》，全会指出："实现立法和改革决策相衔接，做到重大改革于法有据、立法主动适应改革和经济社会发展需要。"目前，我国铁路改革部分工作缺乏配套的明确规定，相应的保障机制亟需完善，以跟进铁路发展和改革进程。因此，在全面深化铁路改革的背景下，发展和完善铁路保障机制、有序推进铁路改革进程十分紧迫。

4.4　新时期我国铁路投融资体制改革面临的挑战

4.4.1　投资主体构成单调、融资方式单一

我国改革开放之前以及之后一段时间，铁路融资制度长期属于计划经济体制之中，形成了独具特色的铁路融资计划管理体制。即使在目前，我国铁路部门仍然没有完全摆脱计划经济的垄断经营体制，铁路投资主要采用行政计划管理的形式，由计划部门统一控制、分配和调整。计划手段过强，缺乏有效的宏观调控以及对民企和社会资本正确的引导和支持，导致系统外的民企基本无法进入铁路建设领域，民企和社会资本投资铁路基础设施建设的竞争严重不足。

我国铁路目前主要有国有铁路、合资铁路和地方铁路三种形式。在20世纪90年代的10年中，铁道部用于地方铁路建设的投资约为6.35亿元，仅占铁路基本建设投资的0.2%，即便近几年地方铁路投资量也仅为国有铁路的几

十分之一。目前，进入铁路的社会资本成分中，大部分来自大型国企和地方政府，而数量更为庞大的民营资本与私人资本尚且缺乏参与铁路投资的积极性，使得铁路融资渠道封闭、总量较小。

随着《中长期铁路网规划（2016-2030）》的公布实施，进一步拓宽投融资渠道已经成为实现规划目标的关键，新时期我国铁路投融资体制改革正面临着复杂挑战。此外，我国的铁路投资中，从投资主体、工程设计建设单位到运营单位，各环节上都缺乏有效的风险防范机制。有效的投融资市场服务体系应该脱离行业主管部门的行政干预，但目前铁路的相关单位大多没有完全脱离铁路的行政主管部门，在实际工作中受到的各类行政干预也较多。因此，促进铁路投融资市场良性发展的宏观调控体系和投融资市场服务体系急需建立。

4.4.2　社会资本投资总量偏小、融资渠道封闭

自2011年下半年铁道部首次出现大面积资金缺口以来，铁路建设资金缺口正以惊人的速度扩大。目前铁路行业"政企分开"之后，参与铁路投资的社会资本总量仍是很小，无法从根本上缓解铁路建设发展资金压力。

铁路发展基金以及铁路投资公司的成立，为大型国资进入铁路创造了良好的条件。但是，这种模式目前只适于大型国资，并且短期内盈利情况并不理想，广泛而零散的社会资本尤其是民间资本仍然缺乏进入铁路的动力和积极性。铁路要跨越式发展，必须要求超大规模的资金投入，这也为国内外那些急于寻找出路的资金提供了广阔的舞台。业内人士认为，铁路投资虽然具有金额大、周期长等不足，但也具有收益稳定、回报率高等优势。社会资本投资中国铁路，其结果必然是"双赢"的局面。

截至2016年底，我国高速铁路、城市轨道交通运营里程分别达到2.2万公里、3800公里，铁路客运量年均增长率超过10%，铁路客运动车组运量比重达到46%，而随着广大人民出行需求的持续增加，铁路尤其是高速铁路、

城际动车、城市轨道交通等轨道系统的建设运营也会随之增加。因此，提升社会资本投资总量、拓宽铁路融资渠道，是未来铁路投融资改革工作中的重点问题。

4.4.3　铁路投融资项目融资难、融资贵

1. 铁路投融资项目融资之"难"

我国铁路建设主要方式是银行贷款、国家财政拨款、铁路建设基金和少量铁路自有留利资金，然而前期建设项目普遍没有达到35%资本金比例底线，通常由商业银行或政策性银行贷款补足。铁路行业政企分开之后，铁路向商业银行申请贷款时会经历更为严格的风险评估，贷款难度和门槛也会增高。可见，铁路投资项目融资渠道狭窄问题十分突出。

铁路项目具有投资大、回报周期长等特点，融资难是社会资本投资铁路面临的最大难题[①]。中国工程院院士王梦恕表示："虽然国务院出台了专门文件，但是现在看来，社会资本投资铁路仍是'雷声大雨点小'，社会资本观望情绪浓厚，由于没有配套细则，很多政策落不了地。"而国家开发银行相关部门负责人表示："民营资本对投资铁路积极性很高，金融机构在选择支持的时候很困惑，还要看项目类型、控股方所有制性质，否则可能会骑虎难下。比如，我们为了能将民企主导修建的兴保铁路列入国家铁路网规划，跑断了腿。国家政策是有了，如何落地是关键。"

比较典型的案例就是河南禹亳铁路发展有限公司投资建设的三门峡至洋口港铁路，简称"三洋铁路"，该项目是河南省《"十二五"现代综合交通运输体系发展规划》项目。2012年11月国务院批复的《中原经济区规划》中明确：结合汝州至许昌既有铁路扩能改造，逐步形成覆盖三门峡、平顶

---

①　经济参考报："社会资本投资铁路障碍诸多：最大问题时融资难"，新华网，（2015-05-08）[2017-03-08]. http://news.xinhuanet.com/fortune/2015-05/08/c_127778712.htm。

山、许昌、亳州等地区的煤运通道。2014年国家发展改革委批复建设的蒙西至华中地区铁路已将三门峡至禹州段纳入其疏运系统之中。2015年2月15日，河南省政府出台《关于进一步加快推进铁路建设的意见》，明确提出要着力加快三洋铁路建设。该项目被纳入国家规划的重点项目，却面临征地拆迁的难题。河南禹亳铁路发展有限公司总经理王子华表示："国家投资建设的铁路项目，地方政府都是以土地征用及拆迁补偿作价入股，地方政府负责解决各项土地指标。在建设环境上，征地拆迁、施工环境全由地方政府负责，而社会资本投资的铁路项目却无法享受这些政策和待遇。"

由于社会资本投资修建的铁路投入运营后会与国铁形成竞争，在此背景下，国家有关部门把社会资本投资的铁路纳入国家铁路网的积极性并不高。对社会资本投资的铁路而言，这是致命瓶颈也是最大的担心。

2. 铁路投融资项目融资之"贵"

以往的铁路建设投资，大部分是靠铁路自身贷款和铁路自有资金，再加上一部分国家投资，以及地方或企业投资。虽然我国铁路近年来实现了跨越式发展，但这种近乎单一的投融资体制也使铁路系统不堪重负。近年来随着铁路基建投资持续高位运行，我国铁路形成了以负债为主的筹融资模式。

铁路是国民经济大动脉和国家的重要基础设施。一条铁路的建设投资，动辄几十亿甚至上百亿、千亿。如果仍然按照以往的模式，单靠铁路一家，不仅会继续加重铁路系统负担，也会影响未来铁路长远发展。如表4-12中铁总统计数据，比较2015年前三季度与上一年同期数据，我国铁路负债水平与亏损程度可见一斑，还本付息压力陡增。截至2016年第一季度，铁总负债4.14万亿元，2015年全年还本付息3385亿元。可见，铁路投资项目融资贵问题也十分突出。

表4-12 　　　　　中铁总2015年前三季度与2014年同期盈亏分析表

审计项目	2015年前三季度	2014年前三季度	增减幅度
实际收入（亿元）	合计：6577.7	合计：7329.7	−10.2%
	运输：4447.7	运输：4447.7	−0.29%
	其中：客运：1930.75	其中：客运：1671.2	+15.53%
	货运：1741.12	货运：1915.2	−9.09%
	其他：2130.0	其他：2882.0	−26.10%
税后亏损（亿元）	94.35	34.42	+174.11%
负债水平（万亿元）	总资产：5.97	总资产：5.45	+9.50%
	总负债：3.94	总负债：3.53	+11.60%
	其中：长期负债：3.28	其中：长期负债：2.89	+13.50%
	负债率：66.0%	负债率：66.32%	−1.31%
还本付息（亿元）	2237.98	2015.52	+11.04%

资料来源：左大杰、李斌、朱健梅："全面深化铁路投融资体制改革研究"，《综合运输》，2016，38(09):19−24。

4.4.4 铁路投融资受到体制机制的明显制约

我国铁路长期实行网运合一的管理体制，铁路投融资体制改革受其制约十分明显。一是国家铁路（中铁总）拥有调度指挥权，社会资本背景的铁路在运输组织上不可避免地受制于国家铁路，特别是运能运量矛盾突出的情况下更加严重。投入巨资修建的铁路，在运营上却几乎没有自主权，极大地打击了社会资本投资铁路的积极性。二是铁路属于网络型自然垄断行业，一般具有投资规模较大的突出特点，社会资本（特别是民营资本、私人资本）一般规模较小，很难与铁路投资项目相适应。

改革铁路投融资体制，开放社会资本进入铁路，创造良好的投融资环境是关键。目前，铁路已经实现了政企分开。虽然已经是企业身份，是市场竞争中的平等一员，但铁总在铁路建设、运营方面仍有绝对的主导权。一些社会资本在进入铁路之前，也会对铁路基金收益分享模式、拥有铁路所有权和经营权后是否拥有与其股份相对等的话语权等问题有所顾虑。

以2013年上半年为例，国家铁路和合资铁路项目完成投资1322.65亿元。其中，铁总投资完成1175.75亿元，比上年同期增加328.77亿元；地方政府及企业投资完成146.90亿元，比上年同期减少60.39亿元。地方和企业投资减少，并不意味着没有建设需求。当前，一些城市希望开通连接本城市的城际铁路，或者通过铁路支线连接到主干线上，一些企业也希望开通连接本企业的铁路专用线。然而，这一问题的关键还是要尽快突破体制机制的制约，推动发挥地方、企业的积极性，创新融资方式，推动提升直接融资的比例，盘活用好现有资源。

在中央政治局2017年4月25日第四十次集体学习中，习近平强调要深化金融改革，为实体经济发展创造良好金融环境，疏通金融进入实体经济的渠道，积极规范发展多层次资本市场，扩大直接融资，加强信贷政策指引，鼓励金融机构加大对先进制造业等领域的资金支持，推进供给侧结构性改革。

实际上，以负债为主的铁路投融资模式抗风险能力极为脆弱，极易受到国家政策和经济形势的影响，难以保证铁路建设的可持续发展。铁路为了支撑该模式下的还本付息，必须在行业内部通过"统收、统支、统分"的清算手段实行多层次交叉补贴[①]，这样不仅扭曲了价格，而且对进入铁路的各类社会资本（包括银行贷款、非铁路国有资本、民营资本与私人资本等）产生了挤出效应。

可见，铁路投融资体制改革不宜单方面进行，而必须与铁路领域的综合改革协调推进。新时期铁路改革目标与路径尚未明确，这是铁路投融资体制改革面临的最大挑战之一。

4.4.5 积极应对市场失效挑战

虽然国家颁布了一系列政策积极鼓励社会资本投资铁路，但社会资本进入铁路的案例依然很少，这说明市场配置资源的效率低下，存在市场失效问

---

① 舒剑秋："对铁路投融资体制改革的探讨"，《理论学习与探索》，2014（4）：34–38。

题。我国铁路投融资体制改革面临的一系列挑战，诸如铁路主体构成单调、融资方式单一，社会总投资总量偏小、融资渠道封闭，铁路投资项目融资难、融资贵，以及铁路投融资体制机制制约等问题，均为市场失效这个根本原因的具体体现。而针对市场失效的根源，笔者认为，在于铁路的产业特点与网运合一体制。铁路网运合一、高度融合的经营管理体制，已经成为难以逾越的体制性障碍，是导致社会资本难以进入铁路领域和出现市场失效问题在内的一系列深层次问题的根源。

目前中国存在三种市场失效：第一种是市场经济体制固有的，会长期存在，同时会由于技术进步，其存在的范围和解决方式会发生变化；第二种市场失效也会在相当长的时间内存在，存在领域会由于国家和企业的发展而逐渐缩小；第三种市场失效，对已有30多年经济体制改革经验的中国来说，只要明确方向、框架不折腾，从基本面看会在相对较短的时间内解决。

党的十八届三中全会对自然垄断企业提出了"根据不同行业特点实行网运分开、放开竞争性业务，推进公共资源配置市场化，进一步破除各种形式的行政垄断"的重要论断，对于全面深化铁路改革具有重要的指导意义。铁路路网具有网络性、基建所需资金规模巨大等特点，具有极强的天然垄断性，这决定了铁路投融资的规模性与复杂性，同时又客观要求具有配套的投融资体制和实施措施。因此，中国铁路亟需以打破网运分离为突破口的综合改革方案，用以应对出现的市场失效问题。统分结合的网运分离从一定程度上将具有自然垄断性质的网络与运营剥离开来，并统一管理，有益于促进铁路运营管理体制的完善，为铁路投融资工作的进一步推进起到关键性作用

4.5　本章小结

本章主要研究内容包括：①简要介绍了我国铁路投融资体制改革的探

索历程，说明了我国促进社会资本投资铁路的主要政策，以几种不同的铁路融资案例阐述了社会资本进入铁路领域的既有实践；②介绍了现存的项目主要投融资方式，分析各自不同的特点，讨论其适用的投融资环境和背景，并结合我国铁路实情讨论借鉴意义；③在铁路改革工作的进程中，虽然铁路改革政策的"有形门"得以拆除，但阻碍广泛的民营资本进入铁路领域的"玻璃门"依然存在，继而分析了"玻璃门"的内涵、表现和成因，其中提出了在铁路领域存在市场失效的问题，并对铁路投融资"民营化"的必要性进行了阐述；④立足我国铁路改革新时期的改革背景和改革机遇，分析了我国铁路投融资体制改革面临的一系列挑战，针对我国铁路主体构成单调、融资方式单一、社会总投资总量偏小、融资渠道封闭，铁路投资项目融资难、融资贵，以及铁路投融资体制机制制约等问题进行了详细分析，并针对如何应对市场失效做了有关论述，市场失效的根源在于铁路产业特点与网运合一体制，打破网运合一体制是应对市场失效的有力举措。

作者认为，我国铁路投融资改革急需扩大铁路建设债券规模，加大贷款力度，充分利用各种市场化筹资工具，进一步拓宽资金筹措渠道。以各种政策优惠和保障措施相结合，吸引民间资本，拓展铁路建设资金来源，扩大铁路投融资直接融资的成分和直接融资比例。

新型项目投融资方式在铁路投融资项目中具有很高的研究意义和应用价值。进一步，应当结合我国铁路投融资改革实践探索历程，针对铁路投融资"玻璃门"实际情况，找准铁路投融资项目发展挑战与机遇。为了更好地挖掘社会资本中的潜在成分，合理规划和引导广泛社会资本进入铁路领域的实施路径，进一步的研究内容应该是根据党和国家政策方针讨论铁路投融资体制改革的指导思想、主要原则，制定新时期我国铁路投融资体制的改革目标与改革任务，推动解决投融资改革条件发展，落实推动改革环境的有利导向。

第五章
我国铁路投融资体制改革：
基本思路

结合国有企业改革纲领性文件和铁路发展改革实情，本章主要研究了我国铁路投融资改革的主要依据、主要原则，讨论制定了我国铁路投融资改革的改革目标与改革任务，分析了我国铁路投融资体制改革应具备的基本条件。笔者认为，我国铁路改革和铁路投融资改革必须沿着中国特色社会主义道路，遵循科学改革规律和社会发展情况，合理规划改革目标与任务，将社会资本进入铁路领域改革纳入到全面深化铁路改革进程之中，并着力落实投融资体制改革条件，推进我国铁路投融资问题的全面解决。

5.1 我国铁路投融资体制改革的主要依据

深入贯彻落实党的十八大、十八届三中四中全会精神和习近平总书记系列重要讲话精神，紧紧围绕协调推进"四个全面"战略布局，使交通真正成为发展的先行官，巩固交通运输基础性作用，突出交通运输先导性作用，提升交通运输服务性作用，适度超前、统筹发展，努力推进综合交通、智慧交通、绿色交通、平安交通建设，加快构建现代综合交通运输体系，为全面建成小康社会提供坚实保障，为实现第二个百年目标和中华民族伟大复兴的中国梦发挥支撑和引领作用①。

作为拉动经济发展的"三驾马车"之一，投资对于稳增长、调结构、

---

① 交通运输部："交通运输部关于以'四个全面'战略布局为统领当好经济社会发展先行官的指导意见"，中华人民共和国交通运输部[网络访问日期缺失]，网络链接地址缺失。

惠民生有着至关重要的作用。然而，近年来随着产业结构调整等外部因素影响，固定资产投资增速逐步下降。党中央、国务院高度重视投融资体制改革工作，十八大以来，大力推动简政放权、放管结合、优化服务改革，投融资体制改革取得新的突破。一系列创新举措的出台，正是进一步转变政府职能进程的必由之路，是简政放权、放管结合、优化服务改革工作迈向纵深的具体表现，也是拓宽融资渠道的必要举措。改革正值进行时。投融资体制改革将与其他领域改革协同推进，形成叠加效应，充分释放改革红利。

中共中央、国务院《关于深化投融资体制改革的意见》明确要求，投融资体制改革要与供给侧结构性改革以及财税、金融、国有企业等领域改革有机衔接、整体推进，建立上下联动、横向协同工作机制，形成改革合力。《意见》中有六项创新举措：推行首问负责制，探索"不再审批"管理模式，创新"多评合一"的中介服务新模式，编制三年滚动政府投资计划，试点金融机构依法持有企业股权，建设投资项目在线审批监管平台。这意味着曾经的"门难进、脸难看"将变成历史，"不再审批"及"多评合一"的推出大大提高了企业投资效率，诸多繁琐流程中的规章制度也将越发明晰。对于铁路这样的大规模路网型企业来说，无疑是一项非常有益的经济政策。

《习近平总书记系列重要讲话读本》在第三部分"敢于啃硬骨头敢于涉险滩——关于全面深化改革"中提出要把握和处理好全面深化改革的六个重大关系，其中处理好整体推进和重点突破的关系、处理好顶层设计和摸着石头过河的关系、处理好胆子要大和步子要稳的关系、处理好改革发展稳定的关系，对铁路改革目标与路径设计都具有重要指导意义。

李克强总理2014年8月在调研铁路发展与改革工作时曾经指出，"铁路投资再靠国家单打独斗和行政方式推进走不动了，非改不可"、"投融资体制改革是铁路改革的关键，要依法探索如何吸引社会资本参与"。可见，吸引社会资本投资铁路、在铁路领域积极发展混合所有制，是铁路投融资体制改革的主要目标。2016年3月李克强总理在政府工作报告中提出"推进股权多元化改革"、"探索基础设施资产证券化",特别是"基础设施资产证券化"属近年来首次提出,对深化铁路改革具有重要指导意义。铁路作为国家最重要的基础设施之一,目前负债水平较高,严重侵蚀铁路持续健康稳定发展的空间。铁路基础设施资产证券化国家铁路对于盘活铁路存量资产、拓宽投融资渠道、提高社会资本参与铁路建设的积极性,具有重要的现实意义。

2015年9月出台的《中共中央、国务院关于深化国有企业改革的指导意见》,系统、全面、有针对性地提出了国有企业改革的一系列重大方针政策和措施,是党的十八届三中全会以来国有企业改革经验教训的重要结晶,是当前和今后一段时期国有企业改革的纲领性文件。其中,"根据不同行业特点实行网运分开、放开竞争性业务,促进公共资源配置市场化"、"混合所有制"、"推动国有企业完善现代企业制度"等一系列重要论述,对于全面深化铁路改革具有重要指导意义。《指导意见》指出,到2020年,在国有企业改革重要领域和关键环节取得决定性成果,形成更加符合我国基本经济制度和社会主义市场经济发展要求的国有资产管理体制、现代企业制度、市场化经营机制,国有资本布局结构更趋合理。

实际上,投融资体制改革的思路和方案设计要有利于未来的总体改革,统筹兼顾当前改革与未来的管理体制改革;支持铁路网络发展规划、快速扩充铁路运输能力对资金需求;有利于路网互联互通维护干线路网的完整性和保持全国铁路干线运输网络集中统一调度指挥,有利于先进技术的推广应用和提高运输效率;要以资本运营的规律和市场化运作的方式,建立能够有效吸引社会各类资金投资于铁路建设的市场机制,充分发挥市场配置资源的基础性作用;要有利于充分调动各级政府和企业参与铁路建设的积极性;要有利于分类投资体系的建立和推进现代企业制度建设;以制度和法规维护市场公平竞争,保护各类投资者合法权益。这既是全面深化铁路投融资改革的根本原则,也是未来很长一段时间内的指导思想。

5.2　我国铁路投融资体制改革的主要原则

近年来，交通运输行业改革风生水起，基本遵循"适度超前、先行引领、统筹发展、合力推进、改革创新、善作善成、依法治交、奋发有为"的总体原则。既要把发展作为第一要务，实现交通基础设施和运输服务能力适度超前配置，也要把改革创新作为强大动力，积极实施创新驱动战略，增强交通运输改革的系统性、整体性、协同性，同时大力推进综合交通运输统筹发展，统筹好各种运输方式、统筹好建设、养护、运营、管理等过程、统筹区域城乡及跨境交通的协调发展等，并把依法治交作为根本保障，将法治要求落实到交通运输发展的各个领域，使交通运输改革发展全面纳入法治轨道。

铁路作为我国交通运输业中的骨干组成，具有深远的战略意义和实用价值。不论是发展铁路建设、改进铁路运营管理技术，还是推进铁路深化改革工作，均需要遵循交通运输行业的行业发展性质和基本原则。

2015年9月出台的《中共中央、国务院关于深化国有企业改革的指导意见》（下称《意见》）指出，国有企业改革应明确坚持和完善基本经济制度、坚持社会主义市场经济改革方向、坚持增强活力和强化监管相结合、坚持党对国有企业的领导、坚持积极稳妥统筹推进等五项原则。《意见》特别指出，"加快推进铁路、石油、天然气、电力、电信、医疗、教育、城市公用事业等领域改革"，"投融资体制改革与其他领域改革要协同推进，形成叠加效应，充分释放改革红利"。铁路网运合一、高度融合的经营管理体制，已经成为难以逾越的体制性障碍，是导致社会资本难以进入铁路领域在内的一系列深层次问题的根源，中国铁路亟需以打破网运分离为突破口的综合改革方案。因此，必须将社会资本进入铁路领域改革这一看似独立的问题，纳入到全面深化铁路改革进程之中，与网运分离、现代企业制度、混合所有制等问题统筹考虑、全面解决。

5.2.1 铁路改革根本性原则

改革开放以来，随着市场经济的逐步确立，促进了市场的繁荣，商品供求关系的紧张状况逐渐缓解，有些商品进入买方市场。这时服务水平高低对企业销售活动和经济效益影响很大，而且，越来越成为企业竞争力大小的一个重要标志。1982年铁道部再次开展了"人民铁路为人民"活动，提出了要"尊客爱货，人情周到"和"旅客货主至上"的职业道德结合起来，已开始把"人民铁路为人民"活动与企业的生存发展结合起来，把服务纳入到经营范畴，从提高企业经济效益的角度抓服务，千方百计开发服务的经济价值。

国家铁路属于全民所有，是推进国家现代化、保障人民共同利益的重要力量，为党和国家各项事业发展提供重要的运力保障，特别是铁路路网作为关系到国计民生的重要基础设施，毫不动摇地坚持中国铁路总公司（以下简称铁总）代表国家至少持股51%以上，以确保国家对铁路基础设施的绝对控制，是深化铁路改革必须把握的根本要求。

近年来，我国交通运输市场竞争日趋激烈，铁路企业大踏步走向市场。然而，在有些人眼里，"人民铁路为人民"依然还是那么遥远，还是把自己凌驾于人民之上，摆出"舍我其谁"的垄断行业"铁老大"架势，成为"朝南坐"的"老爷"。

2015年9月出台的《中共中央、国务院关于深化国有企业改革的指导意见》，系统、全面、有针对性地提出了国有企业改革的一系列重大方针政策和措施，是党的十八届三中全会以来国有企业改革经验教训的重要结晶，是当前和今后一段时期国有企业改革的纲领性文件。其中，"根据不同行业特点实行网运分开、放开竞争性业务，促进公共资源配置市场化"、"混合所有制"、"推动国有企业完善现代企业制度"等一系列重要论述，对于全面深化铁路改革具有重要指导意义。

随着科学技术迅速发展，消费需求变化速度加快，产销矛盾和市场竞争加剧，顾客地位不断提高，以顾客为中心的市场营销观念开始形成。把"人民铁路为人民"的宗旨体现到"满足旅客货主需求"这一目标上来，整体推进铁路企业的生产和营销活动。

5.2.2　铁路建设与运营差异性原则

根据分类推进国有企业改革的精神，铁路路网具有公益性，属于公益类国有企业，应以保障民生、服务社会、提供公共产品和服务为主要目标，而对于铁路运营更多体现出竞争性，属于商业性国有企业，按照市场化要求实行商业化运作，以增强国有经济活力、放大国有资本功能、实现国有资产保值增值为主要目标。

铁路建设是一个系统的工程，包括轨道建设、电气化建设、控制系统、车辆生产等多个方面。铁路运营工作是综合运用线路、车站、机车、客车、货车、通信信号等各种运输技术设备，统筹协调各个专业部门和各个生产环节的关系，进行有关旅客和货物的位移以及机车、车辆和列车的位移。

铁路建设成本高昂，而铁路自身运营管理特性势必会导致投资方与铁路在集中指挥和自主经营权上产生比较严重的利益冲突。社会资本投资铁路障碍诸多，银行对铁路融资执行"两个凡是"的政策，即凡是国家投资的铁路项目，各大商业银行的贷款政策都是"积极介入"、全力支持，不设置任何抵押条件；凡是社会资本投资的铁路，各大商业银行执行的是"审慎介入"的政策规定。而所谓"审慎介入"，在实际操作中基本上就是不介入，或者提出许多限制条件（如抵押、担保、提高利率等），最终很难落实项目建设贷款。

因此，对于铁路需要特别考虑铁路建设和运营的差异性，尤其考虑其两阶段投融资项目中的细化问题，紧抓铁路路网公益性特征，在"基于统分结合的网运分离"铁路运营管理模式下，以公益性补偿机制配合铁路建设与运营的差异化投融资管理，实现铁路建设与运营投融资模式的深度改革。

5.2.3 投融资体制改革系统性原则

投融资体制改革问题是一项系统工程，不仅关系到行业内部的调整与发展，也关系到相关行业的整体性协调关系。《中共中央 国务院关于深化投融资体制改革的意见》是投资体制改革历史上第一份以党中央国务院名义印发的文件，是当前和今后一个时期深化投融资体制改革的综合性、指导性、纲领性文件，意义重大、影响深远。《意见》突出改革的系统性、整体性、协同性，自觉把投融资体制摆在整个经济体制改革大局中，充分利用其他改革营造的有利条件不失时机地推进投融资体制改革，同时要通过投融资体制改革牵引带动其他相关改革。

新时期我国铁路面临着铁路网运关系、现代企业制度、混合所有制、投融资体制、中长期债务处理、公益性补偿机制、改革保障机制、改革目标与路径等一系列关键问题，迫切需要一个统筹考虑、全面解决上述问题的综合改革方案。全面深化铁路投融资改革的本质和关键是铁路行业的投融资体制改革，要求把握系统整体性原则，在发挥铁路企业的规模化效应的同时，做好整体行业协同性发展与行业内外的统筹系统协调。

第一，铁路投融资改革面临着一个如何发挥企业的规模效应、获得最大经济利益的问题。这就要求铁路管理者在融资实践中，对各种因素全面地权衡，以铁路跨越式发展战略指导铁路长期资金的融通。新时期我国铁路面临着铁路网运关系、现代企业制度、混合所有制、投融资体制、中长期债务处理、公益性补偿机制、改革保障机制、改革目标与路径等一系列关键问题，迫切需要一个统筹考虑、全面解决上述问题的综合改革方案。

第二，在许多情况下，铁路的融资成本率往往会随着铁路融资量的增加而增大。如果铁路不恰当地过度融资，就会使资金成本大幅度增加，影响运输效益。在进行铁路投融资推进的改革过程中，我们应当注意铁路自身发展的规模性问题，保证融资规模的适当性或冗余范围，优化铁路融资系统构成。

第三，铁路在营运过程中，由于客货运量和运输收入会产生一定的波动，致使营运资金的需求量常常发生变化。铁路管理人员，尤其是财务人员需要认真分析运输生产经营状况，采用相应的方法，相对准确地预测需求资金的数量，合理确定融资规模。这样既能避免因融资不足而影响运输生产经营的正常进行又可以防止融资过多造成资金闲置。

5.2.4　投融资组成结构平衡性原则

铁路投融资结构需要保持铁路投融资整体结构的平衡性，完善铁路建设和运营资金的组成，有利于推进我国铁路投融资的整体结构平衡，并且合理地运用铁路建设和运营资金。然而，在我国改革开放之前以及之后一段时间内，铁路融资制度长期属于计划经济体制之中，形成了独具特色的铁路融资计划管理体制。

目前，我国铁路融资结构非常不合理。我国铁路目前主要有国有铁路、合资铁路和地方铁路三种形式。在20世纪90年代10年中，铁道部用于地方铁路建设的投资约为6.35亿元，仅占铁路基本建设投资的0.2%，即便近几年地方铁路投资量也仅为国有铁路的几十分之一。目前，进入铁路的社会资本成分中，大部分来自大型国企和地方政府，而数量更为庞大的民营资本与私人资本尚且缺乏参与铁路投资的积极性，使得铁路融资渠道封闭、总量较小。而自2011年下半年铁道部首次出现大面积资金缺口以来，铁路建设资金缺口正以惊人的速度扩大。目前铁路行业"政企分开"之后，参与铁路投资的社会资本总量仍是很小，无法从根本上缓解铁路建设发展资金压力。因此，未来我们要把握铁路投融资资金结构的平衡性质，推动我国铁路融资结构的深度优化。

5.2.5　投融资主体收益对等性原则

坚持政企分开、政资分开，转变政府经济管理职能，依据"谁投资、谁受益、谁承担风险"的对等性原则，充分发挥市场配置资源的基础性作用。

对于民间资本来说，进入铁路根本目的是要盈利，收入对等性和良好的收益性是投资方最为注重的性质之一。但是，铁路投资规模大、回报期长，加上不时报出的亏损信息，自然会令逐利的民间资本产生犹豫。因此，要将此次铁路融资改革落到实处，终归还是要找到民间资本投资铁路建设的渠道和盈利模式。然而，铁路利润率偏低，缺乏对市场中的自由资本的吸引力。国家统计局数据显示，交通运输业的平均利润率为9%～11%，水上运输、管道运输、道路运输分别为18.2%、15.6%和12.5%，而铁路运输仅为0.4%。与石油天然气开采业、房地产中介服务业以及信息传输和计算机服务业等高利润率行业相比，市场在铁路行业资源配置中难以发挥决定性作用，对社会资本缺乏吸引力。

我国国情和路情决定了中国铁路必须承担公益性运输服务，然而我国目前的公益性补偿形式难以支撑足够的企业利润回报，也很难实现足够的投融资投资平衡性。目前，我国铁路投融资补偿形式采用的是"政府内部转移支付"，即交叉补贴、税收减免、铁路建设基金等。铁路公益性补偿存在缺乏系统的制度设计、政府单方面决策为主与社会参与不足、补偿范围界定方法不够科学合理、公益性补偿对象和补偿方式不完善、补偿标准和方法缺乏科学基础、监督机制缺乏及补偿效果不明显等问题。因此，大力推动我国铁路公益性补偿机制和相应保障制度的完善十分关键。

5.2.6　投融资体制改革渐进性和持续性原则

铁路改革是一项综合性强的系统工程，因此改革难度很大。我国铁路改革历史欠账太多，严重滞后于经济社会发展与改革的总体水平。很多问题特别迫切而又明显不符合市场发展需求，应尽快实施改革；而对于那些必须取得突破但一时还不那么有把握的问题，应在试点取得经验的基础上再做改革。总之，铁路投融资体制改革应贯彻渐进性原则，处理好"顶层设计"与

"摸着石头过河的关系"。

鉴于铁路改革的复杂性以及我们对其认识的局限性，很多问题在顶层设计阶段难以做出明确规划，因此上一阶段的铁路改革措施一定要兼顾未来改革需要，为未来改革创造有利条件。对那些持续性不好的铁路投融资体制改革备选方案，应在顶层设计阶段予以坚决放弃。

5.3　新时期我国铁路投融资体制改革的目标与任务

5.3.1　新时期我国铁路投融资体制改革的主要目标

我国交通运输业改革总体目标是：到2030年前后，综合交通基础设施网络全面形成，有效引导区域空间结构优化，服务区域经济协调发展；交通运输服务水平全面提升，实现人便其行、货畅其流；建成安全便捷、畅通高效、绿色智能的现代综合交通运输体系，交通运输率先基本实现现代化，充分发挥对经济增长和社会进步的先行引领作用，在全面建成小康社会和社会主义现代化进程中真正当好先行官，为实现"两个百年"目标和中华民族伟大复兴提供有力支撑。

李克强总理2014年8月在调研铁路发展与改革工作时曾经指出，"铁路投资再靠国家单打独斗和行政方式推进走不动了，非改不可"、"投融资体制改革是铁路改革的关键，要依法探索如何吸引社会资本参与"。可见，吸引社会资本投资铁路、在铁路领域积极发展混合所有制，是铁路投融资体制改革的主要目标。2016年3月李克强总理在政府工作报告中提出"推进股权多元化改革"、"探索基础设施资产证券化"，特别是"基础设施资产证券化"属近年来首次提出，对深化铁路改革具有重要指导意义。铁路作为国家最重要的基础设施之一，目前负债水平较高，严重侵蚀铁持续健康稳定发展的空间。铁路基础设施资产证券化对于盘活铁路存量资产、拓宽投融资渠道、提高社会资本参与铁路建设的积极性，具有重要的现实意义。

对于深化铁路投融资体制改革的总体目标，罗仁坚[1]认为，我国铁路投融资改革总体目标应该是：构建支持铁路跨越式发展和实现《中长期路网规划》、符合资本运营规律的市场化铁路投融资体制。改革政府直接管理企业，实现政企分开、政资分开，建立公正的监管体系；按照"合理开放通路权，网络化经营"的原则，建立各公司间运营网络互联互通、合理（公平）竞争的市场机制以及科学公正的清算规则；制定项目分类投资政策和新进入者扶持政策，调整运价形成机制，充分调动各级政府以及企业积极性，吸引社会各类资本投资铁路建设；规范落实项目法人制以及推进现代企业制度建设，确立企业投融资主体地位；进一步拓宽融资渠道，建设融资平台，发展多种融资方式；加强市场化法规建设，规范市场主体行为，维护公平竞争和投资者权益；最终形成"政府主导，市场引导，社会各类资金参与，投资主体多元化，融资方式多样化"的铁路新型投融资体制。

《中共中央、国务院关于深化国有企业改革的指导意见》指出，到2020年，在国有企业改革重要领域和关键环节取得决定性成果，形成更加符合我国基本经济制度和社会主义市场经济发展要求的国有资产管理体制、现代企业制度、市场化经营机制，国有资本布局结构更趋合理。根据上述目标以及当前铁路实际，笔者认为，全面深化铁路改革的主要目标应包括：①实现政企分开；②妥善处置网运关系；③建立现代企业制度；④实现混合所有制；⑤改革投融资体制；⑥有效处置铁路债务；⑦建立公益性补偿机制；⑧完善改革保障机制。

对于深化铁路投融资体制改革来说，以负债为主的铁路投融资模式抗风险能力极为脆弱，极易受到国家政策和经济形势的影响，难以保证铁路建

---

[1] 罗仁坚："铁路投融资体制改革研究"，《宏观经济研究》，2006（5）：49-55。

设的可持续发展。铁路为了支撑该模式下的还本付息，必须在行业内部通过"统收、统支、统分"的清算手段实行多层次交叉补贴，这样不仅扭曲了价格，而且对进入铁路的各类社会资本（包括银行贷款、非铁路国有资本、民营资本与私人资本等）产生了挤出效应。可见，铁路投融资体制改革不宜单方面进行，而必须与铁路领域的综合改革协调推进，吸引社会资本投资铁路、在铁路领域积极发展混合所有制，是铁路投融资体制改革的主要目标。

5.3.2 新时期我国铁路投融资体制改革的主要任务

对于全面深化铁路投融资改革工作，笔者认为，为了鼓励和引导社会资本进入铁路领域，国务院和有关部委相继发布了一系列促进和指导铁路投融资改革的政策、文件，社会资本与铁路建设之间诸多"有形门"相继被破除，但是效果远不及预期，铁路基建资金来源比较单一的顽疾仍然存在。因此，吸引社会资本投资铁路、在铁路领域积极发展混合所有制，是铁路投融资体制改革的主要目标，打破阻碍社会资本进入铁路领域的"无形门"、"玻璃门"便成为新时期铁路投融资体制改革的主要任务。

1. 我国铁路投融资体制改革的基本框架

推进铁路投融资体制改革，既要借鉴国内外有益经验，更要从我国铁路实际出发，紧紧围绕加快铁路网建设，快速扩充铁路运输能力，快速提升铁路技术装备水平，实现铁路跨越式发展这一中心任务，统筹兼顾当前改革与长远改革，努力构建起适应社会主义市场经济的铁路投资体制与市场化融资机制。我国铁路投融资体制改革的基本框架针对的主要是制度的顶层设计①。

① 罗仁坚："铁路投融资体制改革研究"，《宏观经济研究》，2006（5）：49–55。

第一，使监管者回归公正立场的制度改革。一方面，铁路行业政企分开，铁道部（如今的国家铁路局）归位"政府职能"，符合市场预期，是铁路体制改革的第一步，是继续运营体系改革的大前提。另一方面，铁路总公司政资分开，深化国企改革，要继续突出政企政资分开，进一步破除各种形式的行政垄断，科学厘清政府和企业权责边界。

第二，市场准入制度的安排。政府或其授权机构规定公民和法人进入市场从事商品生产、经营活动所必须满足的条件和必须遵守的制度与规范的总称。市场准入制度是国家为保护社会公共利益而对市场进行监管的基本制度。加大简政放权、放管结合的改革力度。今年再取消和下放一批行政审批事项，全部取消非行政许可审批，建立规范行政审批的管理制度。深化商事制度改革，进一步简化注册资本登记，逐步实现"三证合一"，清理规范中介服务。制定市场准入负面清单，公布省级政府权力清单、责任清单，切实做到法无授权不可为、法定职责必须为。

第三，分类投资与运营制度的建设。建立铁路分类投资制度，合理界定政府投资范围和重点；改革项目审批制度，实施分层投资决策制度；建立公益性铁路项目的运营补贴制度。

第四，建立通路权合理开放制度。在合理维护各公司资产使用权和经营利益的前提下，根据铁路互联互通网络化经营的特点，实施通路权合理开放制度和维护行车集中统一调度的公正性是实现路网互联互通和建立公平经营环境的关键所在。通路权开放的问题主要在于干线，其他铁路基本是开放的，希望有更多的列车通过。

第五，建立统一调度的协调机制。成立独立于各铁路公司的全国铁路调度指挥中心是铁路运营公正的重要保障，但目前还难以办到。实际上，调度应该只是按照通路权规则安排列车运行的一个组织，而不是一个权力分配单位。在目前的情况，为了贯彻落实非歧视政策，较好地维护铁路运营的公正性，建议先成立全国铁路调度协会，对运行图的编制和统一调度指挥的公正性进行监督与协调。将来随着铁路管理体制总体改革的推进，独立出来成为服务性机构或协会性组织，负责全路运行图编制和统筹安排客货运输计划，其公正性受相应的规则制约和全国铁路调度协会监督。

第六，建立健全透明、公正的计费和清算体系。建立透明、公正的计费标准和清算规则，提高铁路运输经营收入的可预期性，是吸引社会投资者进入铁路的重要前提条件之一。公正的计费标准制定的基础，在于成本分类核算体系的建立。因此，铁路系统计费和清算体系的建立，能够对推动铁路行业投融资账目清算和收益优化产生良性推动作用。

第七，建立和完善规范、公正的市场监管体系。在尚未进行铁路管理体制总体改革的情况下，首先将铁道部的"政府职能"与"企业职能"分开。成立国铁总公司承担企业职能，与其他铁路公司一样成为市场经营主体，国铁企业具体如何改革放到铁路管理体制总体改革中进行；铁道部履行铁路行业主管部门的政府职能，以保证规则的制定和监管的客观公正和透明。

第八，投资者退出制度的安排。良好的融资退出机制是对融资项目收益性和吸引能力的保障，不仅要整合资源设计适当的投融资准入机制，还要配合一定的计费和清算体系设计好投资者退出机制。一方面体现在产权和股权的变动规则上，另一方面体现在新型融资方式的特殊处理上，比如设立良好的铁路租赁项目等。

2. 我国铁路投融资体制改革的核心要点

第一，着力推进深层次、实质性的铁路行业政企分开、政资分开，使监管者回归公正立场的制度改革。一方面，铁路行业政企分开，要落实并厘清政府监管者与市场主体之间的关系，旨在改变目前政府与市场职能双重缺失下铁路行业效率低下的局面。另一方面，铁路总公司政资分开的同时，政府要加大简政放权力度，不直接干预企业经营活动，创新监管方式，营造公平竞争环境，寓监管于服务之中，做到"放"、"管"双到位。

第二，为了设计和完善市场准入制度，应注重市场经济特征和完善市场准入制度的核心要素。贯彻平等准入、公平待遇的原则，允许国内外社会资本进入法律法规未禁止的铁路领域；允许社会资本在国家统一规划的前提下，独资、控股、参股建设和经营与现有路网并行的竞争性新线路；允许国内公有资本控股铁路干线新项目的建设和运营；建立铁路运输企业的资质认定制度；允许国内外社会资本购置现有国家铁路资产、股权和通过并购、控股、参股等多种形式参与现有铁路企业的改组改制；允许国内外社会资本开办与铁路运输服务相关的代理企业以及无车承运人，积极推进联运和全程运输的开展；全面开放铁路建设市场，允许具备相应资质条件的路内外各种所有制的企业参与铁路建设工程的招投标。

第三，一方面要推进建立铁路分类投资制度，改革项目审批制度，合理界定政府投资范围和重点，对于非国铁控股合资铁路建设项目，按照《公司法》及铁路总公司与地方政府合作协议，由各方出资人或其授权的出资人代表依法组建铁路建设项目合资公司。项目公司作为铁路建设项目法人，对铁路建设项目的策划、前期工作、资金筹集、建设管理、运输经营、还本付息、资产保值增值全过程负责。另一方面，随着铁路市场化改革的不断深入，导致铁路运价需要兼顾公益性和经营性，不仅要加快建立铁路公益性补偿制度，同时还要兼顾铁路运输管理的经营性，以运营补贴制度巩固铁路公益性，以铁路公益性增强运输管理经营性。

第四，为了建立通路权合理开放制度，需要注意几种路权的整体优化和完善，尤其是主要干线的通路权开放、半开放制度的推动建立。其一，在旅客运输通路权上，国铁干线必须向与其在直接相连的"合资铁路"、地方铁路开放一定比例的旅客列车通路权，但同一路段向合资铁路和地方铁路开放的通路权合计可以不超过某一上限比例；其他非直接相连的国铁线路本着合理开放和协商的原则向其他铁路公司开放一定的通路权；其他铁路公司的线路也至少向国铁公司开放某一比例的旅客列车通路权；在公正透明的基础上签订各铁路公司之间的互通协议。其二，在货物运输通路权上，除了一般的互联互通货物运输外，各铁路公司必须向其他公司的固定车体和不解编直达货物列车开放通路权，专业运输公司可以与各铁路公司通过协商签订固定列车对数或一定能力比例的通路权协议。最后，通过的货物列车将综合考虑最短计费路径、时间要求、列车对线路的技术要求、通道同方向各线路能力利用状况等因素和指标按一定的规则进行公正的行车线路安排。

第五，建立统一调度的协调机制，提升运输效率。我国目前作为企业实体的18个铁路局（公司）的管理幅度过小，每个铁路局（公司）的大部分货物都要发送到其他铁路局，因而不能在其管内完成大部分车流调整工作，需要有更上一层机构负责各铁路局之间的车流调整的统一调度指挥，才能保证路网使用效率。由于作为企业主体的铁路局（公司）数量过多，如果由所有的铁路局（公司）通过相互协商进行车流交换存在很高的交易成本。因此形成了由铁路部门进行统一调度指挥的管理模式。

第六，为了建立健全透明、公正的计费和清算规则和体系，需要考虑铁路建设运营中的几个核心要点：其一，要建立收支一条线的清算体系；其二，要将清算中心从铁道部分离出来，成为独立性的服务机构；其三，要建立铁路运营成本分类核算体系，进一步细分和完善铁路运营成本项目分类，实施分类核算和严格的会计报表制度；其四，要制定公正合理的计费标准，以各铁路公司透明的分类成本为基础依据，考虑一定的成本收益率，根据技术服务水平等制定各类使用费、服务费的计费标准。

第七，为了建立和完善规范、公正的市场监管体系，要以维护公平竞争和保护各类投资者的合法权益为核心，建立健全网络化运营的市场规则以及修订相应的铁路法律法规。对投资经营主体的债务风险进行严格防范和监管控制。建立透明的会计制度，对铁路公司的资产等关联交易和公司合并进行严格的监管，防止利用关联交易和公司合并转移资产以及控股股东利用控股地位进行关联交易和公司合并等侵害其他投资者利益。

第八，为了考虑不同投资者的退出制度，应当注意对不同类别投资者进行个性化制度的安排。一方面，允许铁路投资者依法进行产权转让和股权交易，搞活铁路投融资资金流动，另一方面，要推进铁路租赁业的发展，减小铁路投资者进入资本和退出成本。对于社会资本参与的铁路公司或其经营的某些线路连续（政策性）亏损，债务负担沉重，企业难以正常经营的，在财务透明和严格监管的条件下，通过签订相关的服务协议，由政府提供一定的补贴或其他方式的财务支持，要求经营者继续经营和提供相关的服务。对于一些线路影响较小、债务负担沉重、经营管理不善、难以正常经营的铁路公司，允许其依据相应的退出规则和法律程序申请破产或由政府接管后委托其他公司经营或重组。

5.4　我国铁路投融资体制改革应具备的条件

5.4.1　铁路内部产业特性

铁路与电力、电信、供水、供气等技术设施产业在产品特性和技术特性上有根本差异，但是其产品或服务均具有网络型产业独特的经济特性，这也是经济规制的重要目标。网络型产业在产品或服务的生产、运输、分销和用户消费等环节具有很强的垂直关系，生产厂商必须借助于传输网络才能将其产品或服务传递给用户，用户也必须借助于传输网络才能使用厂商生产的产品或服务。

铁路是网络型基础设施产业中具有代表性的一个。铁路的基础设施（如铁路网络等）和移动设备（如机车车辆等）之间的技术联系最为密切，具有强烈的一体化倾向，在提供服务时形成网络系统，呈现出自然垄断性。这种由于技术理由或特别的经济理由而成立的垄断或寡头垄断就是"自然垄断"或"自然寡头垄断"。此外，在提供铁路服务的同时不得不考虑铁路公益性质与经济效益性质，这些性质也是网络型产业建设投资的主要特点。一方面，在进行铁路投融资项目管理时要着重考虑这些性质要求；另一方面，也要根据铁路的产业特性来因地制宜地制定产业投融资政策和体系。具体来说，与铁路投融资最为密切的产业特性有如下几点[①]。

第一，固定成本所占比重大，沉没成本高。传统意义上的铁路运营者必须拥有铁路线路基础设施，包括铁路轨道设备、通信信号设备以及车站等。如此，必然会导致铁路投资数额大、资产专用性较强、铁路行业固定成本占总成本的比重很大。

由于网络型产业的基础设施建设成本占总成本的比重很大，因此所需的资金数额相当庞大，动辄几十亿或数百亿元。而且这些基础设施一旦建成后，其用途指向性非常强，具有极强的专用性。而且在一般情况下，铁路线路的短期固定成本占总成本的50%～80%，占有很高的资产比例。此外，铁路行业的固定设备需要长期使用，使用寿命较长，技术性折旧期限长，并且难于移动或用于其他用途，残值很低，形成了对应成本"沉淀性"很强。可以说，高比例的沉淀成本是形成产业加入壁垒的重要原因之一。

第二，铁路运输业规模经济效益特征明显。铁路作为大型路网型产业，其规模经济指的是随着网络上运输总产出的扩大，平均运输成本会不断下降。然而，这种网络系统规模的扩大，需要更为庞大的固定资本进行投资，随着需求量的扩大，固定成本就可以分散于平均需求之上，因此也就越能收到规模经济效益。

投资成本高昂、规模经济效益特性强，在一定程度上会使得资金回收周期长、流动性差。网络型产业从建设到投入运营，需要的时间较长，在这一过程中还需要不断地追加投资，而在项目建成后，其资产是无法转让和出售的，只有靠未来的运营收益来偿还，因此资产流动性较差。

第三，范围经济和密度经济性强。网络型产业可以通过允许供给者享受

---

① 赵学宁："铁路的网络型产业经济特性与规制改革"，《交通科技与经济》，2003（1）：44-46，63；付焯、王久梗："网络型产业特性与我国铁路投融资渠道分析"，《铁道运输与经济》，2007（7）：1-3。

密度经济和范围经济产生的成本节约。范围经济指的是两种以上产品和服务有一个企业生产时，因能收到生产与分配的纵向统一利益和对多种用户提供多种服务的复合利益，其成本要比由不同企业单独生产的单一的产品和服务的成本总和要低。密度经济指的是企业中随着产品数量或服务的增加导致对既有设施设备和其他资源使用频率或次数增加，从而使得产品或服务的平均单位成本呈现下降趋势。

铁路的网络经济性就是指铁路线路成网及路网密度增加时，由于扩大运输需求范围、调剂各线路符合从而提高整个路网能力利用程度和效率的现象。例如，当两条互不相连的线路端连成一体时，将大大增加两线路之间的过境运量，提高整个路网的利用效率。铁路的复线或三线化效益并非与线路数目成等比关系，配合适当的管理科技，可以发挥许多倍的效益。

第四，不确定性大、风险性高。铁路是典型的网络型基础产业。铁路由于其建设投资规模大、周期长，资产专用性强的特征，属于高度资金密集型产业，投资主体多年来只能是国家，其他社会资金和外资均难以进入，其投资风险也是众多投资方着重考虑的问题之一。随着我国社会经济的快速发展，单一的投资方式导致铁路发展缓慢、资金匮乏，使铁路的发展滞后于其他产业。铁路的生产经济性质决定了其天然的产业投资性质，由于建设和回收周期长而导致网络型产业投资收益的不确定性较其他投资要高得多，相关的投资风险也高得多，也让许多投资者一般不愿参与长期固定资产投资。面对铁路如此大规模的建设，在铁路投资不断加大之时，必须警惕其中的高风险。防范这些风险就是负债经营能否成功的关键所在。

5.4.2 铁路外部融资环境

融资环境是指在一定的企业制度下，影响企业筹资活动的各种因素的集合。它一方面为企业的融资提供机会和条件，另一方面对企业的融资起着制约、干预甚至胁迫的消极作用。对企业融资活动产生影响的一切因素的总和称为融资环境，包括政治环境、经济环境、金融市场环境、法律环境、信用担保体系、企业自身状况等因素①。

第一，铁路融资政治环境平稳，经济政策总体导向明确，一系列阶段性的政策文件和导向都趋于引导和鼓励建设更有优质的铁路投融资平台，同时也亟待适宜的铁路投融资平台为国家经济民生产生"稳定器"和"助推剂"的积极作用。不少国家政府在可持续发展战略下重新认识了铁路，确保公共财产的有效投入。我国铁路建设是投入大、工期长、财务效益低、投资回收慢的基础产业，铁路运输严重滞后于国民经济发展，故要求国家在产业政策上向铁路运输业倾斜，为铁路发展创造良好的投融资环境。

民营资本是铁路投融资进程中的潜在力量。据统计，民营经济在国民经济GDP中所占比重已达到61%，拥有的资产占全社会资产的比重已超过20%。民营企业的发展产生了扩大规模、增加投资的内在需求，民营企业的融资环境成为制约民营企业发展的重要外部环境，民营企业融资环境的改善将促进民营企业的规模扩张，也将极大地推动国民经济的增长。

第二，目前我国直接融资环境还不够成熟，但是直接融资应当是未来的融资趋势。直接融资中没有金融中介机构介入的资金融通方式，在这种融资方式下，在一定时期内，资金盈余单位通过直接与资金需求单位协议，或在金融市场上购买资金需求单位所发行的有价证券，将货币资金提供给需求单位使用。由于国内资本市场（包括股票市场和债券市场）准入门槛高，现行上市融资、发行债券的法律、法规和政策导向对民营企业不利，而为广大民营企业提供融资服务的地方证券交易市场、风险资本市场尚未建立，缺少一个多层次的、能够为广大民营企业融资服务的资本市场，民营企业很难通过债权和股权等直接融资渠道获得资金。

第三，我国铁路运输企业经营过程中伴随着资金的大进大出，铁路企业的投资与融资市场十分巨大，组建面向铁路的金融企业将会有很强的生命

---

① 赵汴："完善我国民营企业融资环境的思考"，《工业技术经济》，2008（4）：26-28；陈娟："我国铁路投融资政策环境建议"，《铁道运输与经济》，2000（4）：35-37。

力。可先设立企业财务公司，经过规范化运作，逐步积累起资金实力，争取发展成铁路金融企业。这既是铁路深化投融资体制改革、建立现代铁路运输企业制度的需要，也是解决运输企业现实的资金困难、强化经营的需要。

第四，随着经济环境的变化和改革的不断深入，新的改革成果需要以立法的形式保证其得到巩固和执行。投资领域里的一些基本关系和行为准则，包括建设管理和有序竞争的市场规则，也需要以法律形式来保证。铁路现行的投资管理规章制度，有必要进行修改和完善，以确保它们对投资的规范、指导和调节作用。今后铁路建设要先确定项目法人，由项目法人对项目的策划、资金筹措、建设实施、生产经营、债务偿还和资产的保值增值负责，承担投资风险。项目决策应建立在科学论证和评估的基础上，决策者要承担投资决策责任。

第五，铁路是社会基础设施，对社会的资源配置发挥作用，它是关系到国家经济命脉的重要行业，必须占支配地位。铁路的这种属性，说明它可以进入市场参与竞争，但又不可能像一般竞争性行业那样完全放开，政府仍然要保持某些直接调控手段。从这个意义上说，铁路改革的自由度较小，只能是调整政策，放宽控制。解决好铁路与国家的关系，是铁路投资体制改革的前提。对于我国铁路行业来说，铁路建设项目可分为两大类，一类以社会效益为主，公益性较强，兼有一定的经济效益，国家是这类项目的责任主体；另一类以铁路运输企业经济效益为主，兼有一定的社会公益，这类项目的投融资和建设属企业行为。应承认政府和企业或其他投资者在投资目的上是有差别的，据此制订相应政策，吸引其他投资者（包括各种投资机构）投资于铁路项目。

第六，我国铁路运价长期处于扭曲状态，未能真正反映运营成本。目前，铁路在运输市场中已不占有垄断地位，应按照国家调控市场、市场引导企业的原则，将国家对铁路运价的具体管理转变为总水平控制，建立以市场价格为主、国家宏观调控的运价管理体系，使铁路有一定的盈利率和投资回报率，以吸引投资。

5.5　本章小结

本章主要研究内容包括：①研究了我国铁路投融资改革的指导思想，深入贯彻落实党的十八大、十八届三中四中全会精神和习近平总书记系列重要讲话精神，根据《中共中央、国务院关于深化国有企业改革的指导意见》等国有企业改革纲领性文件，遵循铁路发展与改革实情，推动落实一系列重大方针政策和措施。②研究了我国铁路投融资改革的主要原则，包括铁路改革根本性原则、投融资体制系统性原则、投融资组成结构平衡性原则、投融资主体收益对等性原则、铁路建设与运营差异性原则以及投融资渐进性和持续性原则等，总体要求遵循我国大型国有企业、交通运输行业和铁路行业投融资改革的指导思想。③根据我国铁路投融资改革的指导思想和主要原则，讨论制定了我国铁路投融资改革的改革目标与改革任务，必须与铁路领域的综合改革协调推进，吸引社会资本投资铁路、在铁路领域积极发展混合所有制。④结合我国铁路内部产业特性和外部融资环境，讨论了我国铁路投融资体制改革应具备的基本条件。

笔者认为，我国铁路改革作为一项系统工程，必须遵循科学改革规律和社会发展情况。作为我国国有企业改革中的重要组成部分，铁路改革和铁路投融资改革必须沿着中国特色社会主义道路，紧握特色鲜明的中国铁路投融资改革指导思想，根据总体改革原则，合理规划我国铁路投融资改革目标与任务，将社会资本进入铁路领域改革纳入到全面深化铁路改革进程之中，与网运分离、现代企业制度、混合所有制等问题一并统筹考虑，落实投融资体制改革条件，着力推进我国铁路投融资改革问题的全面解决。

进一步，应当把握铁路投融资体制改革的基本思路框架，深入研究和制定铁路投融资体制改革的实施路径，将综合性的全面深化铁路改革问题分解为若干子问题：实现政企分开、妥善处置网运关系、建立现代企业制度、实现混合所有制、改革投融资体制、有效处置铁路债务、建立公益性补偿机制、完善改革保障机制等，并立足于铁路综合改革的战略高度，推动改革具体实施路径的设计与实施，巩固发展铁路投融资改革的工作成果。

第六章

我国铁路投融资体制改革：
实施路径

铁路投融资体制改革的基本思路框架具有重要的指导意义，为了具体推进相关工作，本章深入研讨了铁路投融资体制改革的实施路径，立足铁路综合改革的战略高度，通过全面深化铁路改革若干子问题的有机衔接，巩固和发展铁路投融资改革的工作成果。

6.1 基于公司制实施统分结合的网运分离

党的十八届三中全会对自然垄断企业提出了"根据不同行业特点实行网运分开、放开竞争性业务，推进公共资源配置市场化，进一步破除各种形式的行政垄断"的重要论断，对于全面深化铁路改革具有重要的指导意义。铁路路网具有网络性、基建所需资金规模巨大等特点，具有极强的天然垄断性，这决定了铁路投融资的规模性与复杂性，同时又客观要求具有配套的投融资体制和实施措施。基于统分结合的网运分离主张在全国建立统一的铁路路网公司与一批铁路运营公司，在投融资改革工作的设计与实施过程中必须对铁路企业的实际运营管理特性有机考虑。

从一定程度上将具有自然垄断性质的网络与运营剥离开来，并统一管理，已经得到了电网、通信网络等同类行业的应用。在铁路路网环境中，由于自然垄断企业都具有长期的发展经验，统一的网络公司在管理中能够根据自身特点保证网络运营畅通，为日后经营管理体制的进一步改革打下坚实的基础。其次，网络公司的成立，也能够解决长期以来网络建设中存在的重复投资、过度占用资源的问题，实现资源的高效利用。最后，由于垄断行业的自身优势，统一的路网公司都能够保证基础设施的整体性，承担较小的市场风险，提高了运营的安全性。因此，在公司制背景下，铁路统分结合的网运分离十分必要，这不仅是铁路自然垄断性质所决定，而且也有益于促进铁路运营管理体制的完善，为铁路投融资工作的进一步推进起到关键性作用。

通过对国内外大型网络型垄断企业改革经验的分析，笔者认为，我国铁路经营管理体制改革应充分考虑路网的整体性与运营的竞争性，并探索出一种充分发挥路网整体性与运营竞争性优势的经营管理模式——统分结合的网运分离经营管理体制，其主要特点应包括两个方面：一是"路网统一"，即将铁路路网收归为一个大、统、全的国有企业，统一规划建设、调度指挥，以充分发挥路网作为国家基础设施的重要作用；二是"运营分离"，即将铁路运营权下放到若干小、专、精的各类社会资本广泛参与的运营企业，充分放开竞争性业务，使这些企业在充分竞争的条件下提供更加优质高效的运输服务[①]。在公司制背景下，铁路"路网宜统"保障了铁路企业生产基础的整体性和统一性，铁路路网是亟待社会资本进入的领域；同时，铁路企业灵活的"运营宜分"有益于营造良好的企业运营环境，以企业运营竞争性刺激推动市场化的优质运输服务，为社会资本提供有利导向，辅之以积极的引导政策、进退机制和补偿措施，让社会资本在铁路领域中充分涌流。

6.1.1　统筹网运分离的改革准备

根据党的十八届三中全会关于国有企业改革、建立现代企业制度的精神，首先按照公司制的思路，厘清路网与客货运营的业务界限，厘清行车（路网）与客、货运（运营）的业务与资产边界，并成立若干个客运、货运类运营公司和路网类公司。上述客运、货运、路网三类公司均为中国铁路

[①] 左大杰："铁路网运分离的必要性与实施路径"，《综合运输》，2013（07）：44-46；左大杰："基于统分结合的铁路网运分离经营管理体制研究"，《综合运输》，2016（03）：24-35。

总公司、各铁路局全资的有限责任公司，在中铁总框架内实施初步的网运分离。

一是铁路货运改革能够大幅度地改善货运效率与社会评价，为铁路改革提供内、外部动力。铁路深化货运改革的目标应是在铁总的体制下成立若干货运中心，厘清行车（路网）与货运（运营）的业务与资产边界。除此之外，可适时成立物流企业或收购、控股现有物流企业，作为网运分离的初步尝试，体现效益。二是在铁路货运改革取得成功经验之后，适时推进铁路客运改革，能够进一步提高铁路运输效益并创造良好的社会评价，为网运分离夯实改革基础。铁路客运改革的预期成果是在铁总的体制下成立若干客运中心，进一步厘清行车（路网）与客运（运营）的业务与资产边界。三是在进行客货运组织改革的同时，适时开展铁路资产清查工作。

6.1.2 实现铁路运营业务公司化

由铁总及18个铁路局孵化各类运营公司。由各铁路局将上述货运中心、客运中心分别改革为若干个货运、客运类运营公司（例如，可仿照公路物流成立铁路专线运输公司，负责城际干线运输或根据运行线组建运输公司）。此时，货运、客运、路网三类公司均为中国铁路总公司以及各铁路局全资的有限责任公司，在铁总与18个铁路局的框架下实现初步的运营分离。

铁总及18个铁路局（公司）将建立的运营公司推向市场，并允许各类社会资本举办铁路运营公司，实现运营分离。在这一阶段的网运分离中，将已成立的各运营公司逐渐推向市场的同时，众多规模较小的社会资本也具有参与铁路运营的可能，因而将产生众多的运营公司。按照国有企业建立现代企业制度以企业法人制度为主体的要求，众多的运营公司都具有独立的法人资格以及承运人资格，使其在不同层面参与铁路运营并以加强竞争为首要目标。

在未来的竞争中，运营商将脱离耗费巨资的网络基础设施建设，而全力投入业务创新和提高服务质量上来，以此取得相对竞争优势，提升自身的整体竞争力。同时也要注意政府担当的角色，政府容易在高度行政性控制下出现职能越位，对网络型公司造成直接的行政干预，导致低效和不公而政府对市场的监管不力，出现了既是运动员又是裁判员的公平扰乱者角色。

6.1.3　推动铁路网运分离

铁总及18个路局将孵化出的运营公司推向市场，并允许各类社会资本举办铁路运营公司，实现运营分离。在这一阶段的网运分离中，将已成立的各运营公司逐渐推向市场的同时，众多规模较小的社会资本也具有参与铁路运营的可能，因而将产生众多的运营公司，且都具有独立的法人资格以及承运人资格，使其在不同层面参与铁路运营并以加强竞争为首要目标。这一阶段仍要发挥铁总和铁路局现有体制的作用，调动其参与改革的积极性，以产权流转来获得股权变现，不仅建立了混合所有制，而且为解决铁路中长期债务提供了可靠途径。

为体现现代企业制度以有限责任制度为核心，以产权清晰、权责明确、管理科学为条件的特点，将剥离了客、货运公司的18个铁路局整合为一个统一的路网公司。一方面，把具有自然垄断属性的铁路网统一成一个由规模巨大的国有资本独资或控股的路网公司管理，能充分发挥路网自然垄断这一特点的优势，有利于在保证安全正点的前提下以提高效率为第一目标。由于坚持铁路路网公司实行统一调度，不仅能够优化铁路运输能力资源配置，而且还能够合理调整铁路运输生产力布局，保证铁路运输的平稳有序和畅通高效，从而缓解目前我国铁路运输存在的供给与需求矛盾。此外，完整的路网设施能够更好地完成国家宏观调控任务，能够更高效地保障国家重点物资运输、军事运输、抢险救灾运输等需要，确保广大人民群众正常的生活质量，维护整个社会的稳定。

另一方面，运输服务作为非自然垄断业务，应具有充分的市场竞争性。

但是，我国铁路拥有庞大的路网与众多配套的基础设施，且多为沉淀资本，并存在着规模收益等明显的自然垄断特性，这些特性决定了路网很难作为竞争主体参与市场竞争，也很难有竞争对手存在。在目前网运合一条件下，仅有铁总下辖的18个铁路局（集团公司）及三个专业公司具有承运人资格，铁路运输领域内部几乎没有充分的竞争机制，这不符合市场经济的本质要求和客观规律。实施统分结合的网运分离之后，各类社会资本可举办众多运营公司，有利于以强化竞争为第一目标。而且，市场会淘汰经营不佳的负责客货运输的公司，而只有那些有特色、重服务、求效益的运营公司才能在市场竞争中处于不败之地，这对于引入竞争机制、提升行业效益，通过市场竞争来优化资源配置具有重要意义。

6.1.4 改进铁路路网整合

对全国路网进行整合，成立中国铁路路网集团（股份）有限公司，实现路网统一。将剥离了客、货运公司的中国铁路总公司以及所辖18个铁路局整合为一个统一的路网公司，将现有各铁路局调度所整合为铁总或路网公司的数个区域调度中心（或派出机构）。整合后的路网公司将减少或消除目前各铁路局之间基于自身利益的相互纠缠，有利于在保证安全正点的前提下，以提高效率为首要目标。而且，对于整合后的路网，只需保持"50%+X"的股权确保国家对铁路的控制，其他"50%-X"的股权中的相当部分甚至全部可以通过流转予以盘活，不仅实现混合所有制，既可以解决中长期债务，也可以募集资金来建设路网。

第一，成立铁路路网公司。中国铁路路网集团由中国铁路总公司管辖，中国铁路总公司由国家部门控股并进行监督。中国铁路路网集团统一管理包括国家铁路的线路、桥梁、隧道、信号、供电设备和车站等在内的干线铁路路网，承担经营责任，并受中国铁路总公司的直接监管。路网公司统一承担投资责任，公益性项目由中央或地方财政投资为主，经营性项目由路网公司以市场筹资为主进行建设。路网公司对全路性运输实施统一指挥，组织编制全路列车运行图和列车编组计划，运用市场机制配置运力，协调各运输公司之间的关系。路网公司向使用国家铁路网的客、货运公司收取线路使用费和相关服务费，在政府财政和有关政策支持下，实行企业化经营。路网公司实行总、分公司制，按照需要设立地区分公司。

"路网统一"是按照现代企业制度的要求，将铁路路网重组为一个大、统、全的国资控股的股份有限公司，以充分发挥国家基础设施的重要作用；路网公司由铁总代表国家持有不少于51%的股份，既能确保国家对中铁路网的绝对控股权，又能充分吸引社会保险基金、养老保险基金、其他各类国有资本、民营资本甚至私人资本投资路网建设与维护。路网公司的收入来自于使用国家铁路网的客、货运公司支付的线路使用费，其标准由政府铁路主管部门核准。路网公司的支出主要用于路网基础设施的更新与维修，采取"政府政策性补贴+公益性补贴+其他补贴"的综合补贴方式，同时路网公司也应探索多渠道筹集资金的渠道。

第二，成立铁路客运公司和货运公司。客运公司和货运公司根据运输市场需求组建，分别从事铁路旅客和货物运输经营业务。客运公司和货运公司自主开展客、货运营销业务，独立核算，自负盈亏，平等参与运输市场竞争。向路网公司租用列车运行线或经双方协议委托路网公司组织运输。

"运营分离"是按照现代企业制度的要求，由各类社会资本举办一批小、专、精的客、货运运营公司业，各类运营公司根据自身需要向路网公司购买不同等级、数量的列车运行线，而无须承担路网建设的巨额资金，由此降低社会资本投资铁路运营领域的门槛。客、货运公司依据本公司开行的客车及承运的货物，直接从市场取得运输收入，并向路网公司和提供生产协作及服务的单位付费。客运公司和货运公司都要积极创造条件，加快建立现代企业制度，吸引社会资本，实现股权多元化。

第三，整合路网公司、客货运公司投融资体系。梳理铁路路网公司、客货运公司的投融资活动的必要联系，构建三者的市场交易关系，并结合投融资活动过程形成经济整体结构。铁路路网公司、客货运公司之间的交易主要是"租用—付费"和"服务—收费"，在投融资活动中也有比较明显的体现。铁路路网公司、客货运公司投融资的市场交易关系和投融资联系，既是三者经济活动统一性的基础，也是三者经济活动协调性约束，以此构建铁路路网公司、客货运公司投融资体系。

6.2 建立完善的铁路现代企业制度

现代企业制度是指以市场经济为基础，以企业法人制度为主体，以有限责任制度为核心，以产权清晰、权责明确、管理科学为条件的新型企业制度，它既能够适应商品经济的发展要求，又能够适应社会化、规模化生产的要求。在现代企业制度的基础上，推进企业投融资发展，已成为企业升级转型的优选途径。目前，在铁路运输业债务巨大、生产率低、市场竞争力薄弱的背景下，构建基于公司制的铁路运输现代企业制度是全面深化铁路改革的重要工作，不仅能为投融资领域等其他各项改革工作奠定市场化基础，也是增强铁路运输企业活力和竞争力、提高铁路运输业发展质量的有效途径和必然选择。

党的十八届三中全会提出"推动国有企业完善现代企业制度"，"国有资本继续控股经营的自然垄断企业，实行以政企分开、政资分开、特许经营、政府监管为主的改革，根据不同行业特点实行网运分开、放开竞争性业务，推进公共资源配置市场化，进一步破除各种形式的行政垄断"。推进我国基于现代企业制度的铁路投融资体制改革，要以上述要点为指导，对相关的改革目标、改革路径等进行设计，推进铁路投融资体制改革和现代企业制度改革的融合，统一于全面深化铁路改革事业中。

建立具有"产权清晰、权责分明、政企分开、管理科学"特征的现代企业制度能够为深化铁路投融资体制改革创造有利条件。中国铁路总公司是依据《中华人民共和国全民所有制工业企业法》设立的国有独资企业，实行的是"统收、统支、统分"的收入清算体系，因而社会资本投资铁路在很大程度上存在体制性障碍。因此，应在条件具备时按照《中华人民共和国公司法》将中国铁路总公司改制成国有独资公司，在产权清晰的基础上向社会资本增资扩股才有可能实现，并进而形成国有资本、集体资本、非公有制资本等交叉持股、相互融合的铁路混合所有制形式，为推进铁路投融资平台的升级转型提供有利条件。

6.2.1　完善铁路现代企业产权制度

铁路建立现代企业制度就是在企业建立规范化的法人财产制度、有限责任制度和法人治理结构，使之成为政企分开、产权明晰、权责明确、管理科学的市场经济主体，在国家宏观调控下，更好地发挥铁路在国民经济大动脉中的作用，更有效地提高铁路的经济效益和社会效益，通过铁路企业收益性的改善，促进营造良好的投融资环境。应坚持深化国有企业发展现代企业制度的正确方向，把铁路运输企业改造成公司法人——有限责任公司或股份有限公司（其股权可视需要由国有资本以及各类非国有社会资本广泛构成），实现铁路产权关系明晰化、权责明确化、融资利益平等化，并在铁路企业内部形成合理的运营及治理机制，保障铁路企业投融资各方利益。

首先，调整铁总行政级别。以人事安排为契机将铁总降级为副部级并将铁总划归国资委管理，将铁总改为国家独资公司，明确铁路总公司股权结构，基于股份制改造的混合所有制改革，从整体角度促进铁路投融资体制改革。要让政府机构对行业实现有效监管，还要真正建立健全相关法律法规，强化专业执法机构的执法权，让专业的监管部门执行法律法规，优化政府监管和企业自管。

其次，将铁总划归国资委管理。铁路资产划归国资委后，要采取各项举措推进铁路改革。对铁路专项治理工作进行部署，明确目标，落实责任，加快推进；要求铁路坚持市场化改革方向，针对铁路的限制情况制定政策，分类分业处置。依法合规操作，综合采取强化管理、业务整合、债务重组、兼并重组、减员增效、破产重整、破产清算等多种措施，确保铁路现代企业改革、企业投融资体制改革和混合所有制改革过渡的平稳性。调整优化国有资本布局结构，积极抓紧做好"国有资本风险投资基金"和"国有企业结构调整基金"的设立工作，优化调整国有资本结构，推动国有资本向铁路领域集中，同时加大铁路企业集团层面的兼并重组，提升国有资本整体功能和运行效率，完善铁路投融资平台建设，将铁总打造成具有现代企业制度的大型公司。

再次，将铁总改为国家独资公司，作为公司制改革的过渡形态，国家独资公司可能是现实的选择，也有利于投融资领域的功能拓展。它在产权界定上比较容易操作，改制成本较小，便于稳妥地向新体制转轨，也有利于促进政企分开的实质性推进，转换企业经营机制。独资公司的意义首先不在于产权主体的多元化，而在于实现出资所有权与企业法人财产权的分离，从而赋予经营权以现代内涵。使国家解除对于企业承担的无限连带责任，企业摆脱对行政机关的依赖，真正对出资者承担国有资产保值增值的责任，提升投融资合法收益，推动企业投融资体制机制与当前的投融资环境接轨。

此外，引导铁总不断优化股权结构，积极发展多元投资主体，加快铁总与铁路基建、装备类上市公司交叉持股工作，从出资人角度以资本联合形式促进铁路产业融合，新建铁路项目原则上应以铁总发行债券、上市公司从资本市场融资、沿线地方企业自筹三个途径分别予以解决。加强中央和地方多级国资部门合作，加快铁总与水运、道路、民航行业国有物流、客运上市公司的交叉持股工作，从出资人角度以资本联合形式加强多式联运。让各个投资主体即股东作为资产的所有者，共同参与企业的生产与管理，避免一家股东说了算，使各个投资主体有效地相互制约。增加投资主体，企业"三会"完备、法人治理结构健全，特别是外部董事的参加，能有效地防止"内部人控制"。投资主体变为多个主体，拓宽融资渠道，广泛吸纳社会资金。

6.2.2　完善铁路现代企业组织制度

依据现代企业管理理论和实践经验，逐步推动建立完善的铁路法人治理结构、建立完善的铁路董事会制度、建立完善的铁路监事会制度、建立铁路职业经理人制度。完善铁路企业的组织制度，是推动企业转型和产业改革的内部力量，对基于现代企业制度的铁路投融资体制改革具有重要意义。

第一，法人治理结构是现代企业在所有权和经营权分离背景下，由降低企业代理成本和保护投资者利益的法律法规构成的机制体系，法人治理通过公司治理结构中决策权、执行权、监督权合理配置，股东会、董事会、经理层、监事会各司其职、利益均衡，协调运转，达到股东和利益相关者的利益最大化，保障铁路领域投资者的合法利益。聘用铁总高管人员负责执行董事会决策，并负责铁总日常生产组织与调度指挥。

第二，铁路独资公司董事会应当根据铁路企业实际，建立完善的董事会制度。董事会作为公司的决策机构，接受股东大会的委托，做出公司的重大决策，同时将执行权委托给经理层。董事会在公司治理中具有核心地位，对铁路独资公司来说，这种核心地位更加明显，以提升我国铁路决策效果和企业管理效果，保障铁路领域股东的利益，扩大铁路投融资吸引力。铁路独资公司不设股东会，由铁路总公司授权的国有资产监管部门国资委作为出资人行使股东会职权。国资委作为出资人可以授权公司董事会行使股东的部分职权，决定公司的重大事项。由国资委在铁总实施董事会试点，以加强铁总的集体决策与科学决策能力，外部董事可由铁路行业的资深学者组成，内部董事可由铁总高级管理人员组成。逐步建立健全董事会专门委员会和董事会办事机构，建立专门委员会，全面提高董事会的决策能力和水平。若条件成熟，各专门委员会可聘请外部机构，引入外部董事，完善董事会制度，就专业问题进行独立研究。董事会设立日常专门办事机构，配备专职人员开展工作。同时，要建立健全责任追究机制，加强对经理及经理层的责任追究，强化对党组织违规的责任追究制度，完善董事会的监督机制，建立健全持续跟踪和考核评价机制。构建完善的董事会组织制度，对优化铁路企业管理、搭建融资平台、吸引社会资本等都十分有益。

第三，构建铁路国有资产监管格局与监事会，完善各级组织机构、明确责任主体、延伸监督链条，能够促成国有企业国资监管体系的完整统一，有利于保障股东和广大投融资者的合法利益。以《国有企业监事会暂行条例》为基础的监事会工作制度体系和作业办法等的不断完善，以形成国资系统规则完善、上下统一、执行有力的法规体系。随着铁路国有资产逐步实现集中统一监管，出资主体多元化形式的发展，资产规模的扩大和链条的延伸都迫切需要监事会监督到位。监事会系统监督工作逐年深入加强，逐渐规范化、常态化，对整个国资系统指导监督工作的开展具有重要推动作用。监事会日常工作机制的完善，是保证出资人监督到位的基础。监事会工作性质决定了其必然要推动向政府报告工作、与有关部门就企业监督检查情况和成果落实情况等加强沟通协调，争取社会各界理解支持，这些工作都会与国有资产监管大格局中加强系统内外工作联合、资源整合和情感融合等形成合力，具有不可替代的重要作用。

第四，推进铁路经理人的职业化、市场化，取消企业经营者的行政任命制，改为从市场上选聘。对企业经营者的管理必须与党政干部区别开来，企业经营者管理与党政干部管理序列分离，初步形成以市场配置为主的，比较规范的，包括任职资格认定、选拔、考核、激励、约束、培训在内的企业经营者管理体系，配合铁路投融资管理体系，进行现代化企业管理系统的一体化设计与搭建。对铁路企业经营者不再套用行政级别，而是依据铁路企业资产规模及其在国民经济中的作用，确定各级党委直接管理的企业领导人员。企业经营者主要从市场中选拔。配置铁路企业经营者的市场行为公开化、制度化、法律化。形成铁路企业经营者和用人企业的双向选择机制，同时形成社会化的铁路企业经营者的评价标准和评价体系，构建具有整合效应的考核办法。此外，逐步形成通用性强、适合铁路企业经营者人才市场需要的企业经营者信息系统，理顺组织部门与企业经营者人才市场的关系，依法确定组织部门对企业经营者人才市场的指导作用。

6.2.3　完善铁路现代企业管理制度

根据《中共中央国务院关于深化国有企业改革的指导意见》（中发〔2015〕22号）有关要求，立足国有资本的战略定位和发展目标，结合不同国有企业在经济社会发展中的作用、现状和需要，根据主营业务和核心业务范围，将国有企业界定为商业类和公益类。国有企业的改革应该按照界定，分类推进改革、分类促进发展、分类实施监管、分类定责考核。对于我国铁路来说，将商业性与公益性分类推进改革有深远意义，将具有公益性的铁路领域引入社会资本，不仅可以优化铁路生产管理，更有利于铁路领域的融资吸引。

应当加快推进铁路企业深化劳动人事、分配制度改革，推动非运输企业实行改制分流。一方面，实行全员劳动合同制，工资分配以岗定薪，实现效率化分配，经营者实行年薪激励。铁路企业是在计划经济体制下成立的，按现代企业制度改革用人制度、实行全员劳动合同制是适应市场发展的需要，是用人制度的重大改革。深化和完善劳动人事、分配制度改革是国有大型建筑企业现代企业制度改革后，转换经营机制的基本保障。公司制企业的分配制度改革，关键就是打破国有企业原来那种平均分配大锅饭的体制，建立与企业经济效益挂钩、反映市场劳动力价格、具有激励作用的薪酬体系，体现等量劳动领取等薪报酬的按劳分配原则。承认职工间能力和贡献的差异，按岗定薪，建立分配上的激励和约束机制。

企业经营者作为最具活力、最具创造性的生产要素，能够有效配置和激发其他生产要素，企业生产经营成果起着决定性作用。从实践看，企业经营者凭着自身实力，通过有效管理与经营，在短时间内创造大量财富。尽管我国目前经营者的收入还无法与国外同行相比，但应深入探讨按照责任、贡献、风险、利益相统一的原则，加大对经营者的激励和约束力度，形成一种制度，使成功经营者的报酬水平在社会各阶层中处于领先地位。

另一方面，要在铁路领域中推动非运输企业的改制分流。非运输企业包括施工企业、铁路工业企业、铁路房建、铁路生活后勤单位、铁路装卸和物资供销等企业。铁路局及施工企业可以跟房建段、建筑段、物业管理和一些房地产勘查设计部门进一步重组，把蛋糕做大，然后推动铁路局要从中逐渐退出，推动多种形式的职工参股、铁路局参股，甚至可以吸收其他企业来参股，要根据不同的企业和不同的地区分别掌握，以调动经营者的积极性和对社会资本的融资吸引力。

铁路工业企业比施工企业复杂，绝大部分工业企业不太景气，生产设备落后，效率比较低下，有些企业亏损较重。因此，对于铁路工业企业盈利的企业按照国家859号文件规定的改制办法，同有关铁路施工企业相同的办法去推动企业股份制改革。对于亏损企业采取先改组，在适当的时候再改制的办法解决。铁路房建、铁路生活后勤单位在此前进行过分离分立的改革，但是为了少交税，铁路房建、铁路生活后勤单位都是模拟法人，没有真正走向市场。现在要在原来分离分立的基础上，进一步推动由模拟法人变成企业法人的过渡，使之真正走向市场，从市场需求的角度推动企业运转资金优化运用，将融资资金运用到关键之处。

另外，对于旅行社、宾馆、饭店，像这样的企业可同旅游组织在一起，甚至把铁路的疗养院一并纳入进去组成集团，实行一种集团式的经营方式；对于广告、对外经营、有地产的房地产业，这样一些企业实施改制分流，铁路局要从中部分退出或全部退出；对于各个站、段管理的多经企业能够独立的要独立，或者也可以同铁路局、铁路分局的多经企业合并组成集团，与铁路企业脱钩[①]。以上改革措施是铁路企业的外延服务，推进外延服务的改进

---

① 陈国波："我国铁路'主辅分离'改革研究"，西南交通大学，2004年。

有利于为企业提升创收，也有利于改善铁路投融资的被动局面。

6.3 成立（或重组）铁路国有资本投资运营公司

改组组建国有资本投资运营公司是十八届三中全会确立的完善国有资产监管体制、深化国有企业改革的重大举措，是国资国企改革的关键环节。从十八届三中全会以来，在国资委的指导、推动下，国有企业一直在积极地开展国有资本投资、运营公司的试点。改组建立国有资本投资运营公司，成为全面深化国有企业改革时期的重要举措，推动国有资本投资运营公司的试点改革，旨在建设市场化的国有资本投资运营机构，实现"以管资本为主"加强国有资本监管，深化国有企业投融资领域深度改革。从中央企业看，国资委于2014年7月开始先行在中粮集团、国投公司两家国企开展投资公司试点工作，取得了很好的改革效果。

先行国企的国有资本改革运营公司试点改革的成功，为我国铁路国有资本及其管理改革提供了宝贵经验，提供了大型国有企业投融资领域和国资管控的成功经验，对铁路国有资本投资运营公司的成立或重组具有重要的借鉴意义，有利于进一步推动深化铁路投融资领域改革进程。通过我国铁路国有资本投资运营公司的成立或重组，推进国资管理体制改革，加快铁路企业股权多元化改革，积极发展混合所有制经济，建立以产权清晰、权责明确、政企分开、管理科学为特征的现代企业制度，进一步推动铁路投融资领域改革，凸显和优化铁路企业在运营中的市场主体作用。

6.3.1 做好铁路国资投资管理工作规划

十八届三中全会确定了"管资本"、组建"国有资本运营公司"和"国有资本投资公司"的原则和方向，在国资监管机构与经营性国企之间，系统性地组建国有资本运营公司以及通过改组设立国有资本投资公司，专门从事国有资本的运营管理。因此，设立国有资本投资运营公司成为新一轮国有企业深化改革的重点内容。为了契合新一轮国企改革，在构建我国铁路国有资本投资管理公司进程中，需要注意以下几个方面：

第一，要深入贯彻十八届三中全会通过的《中共中央关于全面深化改革若干重大问题的决定》及会议精神、2015年中共中央国务院《关于深化国有企业改革的指导意见》等，注意发挥市场在资源配置中的决定性作用，是全面深化改革的目标之一，而经济体制改革是其中的重点内容，关键是正确处理政府和市场之间的关系，因此要在市场经济主导下重构国有资产管理体制。

第二，现代企业制度建设是国有企业制度改革的方向，注重《指导意见》国企改革顶层文件以及相关文件形成的国企改革的"1+N"系列文件，打造成为独立的市场主体，充分激发和释放企业活力，提高市场竞争力和发展引领力，确保企业的独立市场主体地位，是深化国有企业改革的出发点和落脚点。

第三，注意国有资本投资运营公司在深化国企改革中的关键作用，实现以管企业为主向以管资本为主的转变，改组组建国有资本投资运营公司是国企改革发展的需要，也是国有资产的管理体制改革的外在要求，要与国有企业公司制改造有机衔接，依托国有资本投资运营公司为国有资本市场化运作的专业平台，依法自主开展国有资本运作，对出资企业行使股东职责，按照责权对应原则承担起国有资产保值增值责任。

我国铁路企业作为集规模性、公益性、系统性等特征为一体的大型网络型国企，在国有资本投资运营公司的构建过程中，存在一定的系统优势和规模基础，但是也不可避免地会受到行业复杂环境和企业体制机制等改革阻碍的困扰，这既是深化铁路投融资改革的突破点和关键点，也是铁路国有资产投资管理改革的重点难点。因此，必须遵循科学改革、有序改革、合理改革的基本原则，深入贯彻有关国有企业改革的十八大、十八届三中全会等重要会议精神，沿着国有企业现代企业制度改革方向，做好铁路国有资产投资管理规划，做好铁路国有资产清查、整合以及体制重构等工作。

铁路国有资产由国家统一所有，委托政府履行出资人职责，所有者权益也由政府享受，同时要明确政府的责任和义务，新的国有资产管理体制要把管资产和管人、管事有机结合起来。在改革过程中，国资委可以作为铁路国有资产管理机构，国资委是国家委托代理监管铁路资产的机构，铁路国有资产管理机构的主要职能是：受国家委托，代理行使铁路国有资产的所有权，具体负责监管铁路国有资产的运行，其监管绩效受国家监督。在完善国有资产管理体制方面，为了加强对国有、集体资产所有权、经营权和各类企业法人财产权的保护，国务院国有资产监督管理委员会对国有资产管理体制进行规范。

6.3.2 整合铁路国有资产组成

为了有效推进铁路国有资产的投资和管理改革，推动铁路国有资产的投资管理体制重构，应当依托铁路企业现有的改革成就和改革背景，将铁路国有资产进行全面清查和有效统计，为铁路国有资产管理体制奠定良好基础，继以推进铁路资产经营的有机提升。

全面实行铁路国有资产经营责任制，对整合铁路国有资产有重要意义，是铁路经营管理体制的又一制度创新，是传统企业向现代企业过渡的必然过程，是深化铁路体制改革的核心内容，有利于推动铁路政企分开，加快现代企业制度建设，提高铁路国有资产经营效益。铁路资产经营责任制，是以明确铁路企业资产经营责任为前提的。但在实际操作中仍有许多不完善的地方，如考核指标计算欠科学合理，责、权、利不够到位等。还需要不断深化改革，最终以建立现代化企业制度予以解决。铁路企业是资产经营的责任主体，在国有资产投资管理中承担的重大责任为：完成中铁总下达的"三率"

（国有资产保值增值率、投资收益上交率、经营性资产收益率），维护国家铁路出资人权益；实现扭亏增盈的经营目标，提高企业总体经济效益；开拓市场，强化营销，扩大运输市场份额；维护全国铁路运输集中统一指挥，接受行业监管和政府宏观调控；确保安全生产；提高工作质量和服务质量，确保企业可持续发展；遵纪守法，诚信经营，照章纳税，自我约束。

在建立现代企业制度中，对于新组建的国有公司按照国家投入的资金，按股享受所有权，但对于铁路企业在进行现代公司制改制过程中，存在国有资产的合理界定问题。目前一般的做法是按照现有企业的实际占有状况，按其原始投资的比例来分解为若干所有权和经营主体，实现资产权益和责任实体化。一方面，无形资产的评估和企业债务的评估很困难，低估了会导致国有资产流失，高估了又会侵害企业利益。其次，原始投入的形式有多种多样，如直接资金投入，"拨改贷"投入，利润留成投入，政策性减免上缴投入，到底投入多少，国家和企业之间如何合理分解，目前还难以找到一种双方都能接受的方法。此外，中央和地方各级政府之间如何划分利益关系。我国的国有资产归国家所有，地方各级政府实施监管，但实际上县市以下的国有资产中央鞭长莫及，地方政府在行使所有权的同时也在享受利益分配权。

因此，必须要将铁路国有资产进行全面清查和有效统计，依托铁路企业现有的改革成就和改革背景，进行以下几方面的具体工作。

第一，通过产权的重新界定，使铁路企业产权明晰化。建立一个在法律上强有力的产权制度，以实现铁路企业产权关系明晰化。通过明晰产权关系，使铁路企业成为真正的自主经营、自负盈亏的市场竞争主体。

第二，通过职能和责任清单的确定，使铁路出资方和融资方权责明确化。出资者按投入企业的资本额享有所有权的权益，即资产受益、重大决策和选择管理者等权利，但当铁路企业亏损或破产时，出资者只对企业的债务承担以出资额为限的有限责任；出资者不直接参与铁路企业的具体经营活动，不直接支配铁路企业的法人财产。

第三，巩固铁路政企分开，充分体现政府的职能，并给予铁路企业足够的市场空间。要明确政府和铁路企业的职能划分，充分发挥政府宏观调控的职能，并使铁路企业成为市场配置资源的主体，实现自主经营，不断提高劳动生产率，增强铁路企业的经济效益。

第四，引入先进的现代企业管理思维和管理方式，使铁路企业管理科学化。铁路企业内部形成合理的运营及治理机制，实现企业组织的合理化、各方面管理的科学化，应用先进的管理方式，调动企业员工的积极性、创造性。

第五，基于公司制的铁路企业改革，以充足准备和合适契机推动铁路企业统分结合的网运分开。根据铁路行业自身特点实行网运分开，充分放开竞争性业务，实现铁路行业资源配置的市场化。铁路企业通过市场来配置资源实现发展，而不是只能依赖行政手段来配置资源，进一步破除各种形式的行政垄断。

6.3.3　重构国有资产管理体制

全面构建国有资本投资运营公司是实现企业投融资改革的重要途径，必须以一定的方式、一定的阶段进行持续化推进，应坚持以下原则：①实现国有资本投资运营公司对所有国有企业的全面覆盖，所有国有企业均统一由不同地方层级的国有资本投资运营公司持股，为进一步全面推进企业政企分开夯实体制基础。②对国有资本投资运营公司的设立加以严格限制，建立国有资本自身的约束机制，解决国有企业无序扩张、多头投资、多头管理的问题。③在构建国有资本投资运营公司时，实现初始的股权多元化，实现"股权单———家为主、多家持股——股权平台有限开放——跨行业、跨领域企业持股"的逐步改革过渡，强化其资本管理属性，弱化行业属性。④国有资本投资运营公司应严格定位于资本运营主体，不进行除投资管理业务之外的其他经营活动，对所投资企业仅作为股东依照公司法参与经营管理。⑤在理顺国有资产管理体制的过程中，针对社会公益性强、投融资规模大和成分庞杂的国有企业，要妥善解决国有企业的社会负担和历史遗留问题，实现阶段性改革举措规划，不得冒进改革阶段。

因此，铁路企业需要根据自身的行业特殊性和国有资产的实际内容，实现两级分离和三层国资管理架构，具体为要求是：①在国资监管机构与国有资本投资运营公司之间，实现监管者与出资者职能的分离；②在国有资本投资运营公司与经营性国企之间，实现出资者与企业的分离；③形成"国资监管机构——国有资本投资运营公司——经营性国企"的三层国资管理架构。同时，为了重构铁路国有资产管理体制，要积极改组、新建的铁路国有资本投资运营公司，规划好铁路国有资产分类监管战略，通过对重点子企业、重点子行业、重点投资方等实现股份制深化改造，依托公司制的铁路国有企业及其国有资产投资管理专业化平台，提升对铁路领域国有资本的控制力和影响力。

对于铁路这种具有极强自然垄断性的行业来说，要注重国有资产投资管理改革的路径设计。国有资本投资运营公司主要通过三种途径设立：一是原有的大型国有企业集团，可以通过剥离其经营性业务重组设立，成为国有资本投资公司；二是原有的大型国有金融性投资公司，如中国投资公司等，可以通过扩大其授权职能的方式设立；三是新设，把现有的由党政机关直接持有的国有股权，转由多个新设的国有资本投资运营公司持有。因此，本文认为我国铁路国有企业应该基于现有的改革环境和已有的改革成就，为了推进铁路投融资体制的深化改革，重点推进铁路国有资产投资和管理公司的构建，注意以下几个改革方向，以推动国有资产管理体制的重构。

第一，要对铁路企业的布局进行优化，也就是有所为有所不为。国有资本是绝对控股、相对控股还是参股，需要依据铁路行业性质决定。对于铁路行业中涉及国家战略及市场失灵的非竞争性领域，国有资本应保持控制力；而在铁路行业中的竞争性领域，国有资本则应以平等身份参与竞争，利用市场机制提高效率。经营性国企要根据市场原则，积极引入非公经济主体，实现混合所有制，实现彻底的市场化运营。

第二，要积极推进各类行业市场对社会资本的开放。在公共事业领域，大力推进政府与社会资本的合作机制，积极引入社会资本，制定完善的配套措施，确保合作各方的合法权益；在垄断性行业中，要积极推动大型垄断性国企的竞争性业务和垄断性业务的分离，分离后的竞争性业务，要积极引入非公经济主体，实现混合所有制；对准入条件较高的行业，要推进准入条件的中性、公开和透明，使符合条件的非公经济主体有机会进入；在关系国家安全等战略性行业，可以率先在产业链的低端或配套环节，以及在相关国有企业的底层机构等，引入非公经济主体，实现一定程度的混合所有制。

最后，要积极利用资本市场推进混合所有制改革，在提高改革效率的同时，防止国有资产的流失，谨防将混合所有制改革变为私有化的"盛宴"。要依托现有的多层次资本市场，通过整体上市、增资扩股、收购兼并等方式推进改革，充分发挥资本市场相对成熟的资源配置优势和价格发现功能，建立健全社会监督机制，确保混合所有制改革在公开、公正、公平的原则下进行，防止国有资产流失。同时，要构建现代企业制度和以董事会为核心的法人治理结构，推进国有企业的"去行政化"，避免内部人控制现象，提高民间投资者的投资热情。

6.3.4 组建铁路国有资本投资运营公司

随着我国国企改革步伐的不断加快，在重要行业成立或重组国有资本投资运营公司是必然的。铁路在我国交通运输业中至关重要，按照十八届三中全会确定的"管资本"、组建"国有资本运营公司"和"国有资本投资公司"的原则和方向，成立铁路国有资本投资运营是铁路改革的必然趋势。

铁路国有资本投资运营公司主要通过三种途径设立：一是原有的大型国有企业集团，可以通过剥离其经营性业务重组设立，成为铁路国有资本投资公司；二是原有的大型国有金融性投资公司，可以通过扩大其授权职能的方式设立；三是新设，把现有的由党政机关直接持有的国有股权，转由多个新设的铁路国有资本投资运营公司持有。

结合我国国有企业改革政策以及当前铁路领域企业的发展现状，笔者建议以中国铁路建设投资公司或中国铁路建设发展基金股份有限公司为基础，成立或组建铁路国有资本投资运营公司，以股权投资的形势参与铁路路网、运营、工程、装备等领域实业企业的管理与运营，根据不同领域企业的特性而进行绝对控股、相对控股或是参股，不干预各领域企业的运作，从而实现铁路各领域企业的良好运营，合理规划、整合市场资源，优化铁路企业布局，进一步深化我国铁路投融资体制改革。

应当注意的是，在组建铁路国有资本投资运营公司过程中，在铁路资产监管机构、铁路国有资本投资运营公司、铁路各领域企业之间，实现两级分离和三层资产管理架构，具体要求为：①在铁路资产监管机构与铁路国有资本投资运营公司之间，实现监管者与出资者职能的分离；②在铁路国有资本投资运营公司与铁路各领域企业之间，实现出资者与各领域企业的分离；③形成"资产监管机构——铁路国有资本投资运营公司——铁路各投资领域企业"的三层资产管理架构。

同时，规划好铁路国有资产分类监管战略，通过对重点子领域企业重点投资来实现股份制深化改造，依托铁路国有资产投资运营公司的专业化管理平台，提升对铁路领域国有资本的控制力和影响力。

专栏6-1	中国铁路建设投资公司简介

中国铁路建设投资公司是中国铁路总公司全额出资设立的以投资业务为主的自主经营、自负盈亏、独立核算的法人实体。公司的前身为中铁建设开发中心，是1994年由铁道部投资设立的面向全国部分合资铁路和地方铁路投资的企业，2004年更名为中国铁路建设投资公司，公司注册资本金1113.6亿元。

中国铁路建设投资公司从事重大项目投资、重点产业引导性投资，承担总公司和铁路局委托的地产投资咨询评估和物资采购招标代理。公司控股京沪高速铁路股份有限公司、广深港客运专线有限责任公司、成都轨道交通技术研究院和北京轨道交通运行控制系统国家工程研究中心有限公司；参股蒙西华中铁路股份有限公司（第一大股东）、三茂铁路股份有限公司和12个地方铁路公司。

资料来源：中国铁路建设投资公司官方网站，http://www.cric-china.com.cn。

专栏6-2　　中国铁路建设发展基金股份有限公司简介

2014年，中国铁路发展基金股份有限公司（简称"铁路发展基金"）正式挂牌成立，其定位为有中央政府背景的政府性投融资平台，设立目的是满足国家政策意图、吸引社会资本参与、盘活铁路用地资源、逐步扩大建设资金规模。

2014年4月，国务院常务会议决定，深化铁路投融资体制改革，设立铁路发展基金，吸引社会资本投入，使基金总规模达到每年2000亿~3000亿元。铁路发展基金成为中国庞大的政府性基金"家族"的最新成员。同年10月份，兴业银行作为唯一一家股份制银行，与工商银行、农业银行、建设银行等3家国有银行一起参与组建铁路发展基金，4家银行的投资平台成为铁路发展基金的优先股股东，中国铁路总公司作为国务院授权的政府出资人代表、主发起人和普通股股东。

铁路发展基金的推出被认为是铁路投融资体制改革迈出了实质性步伐。铁路发展基金坚持四大设立原则，一是坚持完成政府规划建设目标，筹集足够规模的资金，满足国家规定项目的资本金投入需要。二是坚持"桥归桥、路归路"的资金使用原则。中央财政性建设资金用于建设、筹措社会资金所需稳定合理回报从有关经营收益中取得。三是采取政府引导、市场运作的方式。四是基金设立不影响既有融资渠道。

资料来源："中国铁路发展基金已挂牌成立"，和讯网，2014-11-26，http://funds.hexun.com/2014-11-26/170822864.html。

在铁路国有资本投资运营公司的资本来源方面，笔者建议：

①由中国国家产业结构调整基金等国家级基金出资。铁路是国家重要的先导性、支柱性产业，由国家产业结构调整基金出资组建或参与铁路国有资本投资运营公司，体现了国家支持与重视铁路改革发展的意志，是关于铁路的国家所有权政策的重要体现。

②由铁路相关大型央企出资，如大型装备企业（如中国中车、中国通号）、大型工程企业（如中国铁建、中国中铁）、大型物资企业（如中国铁物）。铁路领域上述企业共同出资组建或参与铁路国有资本投资运营公司，对于促进铁路路网、运营、装备、工程领域各类企业融合发展具有重要价值。

③由"大交通"领域央企以及各级地方国企分别出资，如大型民航企业（中国国航、东方航空、南方航空等）、大型港口企业（如大连港、青岛港、连云港、盐田港等）、大型航运企业（中国远洋海运集团等）。我们特别建议，由有实力的快递快运企业出资，如圆通速递、申通速递、中通速递、韵达速递、德邦快运等。上述企业共同出资组建或参与铁路国有资本投资运营公司，不仅有利于充分吸引各类资本投资铁路，而且从资本融合的角度对于促进多式联运具有重要价值。

④由铁路运输上下游领域内央企以及各级地方国企分别出资，如大型煤炭企业（如中国神华）、大型钢铁企业（如宝武集团）、大型石化企业（如中国石油、中国石化）、大型汽车企业（如一汽集团、东风汽车、上汽集团等）。上述企业共同出资组建或参与铁路国有资本投资运营公司，不仅有利于充分吸引上述企业投资中国铁路，而且对于上述企业"降本增效"具有重要价值。

⑤由一切对铁路感兴趣的社会资本（包括个人资本甚至境外资本等）出资。

例如，可由中国国有企业结构调整基金与中铝共同设立的国调中铝铜产业发展基金（总规模30亿元）出资来组建铁路国有资本投资运营公司，此外，我国第一支钢铁产业结构调整基金——四源合钢铁产业结构调整基金（规模初定400亿~800亿元），亦可成为我国铁路国有资本投资运营公司的出资者。

专栏6-3　　　3500亿元国企结构调整基金怎么花？

中国国有企业结构调整基金正式设立，将充分发挥国有资本杠杆放大作用和多种所有制资本相互促进作用，发挥国有资本在结构调整中的引导作用，突破产业重点领域和薄弱环节的资金、市场、技术等瓶颈，最大限度地提高资源配置效率和国有资本使用效益。

预计总规模为3500亿元的中国国有企业结构调整基金9月26日正式在北京成立。基金将重点投资于中央企业产业结构调整，包括企业提质增效、转型升级、科技创新、国际化经营和不良资产重组等项目。

据介绍，中国国有企业结构调整基金首期募集资金1310亿元，是目前国内规模最大的私募股权投资基金。受国务院国资委委托，基金由中央企业国有资本运营公司试点企业中国诚通牵头，携手中国邮储银行、招商局集团、中国兵器工业集团、中国石化、神华集团、中国移动、中国中车、中国交通建设集团和北京金融街投资（集团）10家机构发起。

国务院国资委主任肖亚庆表示，设立基金是国资委落实党中央、国务院深化国资国企改革、优化中央企业布局结构战略部署的重要举措，也是开展国有资本运营公司试点工作的主要内容和重要抓手。业内人士普遍认为，基金的设立，对于优化国有经济布局结构、推动中央企业加快转型升级、提高国有资本运营效率意义十分重大。

当前，中央企业行业分布过宽、战线过长、资源分散、竞争力不强等问题依然比较突出，布局和结构优化的任务十分繁重。且中央企业所处行业既有部分行业产能严重过剩，又有一些行业供给不足；既有很多低端产品销售不畅，又有不少中高端产品满足不了需求，供给侧结构性矛盾日益凸显。

如何有效吸纳中央企业以及社会闲置资金，以存量培育增量，以增量盘活存量，更加有效地推进国有经济布局优化，提高国有资本整体配置效率，推动供给侧结构性改革？设立国有企业结构调整基金可谓应时之举。

专家表示，基金可以更好地发挥国有资本在结构调整中的引领作用，充分发挥国有资本杠杆放大作用和多种所有制资本相互促进作用，推动国有资本向关系国家安全和国民经济命脉的重要行业和关键领域、重大专项任务集中，向具有核心竞争力的优势企业集中。

基金也有利于集中优势资源，推动企业加快创新；有利于推动国有资本向战略性前瞻性产业集中，向产业链中高端集中，不断扩大有效和中高端供给；有利于推动企业加快处置大量低效无效资产，淘汰落后过剩产能，减少低端供给，更好地发挥央企在供给侧结构性改革中的引领作用。

此外，基金还将促进央企产业重组整合，在中央企业之间、中央企业与社会各类资本之间形成以股权为纽带、产业整合为目标的"生命共同体"，支持重点行业实施整合和专业化重组，推动结构调整转型升级。

有关专家认为，国企投资基金是一种新的投资模式，使国企的资金找到新空间，把资本要素活跃起来，也可以弥补民间投资的不足。

据介绍，与其他国企投资基金不同，国有企业结构调整基金将聚焦结构调整，主要在战略投资领域、转型升级领域、并购重组领域、资产经营领域四大领域。值得一提的是，在资产经营领域，该基金将重点助力钢铁、煤炭、电解铝、水泥等产能过剩行业的去产能，僵尸企业、低效无效资产的清理，以及与中央企业主业无互补性、协同性的低效业务和资产的退出，建立退出机制和通道。该基金的介入，将致力于加快资产变现效率，推动国有资本有序进退，引导退出资本集中投向更需集中的领域和行业，实现国有资本形态转换和资产、业务布局结构的调整优化。

具体来说，该基金将重点关注六大投资方向：一是关系国家安全、国民经济命脉的重要行业、关键领域和重大专项任务；二是中央及地方重点国有企业转型升级、国际化经营、实现创新发展项目；三是中央及地方重点国有企业强强联合、产业链整合、专业化整合和并购重组项目；四是发掘中央及地方重点国有企业重组整合和清理退出过程中的具有投资价值的项目；五是与中央企业以及境内外优秀资产管理机构共同设立专注于特定领域的子基金；六是其他具有经济效益和社会效益的项目。

至于基金的着力方向，中国诚通集团董事长马正武表示，基金将聚焦结构调整，做好"四个服务"，即：服务于国家战略，发挥主导引领作用；服务于国有资本布局结构调整，实现国有资本有序进退；服务于供给侧结构性改革，落实"三去一降一补"，瘦身健体提质增效；服务于央企、国企做强做优做大，助力国有企业转型升级。

资料来源："3500亿元国企结构调整基金怎么花？"，中国经济网（《经济日报》记者：李予阳），2016-09-27，http://finance.ifeng.com/a/20160927/14905403_0.shtml。

专栏6-4　　　　　国调中铝铜产业发展基金

2017年7月13日，由中国国有企业结构调整基金与中铝公司共同设立的北京国调中铝铜产业发展基金在北京揭牌。

国调中铝铜产业发展基金总规模30亿元，该发展基金将通过注入权益性资金和引入市场化机制等方式，降低中铝洛阳铜加工集团的财务杠杆和融资成本，帮助企业改善资本结构，提升运营效率，升级产品结构，增强市场竞争力，推进实体企业改革脱困和持续发展，推动我国铜产业供给侧结构性改革。

成立国调中铝铜产业发展基金，是中国诚通、中铝公司、中国国有企业结构调整基金加快金融创新、助力国企改革脱困和转型升级的重要举措，是产业金融服务实体经济良性健康发展的重要探索，是中央企业之间创新合作的重要尝试。

国调中铝铜产业发展基金是以基金方式支持中央企业创新发展的重要实践和积极探索，其坚持市场化原则，坚持依法合规运作，努力成为基金助力央企改革发展的典范。

中铝公司是我国有色金属工业的排头兵，铜产业综合实力位居全国第一。为了加快推动我国铜产业供给侧结构改革步伐，助力中铝公司铜产业快速发展，中铝公司与结构调整基金确立了通过共同出资搭建"铜产业发展基金"的方式，开启了产融合作的新篇章。双方以此次合作为契机，秉承"互惠互利、长期合作、重点支持"的原则，进一步加深合作，在促进中铝公司产业结构调整和转型升级方面作出更大的贡献，实现互利共赢，共同发展。

资料来源："国调中铝铜产业发展基金揭牌 总规模30亿"，东方财富网，2017-07-17，http://finance.eastmoney.com/news/1365，20170717757313320.html。

专栏6-5　　　　　　　　　　钢铁产业结构调整基金

2017年4月7日，我国第一支钢铁产业结构调整基金——四源合钢铁产业结构调整基金举行框架协议签约仪式并成立，规模初定400亿～800亿元。中国宝武集团总经理、党委副书记陈德荣指出，钢铁结构调整基金的建立将通过市场化手段，重整不良资产负债表，通过工艺改进和产能优化提升营运效率，解决当前钢铁行业困境。

四源合钢铁产业结构调整基金的使命和愿景是，以市场化机制和方式集聚资源，助力中国钢铁行业兼并重组和去过剩产能，促进行业整合和混合所有制改造，实现中国钢铁行业结构调整和转型升级，成为国际一流的钢铁行业投资基金。

四源合钢铁产业结构调整基金，由中国钢铁行业龙头企业中国宝武集团联合WL罗斯公司、中美绿色基金、招商局集团共同发起，基金规模初定400亿～800亿元，组织形式为有限合伙，其中四家发起股东共出资10亿元设立四源合股权投资管理公司作为普通合伙人（GP），股权比例分别为25%、26%、25%、24%。

中国宝武集团董事长马国强表述，成立钢铁产业结构调整基金是为响应国家供给侧结构性改革和全面深化国企改革的要求，通过市场化的方式、专业化的运作、全球化资源嫁接，助力中国钢铁行业去除过剩产能、出清僵尸企业、加快兼并重组、提高产业集中度、实施混合所有制、推动新型国际产能合作，从而有效释放行业存量资产资源并优化高效配置，在实现中国钢铁行业结构调整、转型升级和可持续健康发展的同时，也有效支撑国家"一带一路"战略的实施。

签约股东表达了对钢铁产业结构调整基金所承载的历史使命的高度认同，并一致看好中国钢铁行业结构调整和转型升级过程中蕴含的巨大机遇，表示将充分发挥自身资源和能力全面支持基金的运作，将四源合钢铁产业结构调整基金打造成为国际一流的钢铁行业投资基金，在助力实现中国钢铁行业可持续发展的同时，为投资者提供超额回报。

资料来源："中国首个钢铁产业结构调整基金来了！"，国资小新，2017-04-09，http：//finance.sina.com.cn/wm/2017-04-09/doc-ifyecfnu7835870.shtml；"我国首个钢铁产业结构调整基金成立"，北京商报，2017-04-09，http：//finance.sina.com.cn/roll/2017-04-09/doc-ifyeayzu7320189.shtml。

新组建的铁路国有资本投资运营公司应运用现代企业制度管理手段，对项目公司资金筹措、建设资金使用、工程建设、生产经营、利润分配、还本付息等重大事项进行监管。在监管中铁路国有资本投资运营公司主要抓好三个环节：一是按现代企业制度要求，规范组建公司，完善法人治理结构；二是选派董事、监事，选好总经理，按现代企业制度的要求科学管理，民主决策，规范动作；三是认真履行出资人代表（股东）职责，强化投资责任，注重投资效益与投资回收。

通过成立或重组铁路国有资本投资运营公司深化铁路投融资体制改革，多渠道、多方式筹集和有效运用铁路建设资金，在铁路国资监管机构的监督与指导下，按照国家发展战略、产业政策和铁路行业发展规划的要求，以绝对控股、相对控股或是参股等方式参与我国各类铁路建设项目及相关项目的建设、经营开发，不断提高投资效益。

6.4 其他配套改革措施

6.4.1 建立完善的铁路混合所有制

铁路领域要充分利用混合所有制、股份制、资本市场等方面的有利政策，扩大直接融资、股权融资比例。在中央政治局2017年4月25日第四十次集体学习中，习近平总书记强调要深化金融改革，为实体经济发展创造良好金融环境，疏通金融进入实体经济的渠道，积极规范发展多层次资本市场，扩大直接融资，加强信贷政策指引，鼓励金融机构加大对先进制造业等领域的资金支持，推进供给侧结构性改革。要认真贯彻十八届三中全会通过的《决定》以及《关于深化国有企业改革的指导意见》精神，用足用好李克强总理在2016年政府工作报告中提到的"基础设施证券化"政策，盘活现有铁路资产，以混合所有制为实现形式，加强铁路优质资产证券化，并以股权流转实现社会资本进入铁路领域。对于新增的铁路基建项目，要把基建所需巨额资金分割成股份，使各类社会资本都能"吃得下"，从而能够充分发挥资本市场的作用，扩大直接融资的比重，这对于铁路投融资改革有着重要意义。因此，在网运分离的前提下，可充分运用铁路数个上市公司作为平台到资本市场直接融资。

基于铁路路网基础性地位和对国家经济安全等重要战略地位，路网改革混合所有制改革应当以国有资本绝对控股，其他资本参股形式组成，将非上市的中国铁路路网集团股份有限公司重组为混合所有制的中国铁路路网集团股份有限公司，实现产权多元化和融资主体多元化。基于路网的特殊性，针对路网产权多元化混合所有制改革，至少可以提供以下三种处理方式：

第一，财政部购买中铁路网部分或全部资产与债务，并成为中铁路网股东或控股股东。此种方法实际是国有资本内部混合所有持股，实现了"混合"，但没有改变单一国有资本所有制形式。优点是有利于快速解决铁路长期债务问题，但是影响日后路网公司与资本市场接轨，且无法改变铁路建设资金来源单一的问题。

第二，国内外战略资本购买中铁路网部分（不宜高于49%）资产与债务，并成为中铁路网股东。国有资本、民资、外资共同持股的铁路路网混合所有制形式能够有效地改善铁路路网经营和管理水平，提高铁路运输效率。由于国有资本处于绝对控股地位，应通过法律保障参股股东收益，保障他们的合法权益，保证按照资本比例分红或者承诺给予优先股地位。该方法实现了路网市场化改革的目标，但是应当注意防止国有资本流失和路网股权被少数资本控制。

第三，引入社保、养老基金等注资中铁路网，成立资产管理公司，对路网公司进行重组，然后引入海外战略资本，实现了从资金单一的政策性公司向市场经济条件下的路网公司转变。由于我国国情和路网结构复杂性，引入社保和养老基金决策难度极大，但能有效防止国有资产流失和资本低估现象，保证产权改造公平公正，有利于路网可持续发展。

为提高铁路资本经营效益，推进铁路资产资本化经营，投融资体制改革是重要步骤。中国铁路总公司总经理陆东福表示，将研究推进铁路企业债转股，深化铁路股权融资改革。探索铁路资产证券化改革，积极开展资产证券化业务。另外，铁路还将开展混合所有制改革，拓展与铁路运输上下游企业的合作，采取国铁出资参股、设立合作平台公司等方式，促进铁路资本与社会资本融合发展。此外，铁路还将探索股权投资多元化的混合所有制改革新模式，对具有规模效应、铁路网络优势的资产资源进行重组整合，吸收社会资本入股，建立市场化运营企业。因此，深化铁路混合所有制改革，对铁路现代企业制度的完善以及投融资改革具有重要意义。

6.4.2 建立完善的铁路公益性补偿机制

铁路不仅具有自然垄断性质，在运营属性上也具有社会公益性质。在铁路投融资领域中，处理铁路公益性质的合理性直接关系到铁路领域投资收益问题，势必会影响到具有公益性质的铁路领域投融资效果。对此，不仅要科学合理界定公益性铁路和运输产品，明确铁路公益性补偿主体和对象，建立铁路公益性补偿经济标准核算方法，还应针对承担社会责任（如救灾、学生运输、军事运输等）的经营性线路给予适当补贴，以保障经营性铁路的利益，从而吸引社会资本投资铁路。

根据我国铁路行业特性和铁路建设与改革的需要，建立铁路公益性补偿机制应遵循以铁路公益性服务功能为科学基础、公益性运输供给方受益、需求方补偿、政府主导和社会参与、权利与责任对等等原则。

第一，铁路公益性服务功能是指国家、企业个人等直接或间接从铁路公益性服务中得到的各种利益。铁路公益性补偿目的是对保护铁路公益性服务功能赖以存在的铁路基础设施和铁路运输企业，从而实现铁路健康、可持续发展的目标，同时从企业的角度保障股东和投融资主体的合法权益。因此，铁路公益性服务功能是铁路公益性补偿制度设计的重要科学基础。

第二，遵循运输供给方受益原则，"谁提供，谁受益"，铁路公益性运输具有较强正外部性，具有重要的服务特性，运输供给方不能从公益性运输中得到适当补偿，就会严重影响铁路运输服务功能和质量，增加铁路运输成本负担，导致铁路经营和建设陷入恶性循环。解决方式应为对具有外部经济效益的运输供给方给予相应的公益性补偿，使公益性补偿和运输收入总和不小于运输成本。

第三，遵循运输需求方补偿原则，"谁受益，谁付费"，铁路公益性运输亟需解决付费问题，明确谁从铁路运输中获得利益，谁就应该提供相应的运输费用。铁路公益性运输受益方是国家和其他国家支持具有公益性运输产品的企业，按照市场经济运行机制，享受公益性服务就必然应向服务和产品提供者付费。

第四，由于铁路基础性、网络性及在国家安全、经济发展的重要作用，国家是铁路公益性最大的直接受益者，个人是间接受益者。应当推动政府主导、社会参与，国家有责任建立和实施铁路公益性补偿制度，同时企业和个人也应当积极参与铁路公益性。

第五，铁路公益性补偿目的是促进铁路可持续发展，保障人民享有公平的出行需求。铁路公益性服务质量是衡量公益性补偿实施效果最重要的方面，因此在设计公益性补偿机制时，应当明确公益性补偿主体和对象权利与责任，落实权利与责任对等，切实做到"据实补偿"，建立合法监督机制，将补偿权利和义务统一，促进铁路公益性事业健康有序发展，为铁路市场化改革公益性建设方面提供帮助。

因此，铁路公益性补偿十分必要，具有广泛而深刻的意义。公益性补偿不仅对改善铁路企业运营具有重要意义，更对铁路投融资领域社会融资吸引力、保障铁路项目股东合法利益、健全铁路混合所有制机制和现代企业制度等可持续发展具有重要作用。在铁路网运分离背景下，铁路公益性补偿工作应当具体化、精细化、专项化，进行公益性补偿全过程监督。

6.4.3 探索铁路债务处置方式

铁路庞大的债务规模亟待控制，迫切需要投融资领域的深度改革，推动调整铁路企业资产结构、促进缓解资金链借贷矛盾。铁路债务处置问题十分复杂，一方面需要有良性的资金链持续运转，另一方面更需要科学合理的投融资体制强力支撑。

因此，依法开展铁路债转股工作，不仅能够合理减轻铁路企业债务负担，而且能够改善铁路企业评级、降低融资成本。借鉴产权流转处置债务的历史经验，考虑我国铁路目前改革的实际，我国铁路以产权流转方式处置债务宜按"清产核资—产权调整—产权流转—债务偿还"四个步骤展开，对每个步骤都应严格依法执行与审核。

第一，落实铁路企业清产核资。产权流转的基础是清晰准确的产权，只有明确的产权关系才可以避免产权交易中面临的障碍，促进良性融资平台的形成与完善。在多年以来的改革进程中，我国已颁布多项法规、规章，以明确产权的界定方式，如《关于清产核资中全民所有制企业资产清查登记有关问题的暂行规定》《财政部国家国有资产管理局关于全民所有制企业用国有资产支持发展第三产业有关问题的通知》《国家国有资产管理局关于用国有资产开办的集体企业或经营单位产权归属问题的通知》《关于清产核资中全民所有制企业单位对外投资的清理和界定的暂行规定》等。因此，在全面深化铁路改革实施之前，应尽早开展铁路国有资产的清产核资、产权登记、统计报告以及资产评估，在全面深化铁路改革实施之中，各类铁路企事业单位的废止与设立均应依法实施审计、监督，避免铁路国有资产流失，保障铁路企业利益，为推动铁路领域投融资发展做好基础。

第二，寻求铁路企业产权调整。我国铁路的有形资产是经营所需的营运资产和配套设施，包括线路、场站、房屋建筑物等固定设施和机车车辆等移动载运设备，无形资产主要包括土地使用权、专利等。铁路上的产权构成当然也包括财产的使用权、收益权和处置权。产权调整的目的就是以产权为纽带，将铁路总公司与各铁路局掌握的路网、运营业务全部整改为产权清晰的股份制公司，并以此发展改善铁路企业进行投融资模式。

"网运分离"是我国铁路改革的必然选择[1]，所以产权调整应由运营公司产权调整、路网公司产权调整两部分组成。首先成立资产管理部门，厘清运营公司产权后，负责对运营公司进行资产核算及管理。然后，进行运营公司重组，形成由总公司、各铁路局相互控股、参股的非上市股份有限公司的区域性运营公司，此时股权便是产权的体现；成立建设与资产管理部门，厘清路网公司产权后，负责今后一段时期内路网公司相关资产的管理。然后，由总公司主导进行路网公司整合重组，将各铁路局所属的路网公司重组为非上市的中国铁路路网集团股份有限公司。

第三，推动铁路企业产权流转。一方面，对于运营公司产权流转，在

---

[1]　左大杰："铁路网运分离的必要性与实施路径"，《综合运输》，2013（07）：44-46。

产权调整之后，将运营类公司上市，并通过成立相关法律，要求总公司、各铁路局逐步退出运营类公司，为各类社会资本参与运营类公司创造公平的环境，将总公司、各铁路局控股、参股运营类非上市的股份有限公司逐步转型成为社会资本控股、参股的股份有限公司。产权流转后总公司、各铁路局将获得的部分或全部收益可以用来偿还铁路债务。另一方面，对于路网公司产权流转，最多可将49%的股份流转给非公资本，将非上市的中国铁路路网集团股份有限公司重组为混合所有制的中国铁路路网集团股份有限公司，实现股权多元化，有利于实现企业的公司制管理。

第四，积极处理铁路企业债务偿还。由铁路总公司与各铁路局根据需求共同组建几百家运营类公司完全是可以接受的，将公司上市后，通过出售运营类公司的股票退出运营市场，将股票收入全部或部分用于偿还债务。运营公司和路网公司通过"清产核资—产权调整—产权流转—债务偿还"，实现产权的流转，实现企业化经营与竞争性结构，并实现铁路业与资本市场的对接，这对改变我国铁路建设过度依赖国家投资和债务融资的状况具有积极作用。以运营公司100%的股权，再加上路网公司最多49%的股权流转出来的资金，足以完全偿还所有的中长期债务，优化铁路融资资金管理和运用方式。而且，相比于日本国铁将绝大部分债务打包给清算事业团处理，结果由于房地产泡沫破裂，债务最终由全民埋单的方式，这种处理债务的方式风险更低。

因此，积极探索铁路债务处置方式是一项持续性工作，与铁路投融资体制改革密不可分。从债务处置角度看，铁路投融资领域运转活性与投融资体制改革深度，决定了铁路债务处置问题的解决方式和解决力度；从投融资体制改革角度看，铁路债务处置的具体目标和实施路径，在一定层面上影响到铁路投融资体制改革的目标要求和改革措施，也体现了铁路领域的整体投融资环境。铁路中长期繁重债务的处置问题，势必会对铁路投融资领域产生影响，相关工作推进力度直接关系到企业投融资吸引力，而投融资体制的优化对债务处置具有反馈调节作用，两个问题相互关联、不可分割，要从持久性改革角度进行系统改革和科学引导。

6.4.4　发展铁路延伸服务

为了提高铁路的经营效益，提升铁路融资吸引力，必须发展延伸服务的质量，适当提高开发强度，如全程物流、站点及沿线房地产、商贸百货以及旅游服务等。转变铁路经营方式是转变发展方式的重要内容。结合铁路发展实际，探讨如何通过以产品为导向，大力发展铁路延伸服务，转变铁路经营方式，不断提高铁路的经济效益和社会效益。

从国外很多成功的铁路企业经营模式来看，延伸服务有时甚至是铁路企业经济效益的主要来源和投融资项目的重要吸引领域，而铁路本身（或称为铁路主业）则只是旅客出行活动的一个重要环节（或者说是铁路产品的基本构成），但这个基本构成并不一定是产品效益的主体。我国铁路具有很强的公益性特征，尽管将铁路局定位为市场经营主体，其利润空间也是非常有限的。所以，铁路要想提高经营效果和融资吸引力，提高经济效益，就要在延伸服务上下功夫做文章，想办法提升铁路延伸服务质量，增加延伸服务的附加值，以此来提高铁路的经济效益。

我国"十三五"《现代综合交通运输体系发展规划》（下文简称《规划》）倡导"拓展交通运输心灵与新业态"，积极引导交通运输新消费，培育壮大交通运输新功能，打造交通物流融合模式，推进交通空间综合开发利用，对发展铁路延伸服务具有重要指导意义。发展铁路延伸服务，有利于提升铁路经营效益和投融资领域吸引力，具有比较广阔的业务拓展空间和成熟的发展模式。

第一，推动铁路旅客运输服务与旅游、文娱等相关产业的联动发展，积极推动交通运输服务新业态；第二，以高速铁路通道为依托，以高铁站区综合开发为载体，培育壮大高铁经济，引领支撑沿线城镇、产业、人口等合理布局，密切区域合作，优化资源配置，加速产业梯度转移和经济转型升级；

第三，打通衔接一体的全链条交通物流体系，以互联网为纽带，构筑资源共享的交通物流平台，创新发展模式，实现资源高效利用，推动交通与物流一体化、集装化、网络化、社会化、智能化发展；第四，依据城市总体规划和交通专项规划，鼓励交通基础设施与地上、地下、周边空间综合利用，融合交通与商业、商务、会展、休闲等功能。打造依托综合交通枢纽的城市综合体和产业综合区，推动高铁、地铁等轨道交通站场、停车设施与周边空间的联动开发。

发展铁路延伸服务，要认真贯彻落实《规划》倡导的"拓展交通运输新领域新业态"，科学有序、安全优质推进铁路建设，保持铁路建设良好发展态势，以资源优势和市场需求为导向，不断深化铁路客货运输供给侧结构性改革，进一步拓展便民利民客运产品供给，组织开好公益性"慢火车"，不断改善旅客服务体验，落实全面预算管理的各项制度措施，做好铁路运输经营和市场深度融合的基础工作，推进铁路企业降本增效，加大资产经营开发力度。提高铁路经济效益，协调推进铁路领域综合改革，吸引社会资本投资铁路、在铁路领域积极发展混合所有制，深化铁路投融资体制改革的主要目标。一方面，既有利于铁路与其他产业的融合发展，进一步提高铁路市场的开放程度，对资源进行优化配置；另一方面，也降低了社会资本参与铁路建设的门槛，打破阻碍社会资本进入铁路领域的"无形门"、"玻璃门"，真正将"民资入铁"落实到实处。

过去将铁路产品定义为人或货物的位移，今天来看应当有所发展。一个完整意义上的铁路旅行产品应当包括从制定旅行计划到完成计划的全过程，而不仅仅是过去认为的单向的从上火车到下火车的位移过程。旅客出行往往不仅要到达，而且要回来，这个过程完成之后产生的位移是零。所谓"点对点"，如果结束的点就是出发点，就会构成这种"零位移"的旅行，这实际上也是一个完整意义上的旅行产品。它应当是完成旅客整体出行计划的全过程，是包括从出行计划、确定方案、订票购票、进站上车，途中服务，出站后的吃住行（这个行不仅包括短途汽车，也包括其他形式的交通工具和这些交通工具的相关服务），以及回程的车票、短途交通，最后回到出发地。如果这样来定位铁路的旅行产品，其内涵就会扩大很多，铁路的服务就需要进行延伸。货运一直讲门到门服务，实际上就是指要完成运输计划全过程。

尽管近年来也推出了类似民工专列、学生专列、旅游专列等铁路旅行产品，但总的来说，与铁路建设发展相比，铁路的经营理念、经营方式，服务水准、服务能力都还存在着诸多不适应。普遍存在着项目单一，产品内涵小，产品形成过程复杂，审批程序层次多，市场反应慢的问题。对一些小型的、个性化、更人性化的需求难以满足，难以常态化、品牌化，信誉不高，经济效益自然也不理想。做好延伸服务，并且通过这些延伸服务，一方面增加铁路的吸引力，保持铁路在交通市场的竞争力；另一方面通过铁路的延伸服务，取得与铁路主业同样重要的经济和社会效益。这就要求我们解放思想、更新观念，探索出符合铁路产品需要的经营模式。

因此，发展铁路延伸服务的内涵十分广泛，按照现代服务业的要求发展铁路的延伸服务，是一个涉及面很大的系统工程，需要对所有参与延伸服务过程的各要素进行有效的整合。如何运用市场经济发展手段将铁路延伸服务与铁路企业经营体制有机挂钩，是一项庞大而复杂的工作。如何推进以铁路综合服务产业为平台的投融资合作，完善融资资金的有效运用，是值得深思的问题。在《规划》的总体指导下，应当在延伸服务的不同分支有序推进，提升综合服务产业生产活力和经营水平，以进一步吸引众多社会资本成分进行倾向性投资和广泛性合作。有必要建立一个专门的机构从事这种整合工作，并以此为基础，搭建起产品与用户进行交易的新平台。也就是在路局的层面成立综合服务与营销公司（大客户服务部），作为铁路对外的一扇新窗口，运用互联网站和服务大厅等形式，完成与客户产品的订购合同，并对加盟产品生产的各要素单位的运行质量进行监控，形成主业和延伸服务相互支持、相互依赖、共同提高的良性关系结构。一方面，主业通过铁路高质量的延伸服务，扩大铁路产品的内涵，提升铁路形象；另一方面，铁路延伸服务业依托主业优势，为旅客提供优质的旅行产品，提升自身的市场竞争力。同时，延伸服务以其贴近市场的优势，可以不断地为主业提供产品需求信息，有效地帮助主业为保持稳定充足的客源而开展营销活动。

虽然建立现代铁路综合延伸服务体系的条件已经基本具备，但从建立到真正发挥作用、常态化运营还有很长的一段路要走，有许多工作要做。

第一，注意发挥优势，这是铁路产品竞争力的核心要素，也是"引资入铁"的关键。现在旅游市场上的相关企业尽管有了很大的发展，但人们的依赖度和信任度还不够。然而，铁路恰恰具备这个重要环节的优势，体现在运力优势、行业优势和规模优势等方面。铁路可以根据旅行产品的需求，开行特定的专列，这在其他服务行业显然是做不到的。另外，铁路行业固有的高度集中、大联动、半军事化的行业运行管理特点，使得旅行产品一旦进入生产过程就会得到高效率的执行。此外，铁路不仅具有地域覆盖面大，只需很小的短途运输就可到达较大的选择区域目的地的优势，而且还具有产业辐射范围广的优势。铁路自身现在基本具备了旅行产品中吃、住、行的大部分能力，只需部分地补充，就可以完成旅行产品的全部要求。因此，发展好铁路客运服务产业，就是运用铁路自身优势塑造优质的综合客服产品，以此提升铁路综合客服产品和产业的核心竞争力及收益性，无疑有利于扩大优质资本进入铁路服务产业。所以在具体的发展措施中，建立铁路的营销机构必须紧紧地依托铁路自身的优势来开发产品，根据铁路优势产品来设置营销机构的基本框架，以铁路综合优势吸引广泛社会资本合作共赢。

第二，注重整合资源，这是铁路产品综合优化的突破。由于经营主体的多层次和多元化，铁路现在所进行的延伸服务没有统一标准、服务参差不齐、质量难以保障，而且还容易造成内部竞争。为此，应当开发基于互联网的旅客旅行需求信息平台，设立客服中心网站，使旅客能够自主或在铁路营销工作人员协助下快捷、方便地完成旅行产品的设计，提供个性化服务。另外，应当整合其他延伸服务资源，即除了出行之外的吃、住、游、购等内容。然而，这些服务资源并不一定全部由铁路的资源来完成。在铁路企业的牵头下，整合资源吸引广泛的社会资本进行合作，兴办的酒店和旅行社等经营实体资源，此外还可以通过准入、协议、租赁、自备等多种方式，引入社会有效资源，扩大铁路领域投融资内涵，实现行业联合、区域联合。

第三，强化系统管理，这是整合之后最重要的问题。首先要从政策法律层面进行把握，认真研究相关的政策法律，对参与铁路延伸服务过程的各要素、单位、人员的资质、经营范围等方面内容进行严格的审核，对旅客在铁路延伸服务项目中的权利义务甚至保险等内容也要界定清楚。其次从管理层面要理顺。明确经营主体的职责，明确与路局以及下属酒店、旅行社、商贸、餐饮公司、物流企业等延伸服务实体以及路外相关单位之间的责权利关系，制定相应的服务标准和工作流程。良好的系统管理有利于促进企业项目的投融资吸引力度，并探寻广泛社会资本与铁路领域的有效合作。在此基础上加强与兄弟路局的横向联合，共同完成铁路旅行产品的全过程。

第四，实现持续改进发展。由于铁路综合延伸服务体系所具有的多层次、多样化特点，在做好既有的铁路大众常规产品的基础上，可以先从比较成熟的旅游产品做起，逐步扩展产品的范围，逐步实现订单生产、个性化服务，增加铁路产品的附加值和铁路产业收益性，以扩大融资运转收益、融资范围和融资力度。同时，要保持铁路延伸服务的高质量，建立和形成产品系统的持续改进机制，逐步形成铁路延伸服务产品的服务文化和服务品牌，持续扩大产品品牌的知名度、影响力和融资吸引力，形成"品质提升——产业优化——优质融资——产业再优化"的良性循环。在打造优质旅行产品的过程中，不断提升铁路的服务质量和良好形象，实现铁路新的发展①。

发展铁路的延伸服务，就要按照现代服务业的一般规律，遵循"十三五"总体规划，从铁路延伸服务企业的整合，到企业内部的管理、专业人才的引进、信息化手段的加强等方面都要下一番功夫，把铁路延伸服务做成能代表铁路形象的品牌，拓展铁路与社会资本的合作平台和途径，搭建铁路领域融资管理模式，以强大的品牌效应参与市场竞争，实现铁路的经营

---

① 温连军："转变铁路经营方式，做好铁路延伸服务"，《铁道经济研究》，2011（3）：42–45。

目标。实际上，现在铁路的延伸服务距现代服务业的一般要求还有一段距离。通过铁路延伸服务的发展，一方面可提高铁路行业的经济与社会效益，另一方面可增加铁路对社会资本的吸引力，保持市场竞争力。

6.5　本章小结

本章主要研究了铁路投融资体制改革的实施路径，根据我国国有企业改革实施纲要、交通运输行业发展形势和铁路综合改革布局等精神，研究并设计了铁路投融资改革的实施路径，主要包括：①研究了基于公司制实施统分结合的网运分离，以改革准备阶段、运营业务公司化阶段、网运分离阶段和路网整合阶段逐步讨论了我国铁路网运分离对于进一步实施投融资改革的基础性作用；②讨论了如何建立完善的铁路现代企业制度，从铁路现代企业的产权制度、组织制度以及管理制度入手，分别研讨了"产权清晰、权责分明、政企分开、管理科学"的现代企业制度对深化铁路投融资体制改革的重要意义和实施方案；③考虑铁路路网基础性地位和对国家经济安全等重要战略地位，分析了铁路混合所有制改革的实际意义，并研究了铁路混合所有制的改革方式，讨论了如何铁路企业的实现产权多元化问题；④根据我国铁路行业特性和铁路建设与改革的需要，遵循以铁路公益性服务功能为科学基础、公益性运输供给方受益、需求方补偿、政府主导和社会参与、权利与责任对等等原则，研究了如何建立铁路公益性补偿的机制；⑤借鉴产权流转处置债务的历史经验，考虑我国铁路目前改革的实际，我国铁路以产权流转方式处置债务宜按"清产核资—产权调整—产权流转—债务偿还"四个步骤展开，对每个步骤都应严格依法执行与审核；⑥结合铁路发展实际，探讨了如何通过以产品为导向，大力发展铁路延伸服务，转变铁路经营方式，不断提高铁路的经济效益和社会效益。

笔者认为，在我国铁路改革的系统工程中，必须结合全面深化铁路改革的若干关键问题进行科学设计，将实现政企分开、妥善处置网运关系、建立现代企业制度、实现混合所有制、有效处置铁路债务、建立公益性补偿机制、完善改革保障机制等问题融合到铁路投融资改革过程中，进行全局把握和逐步实施。

全面深化铁路改革已经站在了新的历史起点上，如何持续推进全面深化铁路改革得到广泛关注。实现立法和改革决策相衔接，做到重大改革于法有据、立法主动适应改革和经济社会发展需要，这是进一步需要深入研究的内容。因此，应把握机遇尽快完善铁路立法，以法律的形式体现改革的意志，依法推动改革的进程，全力推进铁路投融资体制行政改革措施，逐步落实各个改革制度和环节的具体要求，积极推进相关的配套改革措施。

第七章
我国铁路投融资体制改革：
保障措施

为了全力推进铁路投融资体制各项改革措施，逐步落实具体要求，必须要建立健全配套的改革措施。在依法治国的大环境下，本章研究了依法推进铁路改革的重要意义，提出了推动铁路投融资的"三步走"方案，研讨了推进行政管理体制改革的实施方案，补充了相关配套改革。

7.1　铁路投融资体制的法律保障

在国家法律体系的框架下，认清铁路改革目标及企业发展需要，依法推进铁路改革十分关键。立法的滞后成为制约我国铁路快速发展的瓶颈，铁路企业改革的发展趋势不可逆转，在依法治国的大环境下，制定、修改相关铁路立法已经迫在眉睫。

铁路投融资制度改革亟待相关立法工作的保障，而铁路投融资立法保障又是推动铁路投融资工作全面稳定进行的"稳定器"。从法律层面确立铁路投融资制度的合法性，完善与投融资相关的法律法规、制定实施政府投资条例、企业投资项目核准和备案管理条例，加快推进社会信用、股权投资等方面的立法工作，只有确立完善的法律法规，才能依法保护各方权益，维护竞争公平有序、要素合理流动的投融资市场环境。

7.1.1　确立铁路投资主体的法律地位

铁路投资主体是有足够的资金来源、能够独立做出投资决策的法人。铁路总公司作为国家独资铁路公司，是具有独立法人地位的经济实体。而投资者对投资所形成的资产享有所有权和法人财产权，外资或民营资本参股的铁路运营公司依法对其财产享有所有权，国有资产代理人的国有铁路独资公司享有法人财产权，无论是哪种股份结构的铁路公司，都应该依据所有权和财产权或经营管理权，并且铁路企业能够自主经营决策，政府不能干预。

投资者能够承担投资风险并承担相应的法律责任。现代企业制度下的铁路公司应该按照"谁投资，谁决策，谁受益，谁经营，谁承担风险"的原则来进行管理和经营，铁路投资者对公司的重大项目具有决策权，同时让铁路公司项目建成运营后的运营效益与项目建设时期的投资相对应。通过投资主体与经营主体相分离，委托独立的经营团队能够在企业利益最大化的原则下展开经营，不必受政府的干预，只有这样，经营团队才能为投资人的利益最大化而自主经营、自负盈亏，才能激励铁路企业从技术和管理上创新、努力提升服务质量，最终提高铁路企业经营效率，使得铁路运输企业得到最大的发展。

7.1.2　推动铁路投融资改革立法"三步走"

我国铁路"网运分离"改革的总体走向已经明确，铁路改革将进入一个在总体部署下系统推进体制转换和结构调整的新阶段，铁路改革已进入关键时期。在市场经济条件下，不应该再重复早期商品经济在没有明确法规的条件下长久摸索的过程。为此，应积极借鉴国外铁路改革的立法经验，结合我国的国情和路情，按市场经济发展的要求，认真做好铁路改革的立法规划，尽快建立和完善我国铁路的法规体系，为铁路改革营造良好的法制环境。因此，要加紧做好铁路改革的立法规划，提出铁路现代企业制度改革重组的一系列法律法规的议案。根据我国铁路改革的具体实际，抓紧做好下列法律法规的立法规划①，如表7-1所示。

表7-1　　　　　　　　　　　　铁路改革立法规划

规划法案名称	立法角度	主要内容	规划意义
"铁路改革与重组法"法案	"网运分离"下的铁路改革与重组需要明确改革总体目标与详细步骤	政府职能与企业职能的分开，铁路国有资产所有权与经营权的确定，国有资产的管理，构想铁路重组推进时间表以及过渡阶段的机构设置等	以法律形式明确我国铁路改革与重组的目的和意义，规定铁路以"网运分离"为主的铁路运输管理体制改革的目标和步骤
铁路股份公司组建法案	具体规定铁路重组后的各铁路公司的责任形态和组织形式等	铁路客货运公司依法组建成股份公司，国有资产参股的份额规定和资产转让的法律规定，铁路员工安置过渡和机构设置，董事会与监事会的产生及职责，公司对国家承担的义务和法律责任等	在深化铁路改革的进程中，为我国铁路重组做好法律基础，为铁路股份制改革做出具体细节要求
铁路行政管理法案	针对我国铁路改革后的行政管理细则进行详细规定，规定我国铁路行业的监督和审批机关	批准境内铁路线路的建设计划，履行铁路运输监督任务，决定经营者在铁路运输市场的准入与退出，依据其他法律法规行使铁路部门的主权，监督权和处置及履行有关铁路线路投资的财政协议，对违反法律法规的情况进行查处以及对铁路发生的争议进行仲裁等	为国家铁路局作为政府委托监管部门代表政府行使铁路事务监督权、进行宏观调控奠定法律基础
铁路融资法案	针对铁路建设融资模式进行规范制定，规定多种成分的融资结构与流程细节	构建多元化的投资主体、拓宽多种筹资渠道、形成多样性的融资方式，转变为以政府投资为引导，各类企业、投资机构、民间资本和外资等投入为主的多主体投资模式；要拓宽筹资渠道，逐步拓宽财政投入、企业投资、利用外资和民间资本等多种渠道	作为铁路投融资管理的专门法案，针对铁路建设融资模式进行模式制定，以法律形式设立引导政策，以推动社会资本的广泛融资，优化资金使用流程

---

① 樊绍文、李莹："完善中国铁路立法的借鉴与探索"，《法制与社会》，2012（18）：272-274。

续表

规划法案名称	立法角度	主要内容	规划意义
《铁路法》修正案	调整铁路与国家、企事业单位、其他社会团体和公民在铁路运营、管理、建设与发展、安全与防护等方面所发生的各种社会关系的法律规范	明确政府与铁路的相互关系、放松对铁路运输市场的经济管制、确立政府对铁路的社会管制和必要的调控责任、确认企业的市场主体地位、扩大铁路的对外开放和引入竞争机制等，并补充"外商投资铁路法"、"铁路安全与防护法"等对铁路改革与发展有重大影响的立法规划	将我国铁路专门法进行再次修正，有利于根据国情和路情的实际进行适宜调整，推动铁路改革和发展的诸项事宜
铁路竞争价格机制法案	规定竞争价格机制，更好地参与运输市场竞争	市场经济体制下，价格受到供需影响。对于铁路客运业务，定价不能以一个标准一成不变。铁路立法应制定更为合理、透明和弹性的价格机制	推动铁路运输更加公平地参与市场竞争，提高经济效益，促进铁路运输收益的提升
消费者权益保护机制法案	提高企业服务标准，扭转铁路运输消费者的弱势地位	针对列车晚点、退票扣费、售票机制不合理、货物运价制定缺陷、运到期限设置缺陷等运输服务弊端，立法保护消费者合法权益	保护消费者的合法权益，便于消费者维护自己在与铁路企业的交易中的合法权益

资料来源：①上海到无锡物流建立消费者权益保护机制，http://www.lhwuxi.com/news/07131wl.htm；②郑国华、肖龙文、宾斌："国外以立法促进铁路改革的经验与启示"，《中国铁路》，2001第11期，第45~47页。

　　结合我国铁路改革的立法规划以及我国铁路发展实际情况，可以按照"提出议案—制定法规—依法改革"三个步骤展开。

1. 提出改革议案

　　以十八届三中全会为标志，全面深化铁路改革已经站在新的历史起点上，我们必须充分考虑我国的国情、路情，充分认识我国铁路行业发展面临的新的关键问题，并探索解决这些关键问题的方法。当前，我国铁路行业改革必须解决经营管理体制改革、现代企业制度的建立、投融资体制改革、混合所有制的建立、中长期债务处置、公益性补偿机制建立、保障机制的增强、改革的目标与路径的确定等八个关键问题，亟待相关立法工作的落实与保障，需要在立法工作之前对一系列关键问题进行系统而充分的论证。因此，必须加快铁路改革顶层设计，尽快确定铁路改革方向、目标和路径。

根据以往投融资领域改革经验，建议由国务院牵头成立国家铁路改革领导小组和国家铁路改革专家咨询委员会，分别作为铁路投融资改革的决策机构和咨询机构，要求国家铁路局会同铁路总公司从顶层设计的角度提出多套改革议案，经专家小组多回合论证及铁总多回合修订后最终确定。由此，依据铁路投融资改革议案精神进一步制定铁路投融资改革法规，保障全面深化铁路投融资改革于法有据、有法可依。因此，在制定改革法规之前进行充分的议案提出与意见采纳，是十分重要和必要的。

2. 制定改革法规

为满足全面深化铁路投融资改革的新要求，落实党的十八届四中全会通过的《中共中央关于全面推进依法治国若干重大问题的决定》，国家立法机关应根据改革方案中涉及的关键问题进行充分的立法论证，做到法律主动适应改革需要，改革有法可依。

要强化法制建设的力度，国家有必要按照市场经济的要求，对《铁路法》进行重新修订。同时，尽早制定《国家铁路重组法》《铁路运输法》《铁路建设法》以及一系列铁路法规，保证市场经济条件下铁路运输和建设的可控和有序，用法律杠杆来完成政府宏观管理和调控职能。铁路法规框架的构建，要按照"一法十条例"的总体规划进行配套立法[①]，即以《铁路法》修订工作为中心，制定《铁路运输企业条例》《铁路旅客运输条例》《铁路货物运输条例》《铁路交通事故处理条例》《铁路运价管理条例》《铁路基础公司条例》《铁路债务处理条例》《铁路技术条例》《铁路建设条例》和《铁路改革条例》等，形成铁路法律体系。

本文认为，当前我国应制定（但不局限于）"铁路改革法"、"铁路公

---

① 孙林："关于完善铁路立法有关问题探讨"，《铁道运输与经济》，2001，23（6）：9–10。

司法"、"铁路行政管理法"以及《铁路法》修正案等，以保障铁路改革工作有法可依。在表1所示的立法规划之外，本文认为还需要注意以下几点。

第一，制定"铁路改革法"。"铁路改革法"作为铁路改革的总纲性的法律，应该根据改革议案的顶层设计来制定。该法案主要应以法律形式明确我国铁路改革与重组的目的和意义，规定铁路以"统分结合的网运分离"（统一的路网公司，自由竞争的运营公司）为主的铁路运输管理体制改革的具体目标和步骤。主要应包括：铁路改革重组的目标、路网公司与客运公司的国有资产所有权与经营权的确定及其资产管理办法、铁路投融资体制与建设监督制度的完善、确定路网公司与客运公司的权责及其相互间的清算办法、过渡阶段的机构设置等。

第二，制定"铁路公司法"。该法案主要应对铁路重组后的各铁路公司的责任形态和组织形式等做出具体规定。其主要内容应包括：铁路客、货运公司依法组建成股份公司、国有资产参股的份额规定和资产转让的法律规定、员工的离职与再就业、机构设置、董事会、监事会的产生及其职责、公司对国家承担的义务、法律责任等。

第三，制定"铁路行政管理法"。该法案主要为铁路主管部门行使铁路事务管理权，它应以法律的形式明确监管部门的监督与审批职责。其主要内容应包括：履行铁路运输监督职责、决定铁路运输市场经营者的准入与退出、批准审核铁路线路的建设计划、对运营争议行使仲裁、对违规行为进行查处等。

最后，制定《铁路法》修正案。主要内容应包括：确认企业的市场主体地位，放松对铁路运输市场的经济管制，修订运价机制，制定公益性补偿机制，确立政府对铁路的社会管制和必要的调控责任，扩大铁路的对外开放和引入竞争机制等。

3. 推动依法改革

铁路改革配套法律制定与完善后，铁路改革的顶层设计与目标路径等上升为国家意志。在全面深化铁路改革的过程中，一方面要保证依法实行监督与管理的有效性，另一方面要增强相关部门依法规范和约束自身行为的责任意识。改革的各个步骤与环节中，均应严格按照相关法律文件既定的要求执行，否则将构成违法行为。有法律作为铁路改革的保障，就能够避免改革的中途废止；以法律作为铁路改革的推进动力，能够避免因改革难度大而停滞不前。总之，依法推进铁路改革是保证铁路体制改革顺利进行、实现铁路可持续发展的重要前提与保障。在完善铁路立法工作的基础之上，需要进一步以法律体系为保障，建立与培育铁路运输市场与现代企业制度，实行符合市场的铁路监管制度。

7.1.3　立法工作应注意的问题

1. 依法厘定政企分开原则及明晰政企关系

当前，中国铁路的基础性、公益性、经营性等多重属性互相交织，无法凸显铁路企业法人实体和市场竞争主体之真正地位，难以满足市场化运营和社会化筹资等方面的急切诉求，不利于提升运输企业的行业竞争力。当前，政府部门和铁路企业之间的权责边界需要进一步进行法律界定。新的立法应对国家铁路局的行政管理职能给予更明确的描述。比如国家铁路局行政职能应包括：企业运营监管，行业宏观调控，铁路发展规划，铁路技术标准制定，运输服务标准制定，标准实施的监督检查，等等。同时立法更明确地界定中国铁路总公司的安全生产主体责任，从而真正做好铁路企业和政府部门的角色定位。

2. 依法确保铁路运输企业的市场主体地位

各类铁路运输企业是铁路运输市场之真正主体。这必须自法律上给予准确定位，界定各自的经营范围和运作方式。要依法着重明确各类铁路运输企业和用户之间的种种合同关系。主要内容应涵盖：设立铁路运输企业的门槛和经营许可；铁路运输企业的概念和类型；铁路运输企业的兼并、重组、合并、解散与破产的处置等。同时，要完善现有的铁路运输安全条例，做好安全风险防控。铁路运输安全管理包括线路安全、客货安全、行车安全、治安安全等。现行《铁路运输安全保护条例》颁布于1989年，急需修改完善，以强化各种铁路运输企业的责任、明确执法主体。

3. 立法规定竞争价格机制

铁路应立法制定更科学、更合理、更透明和更弹性的价格机制，以便铁路运输能更公平、更有力地参与市场竞争。由于中国铁路持续性的运能紧张，长期以来造成了巨大的寻租空间。因此，要完善运价管制法律体系，以科学管控定价。同时，我国现实国情决定了作为交通大动脉的铁路必须承担较多的公益性运输，由政府适当承担铁路建设职责，并尽可能满足普通民众特别是弱势群体的运输需求。今后，我国应建立以《价格法》为核心的价格法规体系，从法律上明确规定公益性运输产品价格管制的标则、范围、程序及方法等。

4. 依法建立消费者权益保护机制

铁路作为重要服务性行业，要"以服务为宗旨"，时刻保护消费者权益。目前，由于一些客观条件和主观因素，经常出现一些损害旅客货主消费权益的现象，比如列车晚点，退票扣费，售票机制不合理等。上述现象，广大消费者处于弱势地位，往往是在权益被侵犯后，缺乏必要的法律根据而无法维权。因此，在立法中应对作为消费者的旅客货主之合法权益给予切实保护，要便于消费者维护自己的合法权益。比如，要以立法方式助推铁路企业货运改革，一要转变过去"铁老大"的行事风格；二要减少环节，力避权力寻租。

5. 立法完善铁路市场的运营和监管

目前，我国的铁路监管不到位、不充分、不及时，许多问题都必须依法加以改进和完善。比如，铁路监管机构的法律地位及其与铁路管理部门的关系，是实行铁路发展规划、经营许可、运价、运行、执法集于一体的监管模式，抑或实行突出对铁路市场运营的单一监管模式等等。但是，引入竞争、开放市场与统一调度的关系必须自法律上进一步廓清。既要打造适应市场竞争的企业主体，又要保证作为"一盘棋"的铁路不被肢解。要坚持实施统一调度，发挥路网的整体功能优势。管理路网尤其需要进一步从法律上强化深度、广度和力度。概言之，完善现有相关法律法规，依法对铁路市场进行有力有效的运营和监管。

6. 分阶段稳步推进铁路改革立法工作

由于我国铁路长期实行计划经济、大一统管理、垄断经营，使企业在现代企业制度的建设中，容易受到长期积淀于企业内部的各种深层次管理弊端的影响。这也使得我国铁路改革重组的复杂性远甚于西方国家铁路，从这个意义上来看，我国铁路的改革只能分阶段稳步推进。因此，与改革相配套的运输政策和法律法规也必须根据改革的要求，逐步地制定和发布。另外，从立法的角度来看，立法工作也不是一蹴而就的，它具有一套规范化的程序要求，也有一个循序渐进、逐步完善的过程。因此，需要根据铁路改革的阶段性目标要求，按轻重缓急程度作出近、远期的立法规划，报国家立法机关制定相应的法律规范。

7. 维护铁路法制的完整性和统一性

这主要是要求以适应市场经济和铁路改革要求的铁路法律、法规为基础，结合国家其他法律的有关要求，全面清理现行法律规范。对其不适应市场经济和铁路改革要求的部分，及时予以补充、修改和完善；对完全不相适应的，立即予以废止。

8. 有选择地借鉴外国铁路改革的立法经验

有鉴别、有选择地借鉴外国铁路改革的立法经验。我们应当注重研究和借鉴国外铁路改革的立法经验，但必须强调，我国铁路有自己的实际情况，我国铁路的法制建设有自己特定的条件，因此，尽管西方铁路改革的立法有不少可以借鉴之处，但绝不能照搬照抄，要结合我国的国情、路情，根据市场经济的发展要求，有鉴别、有选择地借鉴外国铁路改革的立法经验，使其为我所用。改革，是一个极为重要的影响条件。我国铁路长期政企合一的管理体制特征，决定了其改革的艰巨性更甚于西方国家铁路。因此，要顺利地推进我国铁路的改革，必须广泛研究和借鉴国外铁路改革的立法经验，在对国外铁路改革立法的背景、基础、条件和社会环境，认真进行比较分析的基础上，切实从我国铁路的实际出发，抓紧对一些急需的重大问题进行立法规划，并在铁路改革方案比较成熟的条件下，由国家立法机关依照立法程序讨论并批准实施。

9. 争取政府部门在铁路改革立法过程中发挥主导作用

对上述事关铁路改革发展的重要的法律法规的立法，铁路部门要加大对其重要意义的宣传，促进政府对立法推进铁路改革必要性的认识，争取取得政府的政策支持，充分发挥其主导作用，使其及早做好立法规划，尽快启动铁路改革的立法程序[①]。

7.2　铁路投融资体制的组织措施

着力推进行政管理体制改革，是完善社会主义市场经济体制的关键环节。随着铁路改革不断向纵深推进，政府行政管理体制改革对其他改革的牵制作用日益明显地表现出来，加快政府行政管理体制改革已成为全面深化改

[①]　郑国华、肖龙文、宾斌："国外以立法促进铁路改革的经验与启示"，《中国铁路》，2001（11）：45–47。

革的关键。

政企不分、政资不分的问题不解决，政府与企业的行政关系、资产纽带直接存在，规范的现代企业制度就不可能完全建立，企业也难以成为真正的能动性市场主体；行政性垄断及地区性封锁不打破，统一、开放、竞争、有序的现代市场体系就不可能最终形成；不理顺庞杂、错位的政府职能，不改变以行政手段为主的经济管理方式，就不可能建立灵敏有效的宏观调控体系，也不可能建立完善的社会保障制度。

7.2.1 改革铁路投资项目审批制度

一方面，企业全部使用自筹资金投资建设的铁路项目，遵循"谁投资、谁决策、谁收益、谁承担风险"的原则，一律不再实行审批制，改为核准制和备案制。其中，重大项目和限制类项目实行核准制，按照国务院发布的《政府核准的投资项目目录》和规定的管理权限，从维护社会公共利益角度进行核准。其他项目均实行备案制。凡使用国债资金、铁路建设基金、统借国外贷款等政府投资资金以及部管资金的铁路建设项目，中国铁路总公司要按照国家规定的审批权限及审批程序，规范审批行为，完善投资决策规则和程序，加强投资资金管理，提高铁路的建设和运营效率，为实现所有制的多元化和运营商业化积累经验[①]。

另一方面，为了充分利用铁路客运专线、煤运通道、集装箱站场等重点建设项目投资风险低、经营前景好、收益比较稳定等比较优势，应当适当修正铁路投资项目的审批制度，同时积极扩大合资建路。因此，未来我国铁路不仅要扩大与地方政府合资共建规模，还要积极寻求境内外战略投资者直接投资参股。在有条件的情况下，推动一些项目探索发行企业债券、可转换债

---

① 武剑虹："论'特许权经营'和铁路改革的关系"，《铁道经济研究》，2000（2）：20-22，47；冯飞："项目融资的政策走向"，《中国投资》，2000（6）：34-35；李刚："铁路多经企业涉足资本市场初探"，《经济师》，2003（12）：294。

券、设备融资租赁等多样化融资方式，形成一定范式的铁路投资项目模板，并反馈和调整铁路投资项目的审批制度。

7.2.2　放宽市场准入制度

积极鼓励和引导境内外各类社会资本以合资、合作、联价、独资等方式，参与铁路建设、竞价。其中，合资建设铁路干线及重要设施，需保持国家控股其他铁路线路及设施，允许各类社会资本控股主要为地区或地方经济发展服务的铁路建设项目，要充分调动各级地方政府、社会投资者及铁路运输企业的积极性，以合资、合作、联价等多种方式投资建设竞价。政府通过注入资本金、投资补偿、转贷及贷款贴息等方式，鼓励和引导社会投资建设铁路。既有铁路资产，具备条件的经过批准可以依法转让产权或经营权，以回收资金滚动投资于铁路建设[①]。

7.2.3　重组铁路优良资产上市融资

①以铁道资金结算中心为例。铁道资金结算中心的建立有助于推动铁路优良资产的上市融资。把原先零散的、蛰伏不动的不生息或基本不生息的资金，转变成生息的高效运作的资金，其直接表现就是铁道资金结算中心的收益[②]。现阶段全路铁道资金结算中心在扣除各项费用后，年均收益10多亿元，这就是外部金融服务内部化的收益。铁道资金结算中心的设立，是企业金融组织创新，提高了整个金融体系的效率。如果没有铁道资金结算中心的存在，银行要面对众多的中小客户，其运营成本必然提高。而铁路内部的

①　李刚："铁路多经企业涉足资本市场初探"，《经济师》，2003（12）：294；向静、陶然、蒲云："扩大资本市场融资推进铁路战略发展"，《铁道运输与经济》，2004（5）：8–10。
②　李礴、傅建平："中国铁路资金管理发展创新的理论分析"，《铁道经济研究》，2002（5）：27–29。

资金管理机构在为铁路企业提供服务方面有独特的优势，比如对内部客户信用、需求的了解，运营监控手段的多样化，服务方式的多样化，这些都是外部金融机构无法相比的。铁道资金结算中心开发了铁道资金管理信息系统，通过该系统完成的资金划拨，同城可以实现即时到账，异地可以实现当天到账。而目前银行尚无法达到这一速度。铁道资金结算中心通过企业内部资金及时划转，减少了资金的在途损耗，提高了整个金融系统的运行效率。

②继续推进铁路股份制改革试点，选择规模较大、资产边界相对清晰、盈利能力较强的优良铁路资产，进行重组改制。通过上市公开发行股票或增资扩股募集资金，以"存量换增量"为基本方式，实现持续滚动融资发展。随着资本市场的发展，中国铁路必然要通过资本市场进行战略性改组，完成铁路产业的整合，建立现代企业制度。铁路产业资本依托资本市场，与金融资本融合发展，是中国铁路改革的必经之路。

7.2.4 建立"滚动发债"机制

为了大力吸引地方政府和境内外各类社会资金直接投资铁路建设，积极引进战略投资者，大幅度提高项目直接融资比重，应当扩大铁路建设债券发行规模，建立"滚动发债"机制，开辟保险、社保等大额资金投资铁路基础设施建设的有效途径，积极推进铁路股份制改革，组建若干股份公司在境内或境外上市融资，以优质存量资产吸引增量投资，实现持续融资、滚动发展。依托《中长期铁路网规划》中确定的铁路建设项目，制定中长期发债计划，相对固定发债时间，逐步在中国债券市场上树立起"铁路建设债券"的品牌，提高投资者对铁路债券的认知度和信任度，为今后长期持续融资奠定一个好的基础[①]。

---

① 杨瑛："利用资本市场加快铁路发展"，《铁道经济研究》，1999（4）：29-31。

7.2.5 巩固铁路产业投资基金

产业投资基金是一种集合投资制度，即通过向多数投资者发行基金份额设立基金，以专家理财方式将大量分散的社会资金聚集起来，集中对某一产业的非上市企业进行股权投资。铁路基础设施建设项目具有投资规模巨大、投资回收期长的特点，直接吸纳分散的社会资本投入，资金量太小，操作困难，抗风险能力较弱。因此更需要构建这样一种能够聚集社会分散资金，并转化为铁路投资的有效平台。目前国内各类保险资金对参与铁路建设投资热情较高，这类投资人主要关注投资的安全性和收益的长期稳定性，所掌控的资金规模也较大，非常适合投资于铁路。国家政策也明确鼓励和促进保险资金间接投资基础设施和重点工程建设。通过设立铁路产业投资基金，打通铁路以私募方式吸纳社会资金的渠道，既可以满足铁路大规模的建设资金需求，又能够有效保障社会投资的安全性和收益的稳定性，同时对于促进我国资本市场的健康发展也具有积极作用，是国家、铁路、社会多赢的选择[①]。

7.2.6 优化外资投资模式

目前，较大幅度地增加外国政府贷款的来源和规模是一项可行的融资措施，应当认识复杂多样的外资融资模式，大力吸引外商直接投资。一般地，海外企业、个人或其他经济组织到中国投资，可以有这样几种融资方式：中外合资经营企业、中外合作经营企业、外资企业、外商投资股份有限公司、外商投资性公司、外资金融机构、BOT方式及其变形、外资补偿贸易、对外加工装配、国际租赁、购买股票、企业产权转让等多种外资融资模式及其组合。

当前，我国利用外资总额中很大比例都是外商的直接投资。而在铁路行

---

① 邱晓燕、项纯："实现铁路建设项目多元化投资主体浅析"，《铁道经济研究》，2003（3）：33–35。

业中，通过外商的直接投资规模较小、领域较窄，应该仍有较大的潜在发展空间。随着铁路建设的快速发展和扩大开放，相信会吸引更多的外商直接投资我国铁路建设和运输经营。结合引进铁路技术装备和铁路建设的需要，扩大利用国际金融组织贷款和外国政府贷款，拓宽利用外资渠道，合理利用国外联合融资贷款、商业贷款等，不断开发外资贷款新品种，争取较长期限、较低成本的优惠资金积极吸引外商直接投资铁路建设，参与铁路企业改制，开展融资租赁或经营租赁，大幅度提高直接利用外资比重。

7.2.7　改善铁路建设市场制度

随着铁路勘察设计及建筑施工企业与铁道部"脱钩"，铁路建设市场已率先全面开放。企业只要具备相应的资质条件，无论内资、外资，无论国有、非国有，都可以参与铁路建设工程招投标。在对内对外开放的新形势下，严格遵循《铁路有形建设市场管理办法》，所有铁路建设项目，都要积极引入市场机制，推进项目法人责任制、资本金制、招标投标制、工程监理制和合同管理制，并引进国内外先进、科学的项目管理模式，提高项目管理中的专业化水平，严格控制建设项目投资和工期，确保建设工程质量。由此，加强铁路有形建设市场管理，规范铁路建设市场交易行为，保护工程承发包交易活动当事人的合法权益，防范违法、违纪现象发生。

此外，为了净化铁路建设市场乱象，2014年11月6日，中国铁路总公司牵头召集中铁工程总公司、中铁建筑总公司、中交集团、中建总公司等7家央企主要负责人和纪委书记参加的会议，共同研究出台了《关于共建规范廉洁铁路建设市场的意见》，进一步明确甲乙双方的责任和义务，加大对违规行为处罚力度。一方面要严于律己、管好自己，在廉洁自律上作示范、在执行制度上作示范；另一方面严格管理、带好队伍，编好制度笼子、强化内控约束，从规范内部权力运行、规范个人职务行为等方面，抓好内控机制建设。

7.2.8　改进铁路投资调控方式

综合运用经济的、法律的和必要的行政手段，有效调控铁路投资规模、投资方向和投资结构，充分发挥规划对投资的指导作用，按照《中长期铁路网规划》确定的铁路建设战略目标、总体布局和主要建设项目等，编制五年规划，作为铁路投资项目决策依据。依照"政府主导，多元化投资，市场化运作"的改革总体思路改进对铁路投资的调控方式，各级政府要在铁路建设中发挥投资主导作用，承担起项目审批、资金筹措，工程实施推进以及为投资铁路创造良好的法律和政策环境等责任。

铁路部门应严格按照国家批准的发展建设规划审批、核准铁路投资建设项目，并充分利用相关网站及其他新闻媒体，及时向社会发布规划信息、行业投资信息等，引导社会投资。改善投资结构，确保新增投资服从和服务于资产配置、生产布局、产品结构的调整规划。加强投资项目的财务预测和可行性论证工作。另外，在建路资金的来源结构上，尝试由政府独家投资转向多渠道市场融资，适度发展合资铁路，优化资本结构，加强竞争，降低经营风险[①]。

7.2.9　加强铁路投资与建设监督

由于铁路建设工程巨大、耗时长、涉及的资金数量大，因此铁路建设的资金管理与监督是铁路建设财务管理中的重要内容。提高铁路建设资金管理和监督的质量有利于充分发挥资源效率，提高项目建设的有序性和规范性，控制项目成本，提高项目建设的经济效益。我国的铁路建设中存在资金安全性低、资金成本高等问题，通过加强铁路建设资金的管理和监督，能够有效解决上述问题，提高资金的安全性和使用率。

[①]　李礴："实行铁路资产经营的发展方向"，《中国铁路》，1999（9）：14–17。

　　建立和完善国有资产出资人制度、投资风险约束机制、科学民主的投资决策制度和重大投资责任追究制度，加强对重大铁路建设项目的审计监督和执法监察，实行政府投资项目后评价制度和投资责任追究制度，建立铁路建设市场准入制度，完善行业标准，严格资质认定，依法规范铁路工程咨询、勘察设计、施工、监理及投资中介服务行为。

　　在经济建设和城市化进程的浪潮下，我国的铁路建设达到了前所未有的飞速发展，因在铁路项目的建设过程中涉及大量的资金，若不能对项目资金做好管理和监督工作，将影响铁路建设的施工质量和整体水平。为此，必须加强项目前期工作的介入，提高概算编制的科学性和合理性，优化、提高合资铁路公司项目资金本金比例，加强过程管理，严格投资控制，建立健全内部资金控制制度和责任追究制度，将资金监管条款和农民工工资纳入承包合同管理。

7.3　铁路投融资体制的配套措施

　　铁路是国家重要基础设施，具有明显的公益性特征或称"准公共物品"特性。路网建设投资规模大、回报周期长，项目本身的债务收益率往往低于社会平均水平，但社会效益十分突出[1]。铁路行业特性决定了铁路投融资体制改革的特殊复杂性，真正把社会各方面资金吸引到铁路建设上来，还要靠政府引导、市场运作、依法保障，必须着力研究解决好以下几个难点问题[2]。

---

①　王书会："中国铁路投融资体制改革研究"，西南交通大学，2007年。
②　范莉莉：《中国国家铁路无形资产的开发与管理》，中国铁道出版社2003年版。

7.3.1　研究建立铁路投资补偿机制

国外非营利组织的资金收入，绝大部分来自政府，政府向非营利社会组织提供财力支持。我国大多数公益性事业单位受政府委托或者作为代理，向社会实施管理和提供服务，因此在事业单位向非营利组织发展的进程中，政府的支持不可或缺。国外非营利社会组织对私人付费的高度依赖，充分反映了非营利社会组织对把市场机制引入内部运营的关注。尽管非营利社会组织可以远离一部分市场压力，但它们并非生存在真空中。向有支付能力的顾客收取所提供的服务费用，也是非营利社会组织自身发展所必需。鉴于铁路的特性，许多国家政府对路网建设项目给予了必要的财政投入或资助。如改革后的德国铁路股份公司，对铁路新线建设、既有线改造的投资来源于联邦政府。中国的国情和路情不同，照搬国外做法肯定不行，但无论如何，政府有责任通过多元化投资补偿体系，以财政投入或资助的形式引导和带动社会资金的投入。

一般而言，公众导向下，公益性企事业单位提供的公共服务分为两个层次：第一层次是基准公共服务，公益性企事业单位通过主动地通过市场分析、实地调研等多种形式了解公众的需求，及时对公共服务的种类进行调整，保证公共服务的质量和水平，照顾大多数人的利益，满足大多数人基准公共服务的需求。这种基准公共服务一般是免费或者适当收费的。第二层次是定制的公共服务，公益性企事业单位在有条件的情况下，要为部分有特别要求的公众量身定做个性化的公共服务，这是社会公共服务水平发展到较高层次的体现。通过对公众不同层次需求的满足，企事业单位可以相应地获得资金和劳动报酬。由此企事业单位必须对公众主动负责，公众可以根据自身的需要来选择产品和服务的种类、数量，如果企事业单位无法达到他们的要求，就会面临无经费、无法正常经营的境地。为了更好地采取必要的行动满足公众的要求，事业单位必须不断寻求有关需求的反馈，事业单位密切的关注核心公众，深入社区，切入市场，进行抽样调研，掌握公众的需求层次，这种反馈是自下而上的，是更有效的。

在多元化投资补偿体系中，政府的弹性投资不可或缺，这是保证公益性企事业单位主动积极向社会提供公共物品的前提，这是一种典型的政府购买服务的形式。其次，公益性企事业单位投资补偿能力的激发尤为重要，尤其在保证公共服务水平的前提下，可以尝试对于部分有条件的公益性企事业单位进行市场化改革，促使其开展自我经营。还有，社会性资本的注入也是公益性企事业单位重要的资金来源，主要包括社会慈善捐赠、民间赠予等形式①。

近年来，各地方政府为吸引社会资本投入城市基础设施建设，在这方面进行了许多有益探索。如借鉴国际上通行的公共部门与私人企业合作模式，在政府资金引导下，吸引社会投资者合作建设对有经营收入但不足以回收成本的建设项目，在价格改革没有到位的情况下，通过建立具有财政补贴性质的"补偿基金"等方式，给予投资者适当补偿，等等②。如何将这些有益的经验用于铁路建设，还需要我们结合铁路管理体制特点，进一步深入研究。

7.3.2 探索适合铁路网络特性的合资铁路经营模式

铁路法规定了国家铁路、地方铁路、专用铁路和铁路专用线四种铁路，不包括合资铁路。合资铁路是在改革开放过程中，随着投资融资体制改革不断深化而逐步发展起来的。推动优化合资铁路的经营模式，包括现行的铁路部门与地方政府合资建设的铁路，也包括今后各种类型经济主体合资建设的铁路，这是实现铁路投资主体多元化的必由之路。

合资铁路作为经营资产，必然要投入运营，同时也必然要求产生相应的

---

① 陈丹："公益性事业单位多元化投资补偿机制的探索"，《法治与社会》，2008（12）：249-250。

② 常宝杰："浅谈铁路运输收入计划管理中存在的问题及对策"，《铁道财会》，2003（5）：63-65；王志华："浅谈铁路企业税收筹划"，《铁道财会》，2003（8）：139-141。

经济效益。合资铁路是铁路投资体制改革、吸引社会资本参与修建铁路的产物。合资铁路公司从一开始就是按照公司法的规定设立的规范化的公司制企业。合资铁路公司与国有铁路企业在经营目标上有所不同，合资铁路公司是以营利为目标的经营性公司，投资回报是股东的基本要求；而公益性的铁路则多为国家直接投资建设。合资铁路公司的经营者首先应当考虑合资铁路的经营效果。不论是何种经营方式，投资回报是考核投资效益的重要指标。否则，社会投资便失去投资合资铁路的积极性。

合资铁路规模要扩大，不仅需要解决如何筹资建设的问题，还要解决采用什么样的经营模式，实现投资回报的问题。一般工业项目投资，如建一个工厂，建成后独立经营，有独立的成本及收益核算，投资者通常不难预期项目的投资回报。而铁路设备联网、生产联动、部门联劳，铁路建成后要纳入路网统一运输指挥，以确保整个运输系统协调有序、高效运转、安全畅通。合资铁路建成后采用什么方式经营，不仅关系项目本身的投资收益，而且关系到路网整体效益。

合资铁路的经营模式有四种选择：自主经营、合作经营、委托经营和租赁经营。目前的合资铁路经营模式，主要是自主经营和委托经营两种方式。一种是自主经营，是指合资铁路公司以自己的行为经营合资铁路。这种模式的优点在于，公司的效益直接体现在经营管理上。公司管理权、经营权和决策权一体化，便于掌控公司的发展方向。但是，受合资铁路规模大小的影响，有的线路较短，不能形成直接的运输效果；同其他铁路接口较多，联合运输效率较低，协调难度大；管理成本相对较高。

另一种是委托经营，是指合资铁路公司将线路委托他人经营，按委托合同取得收益。委托经营中，可以选择资产全委托，即将公司的全部铁路线路资产委托受托方经营管理，受托方以自己的名义经营线路资产，合资铁路公司收取相应的收益（固定或者浮动收益）。另外，委托经营中也可以选择经营委托，即合资铁路公司只将运输经营权委托受托方，委托方仍然保留独立的经营架构，运输经营收益是合资铁路公司的收益，合资铁路公司支付受托方相应的经营报酬。委托经营有利于铁路运输的统一调度，提高运输效率，实现路网的联合运输。但是，这种模式导致运营成本核定比较复杂，增加了清算环节，有可能形成二次纳税的情况，责任界定较为复杂，委托收益计算的协调难度也比较大。目前合资铁路的委托经营基本上都是经营委托，受托方只是以委托人的名义而不是以自己的名义经营铁路运输业务，所有的经营收入都必须进入合资铁路公司，而不是进入受托方。委托经营存在的基本问题是关联交易、同业经营和重复纳税，解决上述三个问题要在经营层面上有很好的制度安排，保证合资铁路公司的收益稳定，同时在管理层面上需要通过国家调整税收解决。

合作经营，是指合资铁路公司与他人合作经营合资铁路。合作经营重点在合作，是两方或者三方按照合作合同的约定，经营合资铁路。合作经营是双方共同经营，共担风险、共负盈亏，可以设立独立的合作公司，也可以不设立，而委托经营必须以委托方的经营业务为委托标的。合作经营一般适用于短期的经营活动，对于期限较长、资产巨大的经营业务而言不适合合作经营。合作各方以各自投入为基础，享受经营收益，承担经营义务。其优点在于各方利益比较明确，不足之处是协调难度较大。

租赁经营不同于委托经营，承租人取得合资铁路线路资产的使用权，使用线路实现经济效益，此种收益是物权法上的使用收益。承租人向出租人支付租赁费，而非承包收益。出租人出租的是资产权利而非经营权利。租赁经营方式，在法律上财产权利义务是明确而便于处理的。但难度是租赁费用计算依据比较困难，按什么标准计算收益有时难以协调。租赁经营还有一种模式可以探讨，这就是融资租赁。现实问题是，合资铁路投入运营能在多长时间内收回成本，存在巨大的不确定性。这种不确定性，决定了融资成本及其偿还的周期。由于不确定性因素较多，目前开展融资租赁是困难的。

因此，合资铁路采取何种经营模式，没有绝对的标准。要根据合资铁路的特点、所处路网的位置、线路的质量、里程长短，综合各种因素考虑。结合铁路网络特性，研究探索适宜的经营模式，使之既符合维护路网的完整性、保持运输集中统一指挥、提高运输效率的改革原则，又能使投资者对项目投资价值有一个比较清晰的判断，对未来的投资回报有一个比较合理的预期。总体来说，如果合资铁路线路较长，运量相对集中，与其他铁路的交叉点较少，则宜采取自主经营的模式。如果线路较短，与其他铁路交叉点较多，或者是某一干线的一部分（中间线），自主经营运营成本较高，而且交叉口多，清算比较困难，则宜采取委托经营或者租赁经营的方式。特殊线路比如路网的尽头线，可以采取合作方式经营[①]。

7.3.3 建立与铁路市场化融资相适应的运价机制

在铁路改革中，运价改革是众所瞩目的热点、重点和难点。吸引社会资金参与铁路建设，运价是一个重要问题。一方面，铁路运输的公益性，决定了政府调控运价的必要性；另一方面，铁路建设项目要实行市场化融资，必须在运价政策上有一定的灵活性，更好地发挥市场配置资源的基础性作用，这两者并不矛盾。对于采用合资建设方式、项目融资方式建成的铁路，对于已改制的上市铁路公司，应当确立市场化的运价形成机制，允许实行浮动运价，使企业能够用价格机制来适当调节供求关系，平等参与市场竞争使投资者能够获取合理回报。

在价格改革的总体战略上，要把铁路运价摆在价格改革的突出位置优先解决。运价总水平历来是运价决策中的一项重要指标。对其合理高度，各国铁路各有标准，在我国则尚无定论。正常运营条件下的运输再生产费用得到充分补偿，运输再生产费用是指作为运输产品补偿价值的货币表现的定价成本。这是运价水平的最低界限，理应得到充分补偿，也是针对铁路运输生产要素补偿不足、吃老本严重和固定资产估价不足而提出的。在现阶段，资金利税率达到相当于或高于全国工业企业的平均水平。随着铁路转向适应型和

---

① 孙林："合资铁路经营管理模式探讨"，《铁道经济研究》，2009（3）：22–24。

运输市场的充分发育，铁路运输业的资金利税率将趋向另一适当高度。在达到相对合理的水平后，运价应与物价大致保持同步。运价与物价联动，这本来是价值规律的客观要求，只是由于原有体制、机制上的原因，才造成运价与物价长期脱钩。解决死运价对活物价的根本途径是实现运价市场化。在运价市场化进程中，要建立运输成本补偿指数，在较大幅度地把运价调到相对合理水平后，要按物价和运输成本上涨幅度适时调整，形成制度化。

铁路运价市场化是必然的发展趋势，但这是长期的、渐进的过程，要有个机制转换的过渡阶段。转换运价机制是铁路运价改革的关键所在。运价机制转换的内容之一是实现运价制定、管理权限的有步骤转移，实行混合型的运价形式，国家定价、国家指导价和市场调节价并存，统一运价与多元化运价形式并存。这种过渡模式有利于使宏观调控与微观搞活、统一性与灵活性相结合，有回旋余地，随着运输市场竞争机制的形成、发展，此消彼长，逐步平稳过渡到运价完全市场化。建立、健全运价约束机制和宏观调控机制，在肯定市场调节作用的同时，还要看到市场机制有其自身的弱点和消极方面。实行市场经济的国家，政府无不在不同程度上运用法律、政策等手段进行宏观调控和干预。因此，在运价逐步市场化的同时，就要同步建立运价约束机制和宏观调控机制。调整运价结构，理顺比价关系，铁路运价与社会商品价格的比价、铁路与其他运输方式运价的比价、铁路运价内部的比价。运价比价上存在的突出问题是铁路运价与社会商品比价关系严重失调，运价上涨幅度远远低于货物价格上涨幅度。铁路与其他运输方式运价的比价要区分总体比价和具体比价，主要通过市场机制来形成，要有利于公平竞争和合理分流。铁路运价内部的比价关系，要根据不同运送条件、运输质量的要求和运输成本的差异，按照优质优价的原则进行结构性调整，并有利于调节运输供求。

国家有关部门积极支持铁路股份制改革试点，在运价政策上取得了重大突破，为继续推动这项改革奠定了好的基础。今后，随着铁路投融资体制改革、股份制改革的不断深化，还需要在更大范围内推进铁路运价改革，以利于吸引社会投资铁路，以利于企业市场化经营。

第一，考虑不同品类货物对国计民生的影响、对铁路运输的依赖程度、市场的供求状况、社会承受能力等因素，区分铁路运输产品的公益性和经营性属性，对于不同类别货物运价实行分类管理和差异化的定价机制：公益性货物运输实行政府定价，大宗物资实行政府指导价，市场竞争充分的货物实行市场调节价。

第二，对大宗货物的政府指导价，先实行上限控制，下浮不限，然后允许运价在上限适当上浮，给予一定上浮空间。当铁路运价形成机制市场化程度较高时，可以考虑取消目前的品名分类运价号定价方法，采用就某批货物与货主议价的市场定价方法。

第三，随着铁路货物运价的理顺，逐步取消特殊运价，取消价内收取铁路建设基金的政策，增强铁路企业自我积累、自我发展能力，逐步理顺运价体系，将铁路建设基金并入运营价格，吸引社会投资。

第四，健全公路货物运价监测制度，每年定期监测公路货物运价，为调整铁路货物运输价格提供科学依据，同时加强对铁路实际价格水平的监测，健全货物运价监测制度，实施铁路运价监测。政府决策部门建立相应的机构监测铁路现行政府指导价的实际执行情况，了解不同方向、不同线路、不同货物品类、不同时期的实际货运运价水平。在对运价实行政府指导价管理的同时，既要控制价格上涨幅度，保护消费者的合法权益，又要有效预防铁路低价竞销，防止恶性价格竞争损害行业利益和消费者的长远利益。建立由货主、大型用户等组成的消费者协会，对政府指导价的执行进行约束性监督。

第五，建立铁路公益性运输补贴机制，对于铁路承担的涉农物资（如粮食、棉花、农药等）、抢险救灾物资、军事物资等公益性货物运输以及青藏线、南疆线等特殊区域铁路的经营亏损，采取财政补贴等方式给予适当补偿。

值得注意的是，运价改革是铁路总体改革的一个有机组成部分，必须通盘考虑，配套改革。改革内部分配体制和清算办法，基于铁路运输生产的特点，无论采取什么样的运价形式，各铁路局（公司）间的相互清算都是无法避免的。深化运价改革的同时，要相应改革清算办法和内部分配体制，处理好纵横关系。通过运价改革，完善集资机制。征收建设基金固然能筹集相当数量的资金，但仍要多渠道集资。对建设基金的使用可以有两种选择，其一是全部直接用于基建投资；另一种选择是部分直接投资，另一部分则建立贴息基金用于贷款付息、发行债券，以筹集更多的资金[①]。

7.3.4 建立健全有利于吸引社会投资铁路的政策法规

铁路行业没有投资禁止领域，但是在放宽市场准入方面国家也有明确要求。由于缺乏具体、明确、可操作的配套制度和政策措施，实际推进起来仍存在一些障碍。对一些重要问题，如社会资本投资铁路的具体方式，企业投资项目的核准管理办法，社会投资回报方式，项目建成后的经营方式，运输统一指挥及经济清算办法，政府的支持政策，政府监管措施等，如果具体政策不明确、不稳定，投资者权益得不到有力保障，吸引社会资本进入铁路仍难有大的突破。

因此，必须结合铁路投融资体制改革进程，认真细化研究相关政策，切实加强法规制度建设。要通过立法的形式，把国家关于放宽市场准入、引入竞争机制，促进铁路发展的方针政策制度化、法制化，使之成为各方面必须遵循的行为准则，为实现铁路投融资体制改革目标提供有力的法制保障。

铁路改革法律框架应当以国家的法律体系作为前提和基础，结合铁路实际情况，安排法律框架中具体法律法规的内容。从铁路改革方案来看，《铁路法》仍应是铁路法律框架的基本法。目前的《铁路法》已不适应，应

---

① 林鸿禧："深化铁路运价改革的对策刍议"，《中国铁路》，1999（4）：18–21；周望军："铁路运价改革的目标与对策"，《中国铁路》，1996（9）：13–14,25；李文兴、陆伟忠："我国铁路运价形成机制改革思路探索"，《经济理论与实践》，2015（3）：21–26；谢洁仪："我国铁路市场全面开放对货运价格的影响"，《现代商业》，2015（7）：34–35。

当修改；依据修改后《铁路法》，由国务院制定若干个行政法规，作为《铁路法》的配套立法；国务院铁路主管部门作为全国铁路的行业主管部门，依据国家法律法规的规定，可以在自己的权限范围内，制定若干行政规章。法律、法规和规章是这个框架的3个层次。法律不能与宪法相抵触，法规不能与法律相抵触，规章则不能与法律、法规相抵触。铁路改革法律框架的基本构想是：以《铁路法》为基础，加快铁路法规的立、废、改工作，尽快形成以《铁路法》为主体的铁路法规体系，体现铁路改革要求，规范铁路改革行为，促进铁路改革有序进行。

必须依法行政、依法管理，使政府铁路管理部门的管理走向法制化。国家立法机关、政府铁路主管部门首先应根据铁路企业的行业特点和属性，尽快在主题认定、市场进入、市场退出、价格行为、竞争策略等方面制定适宜的法律法规，加快铁路立法进程，是目前推进铁路改革的当务之急。在现阶段的铁路改革中，因局部利益和认识上的不同，涉及到铁路改革的基本问题，如政企分开、打破垄断、引入竞争等，这也直接导致了铁路改革的滞后。及时明确这些争议中的问题，把它写到法律中去，将会有效地推动铁路改革并为其提供法律依据。国家立法机关和铁路行政主管部门制定的铁路法律、法规、贸易政策要予以公布，履行公开的义务，使之透明化，让铁路企业、各国政府和外商投资者熟悉、了解、掌握，使政府对铁路企业的法治化管理落到实处。铁路运输业的开放，对传统的政府铁路管理模式提出挑战，对中外合资或独资企业，政府已不可能直接干预管理企业事务，这就需要运用法律法规进行监督，以保证公平的竞争环境和保护旅客货主的利益。必须尽快建立与开放经济相适应的政府铁路监管体制，实现政府直接管理铁路向依法监管转变①。

① 孙林："铁路改革法律框架的构想"，《铁道物资科学管理》，2000（6）：8-10；肖翔："加快立法 推进铁路改革"，《中国铁路》，2005（2）：14-16,269；康莉莹、邹全胜："入世后如何调整和完善政府铁路管理职能"，《华东交通大学学报》，2003，20（6）：12-15；张戎："调整政府铁路管理职能 加强铁路政府监管"，《中国铁路》，2002（9）：26-28。

7.3.5　协调铁路投融资体制改革相关工作

铁路体制改革是一项系统性工程，要在各方共识的基础上有序、有效、稳妥推进。逐步扩大现代企业制度改革试点范围，对一些相对独立运行的电力交易机构等重大改革事项，可以先进行试点，在总结试点经验和修改完善相关法律法规的基础上再全面推开。

各地区各部门要充分认识建立现代企业制度改革的重要性和紧迫性，加强组织领导，搞好分工协作，制定具体方案，明确任务分工、时间节点，定期督查、强化问责，确保各项改革措施稳步推进。国务院投资主管部门要切实履行好投资调控管理的综合协调、统筹推进职责。

在市场经济意义上，我国铁路企业缺少市场化运作的经验，政府监管机构缺少铁路行业管制的经验，铁路市场远未达到成熟的阶段。加之铁路运输设施不足、企业界限不清等经营现状，表明中国铁路的改革将是一个比较漫长的过程，不可能一步到位，其经营状况的改善需要做大量复杂、艰巨的工作。改革是一个过程，不顾中国铁路经营现状是否改善而一味强调充分竞争，则必然导致行业秩序的混乱。反之，无视经营现状的改善，而力图保持局部乃至全行业的垄断（竞争不充分或没有竞争），则将阻碍市场化的进程和行业的发展。

因此，必须加强改革工作有序分工，稳步推进铁路投融资改革。

第一，中国铁路首先要解决的主要问题是政企分离、社企分离、事企分离等与产权界线相关的"主辅分离"问题。"主辅分离"的目的，是使具有完全市场经济意义的铁路运输企业凸现出来，为其作为主体进入市场做好准备。

第二，在政府、监管部门以及企业和行业协会的共同努力下，初步建立和规范铁路运输市场。然后，根据铁路经营状况改善的程度，分步拆分和重组铁路公司，使市场的竞争更加充分，路网的经营权也逐步放开。可行时，组织一体化公司。同时，政府不断积累管制经验，企业则积极探索、建立和形成其自身的市场运作机制。

第三，民营经济和外资参与铁路投融资进程，其改革任务与目前发达国家所进行的铁路改革和重组基本相同，使新的经济成分既参与运输的经营，也参与路网的经营。铁路改革分三个阶段进行是要简化改革所面临的问题，更加突出当前需要解决的主要矛盾，集中力量逐一突破，避免由于多方向介入而难以把握，产生不必要的混乱。前两个阶段改革的成功，将为第三阶段民营经济和外资的进入，为与国际接轨创造先决条件。

综上所述，结合中国铁路实际，彻底的"网运分离"只能是一种较为理想的目标模式①。全面深化铁路改革的实施是一个逐步深化、逐步扩展、逐步完善的过程，应该采取总体设计、区域突破、渐进分离、逐步完善的办法，以期减少操作阻力，降低改革成本，保证实施效果。

7.4　本章小结

本章主要研究了铁路投融资体制改革的保障机制，主要内容包括：①在依法治国的大环境下，研究了在铁路改革目标及企业发展需要中依法推进铁路改革的关键意义，明确铁路投资主体的法律地位，设计了推动铁路投融资的"三步走"方案（提出改革议案—制定改革法规—推动依法改革），并讨论了实际立法工作中应注意的细节问题；②研究了推进行政管理体制改革的实施方案，针对铁路投资项目审批制度、市场注入制度、投资项目审批制度、债权机制和股份制机制、铁路投资调控与监督等方面，提出了促进相关体制机制建立健全和完善巩固的若干建设性意见和建议；③研究了推进铁路投融资改革的相关配套改革，讨论了铁路投资补偿机制，分析了适合铁路网

---

① 陈国波："我国铁路'主辅分离'改革研究"，西南交通大学，2004年。

络特性的合资铁路经营模式，提出建立与铁路市场化融资相适应的运价机制，建议推动一系列有利于吸引社会投资铁路的政策法规；④为了加强分工协作、稳妥有序地推进铁路投融资改革方案，分析了铁路行业政企分离、社企分离、事企分离等与产权界线相关的"主辅分离"问题，建立和规范铁路运输市场，建议政府不断积累管制经验，企业则积极探索、建立和形成其自身的市场运作机制，推动民营经济和外资参与铁路投融资进程。

笔者认为，为了推动我国铁路体制改革立法工作，应当注意以下几个方面：第一，铁路改革中复杂多元的利益关系需要通过公开透明的民主立法程序来确定，不能给腐败留下制度空间；第二，公正良好的竞争秩序需要通过法律来建立，不能使铁路行业从行政垄断发展成为企业垄断；第三，改革的总体目标和发展道路需要通过法律来确立和稳定，不能使其随着领导班子的更迭而变化；第四，相关立法工作需要符合铁路职能部门的实际工作，做好各方面工作的良好过渡与衔接；第五，铁路行业特性决定了铁路投融资体制改革的特殊复杂产性，真正把社会各方面资金吸引到铁路建设上来，还要靠政府引导、市场运作、依法保障。

全面深化铁路投融资改革进度有赖于铁路改革保障机制的完善程度，同时，铁路改革保障机制的推动建立和完善又需要从铁路投融资的制度建设理念和投融资实情出发，实现多个关键问题的系统设计与全面推进。因此，应把握机遇尽快完善铁路立法，以法律的形式体现改革的意志，依法推动改革的进程，全力推进铁路投融资体制行政改革措施，逐步落实各个性质制度和环节的具体要求，积极推进相关的配套改革措施。通过立法来确定和落实全面深化铁路改革的目标和步骤，将铁路改革的长远目标设计与起步阶段的运作模式、中期过渡阶段运营模式协调有序地衔接起来，既考虑到旧体制向新体制过渡的平稳性，又有明确的阶段改革目标和实质性内容，保证各阶段的改革工作做到有法可依、有法必依、执法必严。

第八章
结论与展望

随着我国国民经济不断发展，各行各业对铁路运输的需求急剧增长，而铁路却由于本身缺乏自我改造、自我发展的活力，铁路建设的发展远远不能适应经济和社会发展的需要。笔者认为，我国铁路投融资体制必须考虑政治经济环境、产业活动趋势、铁路发展改革等综合因素，进行一系列深化改革工作。

投融资体制改革是当前全面深化铁路改革的关键。新形势下铁路投融资领域面临社会资本投资铁路总量偏小且结构单一、融资难融资贵问题较为突出、受到体制机制的明显制约等严峻挑战，打破社会资本投资铁路的"玻璃门"刻不容缓。本书在分析我国铁路投融资体制改革背景与目标的基础上，借鉴其他行业投融资改革实践经验，认为铁路产业特点与网运合一体制是阻碍社会资本投资铁路的主要原因，并从投融资体制改革的系统性原则、基于统分结合的网运分离、铁路现代企业制度的建立、铁路混合所有制的建立等方面提出了深化铁路投融资体制改革的对策措施，以供决策部门参考。

8.1　主要研究结论

本书主要研究了下列问题：

①介绍了投融资的一些基本理论，包括资产与资本、投融资行业、投融资主体以及投融资体制等，探索了BOT模式及变形形式、ABS方式、PFI方

式、股权融资、债券融资、融资租赁等铁路项目投融资新方式，结合铁路行业背景，从基础设施和基础项目的角度讨论了铁路行业的总要作用和实际意义，从国内外基础设施和基础项目的内涵、基础设置的分类与特征以及交通运输和铁路基础设施等角度介绍了理论内容和实际背景。

②总结了铁路投融资活动的性质、特点和实际要求，并讨论了铁路投融资体制及其改革的相关内容；研究了我国铁路投融资体制改革历史沿革，论述了铁路投融资体制改革的重要意义。结合实际讨论了我国铁路投融资体制改革面临的主体构成单调和融资方式单一、社会总投资总量偏小和融资渠道封闭、铁路投资项目融资难和融资贵，以及铁路投融资体制机制制约等一系列挑战，并阐述了社会资本进入铁路领域的既有实践，讨论了阻碍广泛的民营资本进入铁路领域的"玻璃门"障碍，分析了"玻璃门"的内涵、表现和成因。

③以国内外典型行业投融资改革实践历程为主要内容，分析了其他国家和相关领域行业的主要改革历程及其主要特点；从主要国家的铁路改革历史沿革入手，结合具有中国特色的改革环境做出改革分析，同时研究了我国铁路行业之外的一些主要行业投融资改革以及相关行业的改革思路，通过对比研究得出适合我国铁路行业改革的启示和经验。

④研究了我国铁路投融资改革的主要依据、主要原则、改革目标、改革任务以及保障措施等框架设计，结合我国铁路内部产业特性和外部融资环境，讨论了我国铁路投融资体制改革应具备的基本条件。

⑤根据我国国有企业改革实施纲要、交通运输行业发展形势和铁路综合改革布局等精神，研究并设计了铁路投融资改革的实施路径。在依法治国的大环境下，明确铁路投资主体的法律地位，设计了推动铁路投融资的"三步走"方案，研究了推进行政管理体制改革的实施方案以及推进铁路投融资改革的相关配套改革，讨论了铁路投资补偿机制，分析了适合铁路网络特性的合资铁路经营模式，提出建立与铁路市场化融资相适应的运价机制，建议推动一系列有利于吸引社会投资铁路的政策法规。

8.2　未来研究展望

　　近年来，诸多学者针对上述问题进行了广泛而深入的探讨与实证研究，已经取得了丰富的研究成果与实践经验。但是，铁路改革是一项领域众多、关系繁杂的系统工程，我国的铁路投融资体制改革起步也比较晚，仍然存在诸多细化问题有待进一步深入研讨和实践考证。笔者仅以本书抛砖引玉，期望通过更加扎实和深入的研究，为我国铁路投融资体制改革工作作出更大的贡献。

参考文献

[1] 陈丹. 公益性事业单位多元化投资补偿机制的探索[J]. 法治与社会，2008（12）

[2] 陈国波. 我国铁路"主辅分离"改革研究[D]. 成都：西南交通大学，2004

[3] 陈娟. 我国铁路投融资政策环境建议[J]. 铁道运输与经济，2000（4）

[4] 常宝杰. 浅谈铁路运输收入计划管理中存在的问题及对策[J]. 铁道财会，2003（5）

[5] 戴相龙. 中华金融词库[M]. 北京：中国金融出版社，1998

[6] 范莉莉. 中国国家铁路无形资产的开发与管理[M]. 北京：中国铁道出版社，2003

[7] 樊绍文，李莹. 完善中国铁路立法的借鉴与探索[J]. 法制与社会，2012（18）

[8] 付焯，王久梗. 网络型产业特性与我国铁路投融资渠道分析[J]. 铁道运输与经济，2007（7）

[9] 冯芬玲. 当议我国铁路建设引入项目融资的可行性[J]. 技术经济，2002（9）

[10] 冯芬玲，陈治亚. 我国铁路项目融资风险分析[J/OL]. 技术经济，2004（08）

[11] 冯飞. 项目融资的政策走向[J]. 中国投资，2000（6）

[12] 费尔布瑞登，鲍尔·仁特，郑伏虎. 项目融资和融资模型[M]. 北京：中信出版社，2003

[13] 国务院. 国务院关于落实《政府工作报告》重点工作部门分工的意见[EB/OL]. 中国政府网.（2014-04-17）[2016-11-29]. http：//www.gov.cn/zhengce/content/2014-04/17/content_8766.htm

[14] 国务院. 国务院关于创新重点领域投融资机制鼓励社会投资的指导意见（国发〔2014〕60号）[EB/OL]. 中国政府网.（2014-11-26）[2016-11-29]. http：//www.gov.cn/zhengce/

content/2014-11/26/content_9260.htm

[15] 国务院. 国务院关于国有企业发展混合所有制经济的意见（国发〔2015〕54号）[EB/OL]. 中国政府网.（2015-09-24）[2016-11-29]. http：//www.gov.cn/zhengce/content/2015-09/24/content_10177.htm

[16] 国务院. 国务院关于落实《政府工作报告》重点工作部门分工的意见（国发〔2015〕14号）[EB/OL]. 中国政府网.（2015-04-10）[2016-11-29]. http：//www.gov.cn/zhengce/content/2015-04/10/content_9588.htm

[17] 国务院办公厅. 国务院办公厅关于支持铁路建设实施土地综合开发的意见[EB/OL]. 中国政府网.（2014-08-11）[2016-11-29]. http：//www.gov.cn/zhengce/content/2014-08/11/content_8971.htm

[18] 国家发改委. 关于进一步鼓励和扩大社会资本投资建设铁路的实施意见[EB/OL]. 政府和社会资本合作（PPP）研究中心网.（2015-08-10）[2016-11-29]. http：//www.pppcenter.org.cn/zcfg/bwzc/fgw/201508/144751bbf.html

[19] 国家发改委. 国家发展改革委关于中国铁路总公司发行中国铁路建设债券核准的批复[EB/OL].（2016-09-07）[2017-02-22]. http：//www.sdpc.gov.cn/zcfb/zcfbqt/201609/t20160921_819151.html

[20] 国家铁路局. 2015年铁道统计公报[EB/OL]. 国家铁路局.（2016-03-03）[2016-12-07]. http：//www.nra.gov.cn/xwzx/zlzx/hytj/201603/t20160303_21466.shtml

[21] 高江虹，何泓源. 中铁总工程款缺口或达2500亿，铁路融资难题待解[N]. 21世纪经济报道. 2015-12-29

[22] 郭丽婷. 国外企业资本结构及融资偏好理论综述[J]. 商业经济研究，2016（6）

[23] 郭春丽. 促进民间投资要打破"玻璃门" 拆除"弹簧门"[J/OL]. 宏观经济管理，2009（9）

[24] 郭励弘. 中国投融资体制改革的回顾与前瞻[J]. 经济社会体制比较，2003（5）

[25] 杭卓珺. 基于的我国铁路投融资PPP模式研究[D]. 武汉：华中科技大学，2014

[26] 杭州投融界2016. 2016年中国投融资市场发展趋势预测[EB/OL].（2016-11-09）[2016-12-11]. http://bbs.voc.com.cn/topic-7528266-1-1.html

[27] 韩军伟. 中小企业融资模式研究：国外研究综述[J]. 现代管理科学，2016（9）

[28] 韩孟浩. 浅述我国投融资体制改革发展历程及改革思路[J]. 湖南科技学院学报，2005，20（6）

[29] 交通运输部. 交通运输部关于以"四个全面"战略布局为统领当好经济社会发展先行官的指导意见 [EB/OL]. 中华人民共和国交通运输部[网络访问日期缺失]. 网络链接地址缺失

[30] 交通运输部. 交通运输部关于深化交通运输基础设施投融资改革的指导意见[EB/OL][2017-02-21]. http：//www.moc.gov.cn/zfxxgk/bnssj/cws/201511/t20151124_1933613.html

[31] 经济参考报. 社会资本投资铁路障碍诸多：最大问题时融资难[EB/OL]. 新华网.（2015-05-08）[2017-03-08]. http：//news.xinhuanet.com/fortune/2015-05/08/c_127778712.htm

[32] 康莉莹，邹全胜. 入世后如何调整和完善政府铁路管理职能[J]. 华东交通大学学报，2003，20（6）

[33] 孔祥鑫. 京津冀及铁总投百亿成立城铁投资公司 出资比3：3：3：1[EB/OL]. 新华网.（2014-12-30）[2016-11-29]. http：//www.redjun.com/a/wenhua/caijing/2014/1230/280498.html

[34] 林晓言. 投融资管理教程[M]. 北京：经济管理出版社，2001

[35] 林鸿禧. 深化铁路运价改革的对策刍议[J]. 中国铁路，1999（4）

[36] 李磡，傅建平. 中国铁路资金管理发展创新的理论分析[J]. 铁道经济研究，2002（5）

[37] 李磡. 实行铁路资产经营的发展方向[J]. 中国铁路，1999（9）

[38] 李刚. 铁路多经企业涉足资本市场初探[J]. 经济师，2003（12）

[39] 李伟. 铁路改革回顾：三道难坎 三次流产[EB/OL]. 搜狐网.（2012-07-22）[2016-11-29]. http：//star.news.sohu.com/20120722/n348748114_1.shtml

[40] 李华伟. 中国铁路民营化改革与政府管制[D/OL]. 成都：西南财经大学，2008

[41] 李伶俐，王定祥. 投融资体制与经济发展的理论关系研究[J]. 重庆社会科学，2005（3）

[42] 李文兴，陆伟忠. 我国铁路运价形成机制改革思路探索 [J]. 经济理论与实践，2015（3）

[43] 李波. BOT方式在我国铁路建设方面的应用研究[J]. 铁道经济研究，2003（3）

[44] 莱斯特·C·梭罗. 中国的基础设施建设问题[J]. 经济研究，1997（1）

[45] 雷蒙德·W·戈德史密斯. 金融结构与金融发展（第1版）[M]. 上海：上海三联书店，1994

[46] 罗仁坚. 铁路投融资体制改革研究[J]. 宏观经济研究，2006（5）

[47] 刘元蕊. 近两年我国投融资体制改革研究观点综述[J/OL]. 甘肃金融，2000（1）

[48] 刘平. 电力行业投融资体制的现状及对改革发展的思考[J]. 四川水力发电，2014，33（1）

[49] 刘江涛. 运用项目融资进行西部铁路建设[J]. 内蒙古科技与经济，2003（9）

[50] 刘盈. 浅析民航机场基础设施建设投融资体制改革[J]. 科学大众，2006（7）

[51] 廖小平. 中国城市密集地区城际铁路建设的资金筹集方式[J]. 世界轨道交通，2004（1）

[52] 孟祥春. 铁路投融资体制改革的重大创新[N/OL]. 中国经济时报. 2014-04-14（006）

[53] 马骏，张文魁. 国有资本管理体制改革研究[M]. 北京：中国发展出版社，2015

[54] 欧国立. 铁路投融资问题解决之道[EB/OL]. （2012-05-21）[2017-02-21]. http：//www.chinavalue.net/Finance/Article/2012-5-21/199452.html

[55] 彭清辉. 我国基础设施投融资研究[D]. 长沙：湖南大学，2011

[56] 裴平. 南京市投融资体制的现状与改革[J]. 南方社会科学，2002（S1）

[57] 戚悦，张晓艳. 创新民航投融资机制研究 ——基于资本市场改革的思考[J]. 经济论坛，2015（6）

[58] 邱晓燕，项纯. 实现铁路建设项目多元化投资主体浅析[J]. 铁道经济研究，2003（3）

[59] 萨缪尔森. 经济学[M]. 北京：华夏出版社，1999

[60] 世界银行. 1994年世界发展报告：为发展提供基础设施[M]. 北京：中央财政经济出版社，1995

[61] 盛光祖. 全面深化铁路改革 努力开创铁路工作新局面——在中国铁路总公司工作会议上的报告（摘要）[J/OL]. 铁道经济研究，2014（1）

[62] 舒剑秋. 对铁路投融资体制改革的探讨[J]. 理论学习与探索，2014（4）

[63] 孙林. 铁路改革法律框架的构想[J]. 铁道物资科学管理，2000（6）

[64] 孙林. 关于完善铁路立法有关问题探讨[J]. 铁道运输与经济，2001，23（6）

[65] 孙林. 合资铁路经营管理模式探讨[J]. 铁道经济研究，2009（3）

[66] 彤新春. 我国公路、铁路投融资结构变迁分析[J]. 中国经济史研究，2016（6）

[67] 王静静. 中国铁路投融资：允许民资参与 欲砸铁路铁饭碗[EB/OL]. （2005-09-26）
[2016-11-29]. http：//finance.sina.com.cn/g/20050926/15591999501.shtml

[68] 王卉彤. 中国城市基础设施融资[D]. 北京：中国社会科学院研究生院，2001

[69] 王超. 融资与投资管理[M/OL]. 北京：中国对外经济贸易出版社，1999

[70] 王志华. 浅谈铁路企业税收筹划[J]. 铁道财会，2003（8）

[71] 王书会. 中国铁路投融资体制改革研究[D/OL]. 成都：西南交通大学，2007

[72] 蔚冉. 中国铁路投融资体制改革分析[D]. 重庆：西南大学，2008

[73] 温连军. 转变铁路经营方式 做好铁路延伸服务[J]. 铁道经济研究，2011（3）

[74] 武剑虹. 论"特许权经营"和铁路改革的关系[J]. 铁道经济研究，2000（2）

[75] 杨开秀. 融资理论与实务[M]. 北京：中国财政经济出版社，2003

[76] 杨瑛. 利用资本市场加快铁路发展[J]. 铁道经济研究，1999（4）

[77] 萧健澄. 我国高速铁路建设投融资现状及模式探讨[D/OL]. 广州：华南理工大学，2013

[78] 肖翔. 加快立法 推进铁路改革[J]. 中国铁路，2005（2）

[79] 肖翔. 铁路投融资理论与实践[M]. 北京：中国铁道出版社，2003

[80] 肖翔. 铁路企业多元化经营的理论与对策研究[C/OL]//第十五届中国科协年会第11分会
场：综合交通与物流发展研讨会论文集，2013

[81] 向开祥. 民营资本参与铁路投资研究[D]. 成都：西南财经大学，2011

[82] 向静，陶然，蒲云. 扩大资本市场融资推进铁路战略发展[J]. 铁道运输与经济，2004
（5）

[83] 余华龙. 国外铁路改革模式的分析及借鉴[J]. 江西青年职业学院学报，2005（6）

[84] 新华网. 民资入铁细化 能否打破玻璃门[EB/OL]. （2013-05-30）[2017-03-07]. http：//
finance.sina.com.cn/china/20130530/155515642625.shtml

[85] 新华网. 铁道部：我用世界铁路6%的营业里程完成25%工作量[EB/OL]. 新华
网. （2009-05-20）[2016-12-07]. http：//news.xinhuanet.com/fortune/2009-05/20/
content_11409055.htm

[86] 新华社. 中共中央、国务院关于深化投融资体制改革的意见[EB/OL]. 新华社.
（2016-07-18）[2016-11-29]. http：// http：//news.xinhuanet.com/politics/2016-07/18/
c_1119238057.htm

[87] 新金融观察. 媒体称民间资本看空铁路投资[EB/OL]. （2011-12-25）[2017-02-27].
http：//finance.sina.com.cn/g/20111225/104611057831.shtml

[88] 谢洁仪. 我国铁路市场全面开放对货运价格的影响[J]. 现代商业，2015（7）

[89] 习近平. 关于《中共中央关于全面深化改革若干重大问题的决定》的说明[EB/OL]. 新
华网.（2013-11-15）[2016-11-29]. http：//news.xinhuanet.com/politics/2013-11/15/
c_118164294.htm

[90] 熊学军. 正确处理十大关系提高项目投资效益[J]. 铁道经济研究，2003（4）

[91] 佚名. 经济百科全书[M]. [出版地不详]：McGraw-Hill Book Company，1982

[92] 阎小彦，王中华. 新编国际融资方式[M]. 北京：首都经济贸易大学出版社，1999

[93] 约翰·伊特维尔. 新帕尔格雷夫经济学大词典（翻译版）第2卷[M]. 北京：经济科学出
版社，1992

[94] 赵学宁. 铁路的网络型产业经济特性与规制改革[J]. 交通科技与经济，2003（1）

[95] 赵汴. 完善我国民营企业融资环境的思考[J]. 工业技术经济，2008（4）

[96] 中国网. 改革开放以来的投资体制改革[EB/OL]. 中国网.（2008-11-13）[2016-12-13].
http：//www.china.com.cn/economic/txt/2008-11/13/content_16760627.htm

[97] 中国网财经. 发改委：深化投融资体制改革意见发布意义重大[EB/OL]. 中国财经.
（2016-07-25）[2016-12-13]. http：//finance.china.com.cn/news/20160725/3827285.
shtml

[98] 中国网. 改革开放以来的投融资体制改革[EB/OL].（2008-11-13）[2017-02-21].
http：//www.china.com.cn/economic/txt/2008-11/13/content_16760627.htm

[99] 左大杰. 铁路网运分离的必要性与实施路径[J/OL]. 综合运输，2013（07）

[100] 左大杰. 基于统分结合的铁路网运分离经营管理体制研究[J]. 综合运输，2016（03）

[101] 左大杰. 铁路网运分离的必要性与实施路径[J]. 综合运输，2013（07）

[102] 朱秀芳. 中国铁路急需引进民营资本[J]. 铁道运输与经济，2002（9）

[103] 周爱玲. 谈保险企业投融资的意义[J]. 企业家天地，2009（3）

[104] 邹剑鸣. 中国通信产业垄断形成路径以及竞争改革步骤[J]. 经济管理者，2013（13）

[105] 周望军. 铁路运价改革的目标与对策[J]. 中国铁路，1996（9）

[106] 庄俊鸿. 投资学[M]. 北京：中国财政经济出版社，1997

[107] 郑国华，肖龙文，宾斌. 国外以立法促进铁路改革的经验与启示[J]. 中国铁路，2001（11）

[108] 张戎. 调整政府铁路管理职能 加强铁路政府监管[J]. 中国铁路，2002（9）

[109] 张昌彩. 中国融资方式研究[M]. 北京：中国财政经济出版社，1999

[110] 张颖，胡跃兵. 我国铁路股权融资的探讨[J]. 铁道运输与经济，2008（5）

[111] HANE S. The Importance of Angel Investing in Financing the Growth of Entrepreneurial Ventures[J]. The Quarterly Journal of Finance，2010，2（2）

[112] JUN S，JEN F C. Trade-off Model of Debt Maturity Structure[J]. Review of Quantitative Finance and Accounting，2003，20（1）

[113] MORRISSETTE S G. A Profile of Angel Investors[J]. The Journal of Private Equity，2007，10（3）

[114] OU C，HAYNES G W. Acquisition of Additional Equity Capital by Small FirmsFindings from theNational Survey of Small Business Finances[J]. Small Business Economics，2006，27（2）

[115] SCHÄFER，WERWATZ，ZIMMERMANN. The Determinants of Debt and Private Equity Financing：The Case of Young，Innovative SMEs from Germany[J]. Industry and Innovation，2004，11（3）

后　记

本书是中国铁路改革系列丛书中的一本，主要涉及铁路投融资体制改革研究。

改革开放以来，中国铁路已经取得了显著成绩。然而，铁路项目具有投资大、回报周期长等特点，融资难是社会资本投资铁路面临的最大难题，铁路中长期负债规模不断增大，铁路债务风险持续累积。为了有效引导适合的社会资本融入铁路投融资领域，商务部于2004年颁布的《外商投资产业指导目录》，引导铁路对非公有资本初步开放的"四大领域"。2013年我国铁路"政企分开"之后，国务院、相关部委以及铁路职能部门等以前所未有的高频率颁布了一系列全面深化铁路改革的政策文件，尤其在勉励和扩大社会资本投资建设铁路、综合开发铁路建设实施土地等具体层面上做出了重要指导意见。

至此，铁路投融资政策已向社会开放，社会资本与铁路之间的"有形门"得以完全拆除。但是，社会资本投资铁路的积极性仍然不高，充分说明阻碍社会资本投资铁路的"玻璃门"仍然存在。随着《中长期铁路网规划（2016-2030）》的公布实施，上述问题必将更加突出。因此，全面深化铁路投融资体制改革已成为当前铁路发展与改革的重要议题。

为此，本书在分析我国铁路投融资体制改革背景与目标的基础上，借鉴其他行业投融资改革实践经验，认为铁路产业特点与网运合一体制是阻碍社会资本投资铁路的主要原因。考虑铁路线路建设和改造的投资量在铁路行业的投融资活动中占有绝对的比重，结合铁路自然垄断性、日益凸显的公益性以及政府关系等因素，本书研究了投资决策过程、投资责任承担和资金筹集方式等一系列铁路投融资制度，并从投融资体制改革的系统性原则、基于统分结合的网运分离、铁路现代企业制度的建立、铁路混合所有制的建立等方面提出了深化铁路投融资体制改革的对策措施，以供决策部门参考。

当前铁路改革发展形势严峻，迫切需要出版全面深化铁路改革系列丛书以表达作者的思考与建议。本书是全面深化铁路改革系列丛书中的一本，针对我国铁路投融资体制改革进行了较为深入系统的研讨，内容丰富，涉及面广，政策性极强，实践价值高。由于编者认知水平有限，加之编写时间仓促，对于该系列丛书中若干个关键问题的阐述可能还不够深入，甚至存在不少错误和疏漏之处，恳请专家与读者提出宝贵意见和建议，以便再版时修改、完善。

最后，本书付梓之际，感谢所有关心本书、为本书做出贡献的专家、学者以及铁路相关部门的领导同志。

作者

2017年6月